赵 莹◎著

Comparative Studies on Negotiation Mechanism in Social Health Insurance

社会医疗保险谈判机制比较研究

基于典型欧洲国家的实践与经验

中国人民大学出版社
·北京·

图书在版编目（CIP）数据

社会医疗保险谈判机制比较研究：基于典型欧洲国家的实践与经验 / 赵莹著. --北京：中国人民大学出版社，2025.7. --ISBN 978-7-300-33577-3

Ⅰ.F845.06.13

中国国家版本馆 CIP 数据核字第 202561LZ44 号

社会医疗保险谈判机制比较研究——基于典型欧洲国家的实践与经验

Shehui Yiliao Baoxian Tanpan Jizhi Bijiao Yanjiu——Jiyu Dianxing Ouzhou Guojia de Shijian yu Jingyan

赵 莹 著

出版发行	中国人民大学出版社		
社　　址	北京中关村大街 31 号	**邮政编码**	100080
电　　话	010-62511242（总编室）		010-62511770（质管部）
	010-82501766（邮购部）		010-62514148（门市部）
	010-62511173（发行公司）		010-62515275（盗版举报）
网　　址	http://www.crup.com.cn		
经　　销	新华书店		
印　　刷	北京昌联印刷有限公司		
开　　本	720 mm×1000 mm　1/16	**版　　次**	2025 年 7 月第 1 版
印　　张	17.5 插页 1	**印　　次**	2025 年 7 月第 1 次印刷
字　　数	227 000	**定　　价**	78.00 元

前　言

医疗保障制度是保障人民健康的一项基本制度，其根本目的是解除全体人民的疾病医疗后顾之忧。中华人民共和国成立以来，医疗保障制度经过了从无到有、试点探索、全民覆盖、新一轮完善等发展阶段，并取得了举世瞩目的成就。目前，我国已建成世界上规模最大的基本医疗保障网，基本医疗保险参保人数在 2012 年首次突破 13 亿并一直稳定于该规模之上，参保率始终保持在 95％以上，基本实现了全民覆盖的目标。但是，制度公平性不足、管理体制不顺、运行效率不高以及医保方依赖强制性行政管理而缺乏合理的定位等体制机制问题依然限制着我国医保制度的发展与完善，导致保障水平有限、控费难度大、对医疗服务质量的监督不足，进而严重妨碍了人民健康需求的有效满足。以党的十九大为标志，我国医疗保险制度改革发展进入全面建成新时代中国特色医疗保障体系的新时期，从“夯基垒台、四梁八柱”式的制度改革转变为健全体制机制和管理创新。党的十九大报告提出，“必须坚持和完善中国特色社会主义制度，不断推进国家治理体系和治理能力现代化”，“打造共建共治共享的社会治理格局”，并特别强调，“提高保障和改善民生水平，加强和创新社会治理”。可见，作为国家治理体系的重要组成部分，实现医疗保险治理现代化成为制度完善的新命题和新方向，而其重要路径是树立共建共治共享的社会治理理念并建立与之相适应的治理机制。其中，医疗保险谈判正是这样一种要求多元主体协同治理的机制，为医保方、医疗方和参保者等各方利益代表建立共治平台，使之能够共同参与、平等协商、联合决策，真正实现利益相关方的长期合作和共赢，从而促进医保治理现代化。同时放眼世界，2000 年，世界卫生组织发布了名为《世界卫生报告 2000：卫生系统——改进业绩》的报告，提出了“战略性购买”的概念，使得医疗保障制度的购买功能重新获得了欧洲各国医保方的重视，各国以完善医保谈判机制为突破口，将各利益主体充分纳入谈判中来，逐步从单纯的控费改革转向综合性的医保治理机制改革，并在过去的十几年中取得了有目共睹的成效。现实的需要、理念的更新和国际实践的经验共同为我国完善医保制度指明了方向，需要加快构建社会医疗保险谈判机制。

在此背景之下，构建科学有效的社会医疗保险谈判机制已成为亟待深入探究的重要课题。这一研究不仅需要从理论维度系统剖析医保谈判的核心要素与基础逻辑，还需深度挖掘国际实践中可资借鉴的成熟经验，并考量其在中国语境下的适配性。本书聚焦于社会医疗保险领域中医保方与医疗服务提供方之间的谈判机制，遵循从理论建构到实践剖析的研究路径。首先，系统梳理社会医疗保险谈判机制的理论基石，构建研究的逻辑框架；其次，选取法国、德国、荷兰三个具有代表性的欧洲国家作为研究样本，通过纵向与横向相结合的分析方法，深入探讨三国社会医疗保险谈判机制的历史演进脉络、现行制度架构及具体实践模式，提炼其制度特色。在此基础上，运用比较研究方法，对三国社会医疗保险谈判机制进行整体性、类型化及运行效能的多维对比，从政治体制、文化传统与经济发展水平等层面，系统阐释导致制度差异的深层动因，并总结提炼出具有普遍适用价值的社会医疗保险谈判机制构建规律与实践经验。最后，通过与法国、德国、荷兰三国的比较分析，准确分析我国当前构建社会医疗保险谈判机制过程中的优势与挑战，进而结合国际经验与本土实际，提出具有针对性与前瞻性的政策建议，为推动我国社会医疗保险谈判机制的完善与创新提供理论支撑与实践参考。

本书的主要创新包括：一是研究主题较为新颖且十分重要。因为关于医保方与医疗服务提供方谈判机制的研究在我国尚处于起步阶段，有限的文献大多还停留在对中央政策文件的解读或地方实践的介绍上，缺乏从理论层面对社会医疗保险谈判机制进行深入思考和系统性的研究。此外，国内对欧洲社会保险型国家的医保方与医院及医师谈判的关注和研究还比较少，对其发展历程、运行情况和背后成因更是知之甚少，而国外成熟的经验对我国建立社会医疗保险谈判机制具有重要借鉴意义。因此，本书选择社会医疗保险谈判机制作为研究主题，采用比较研究方法对典型欧洲国家的社会医疗保险谈判机制的发展历程、实践情况和相关经验进行归纳总结，是比较具有新意和现实意义的尝试。二是研究内容丰富且具有一定的理论创新性。本书对法德荷三国社会医疗保险谈判机制的研究建立在大量的文献资料及部分实地调研和访谈的基础之上，既试图追根溯源，深入了解三国社会医疗保险谈判机制的建立与完善的全过程；又尝试从理论层面及整体政治、经济、文化和制度环境上全方位分析影响社会医疗保险谈判机制建立和运行的关键因素。本书从公共治理理论视角重新认识社会医疗保险谈判机制，提出建立社会医疗保险谈判机制不是对行政机制的完全否定或替代，而是需要行政机制、市场机制和社团机制三者在自主运行的基础之上发挥互补互促的功能。对三种机制的选择性运用，形成了法德荷三国社会医疗保险谈判机制的不同特征，并实现了不同运行效果。此外，由于医保谈判具有代理谈判的特征，本书还提出利用委托-代理理论从较好满足委托人需求的角度进行定性，比较社会医疗保险谈判机制的运行情况。最后，跳出对社会医疗保险谈判机制自身的关注，本书综合采用新公共管理改革理论、关联博弈理论及市场势力理论，从谈判环境对谈判机制产生影响的角度分析了法德荷三国各具特色的社会医疗保险谈判机制的成因，并提出借鉴三国经验时需考虑的问题。三是研究对构建我国社会医疗保险谈判机制进行了探索性的思考。本书针对我国国情和医保制度发展现状，阐述了行政机制、市场机制和社团机制在构建社会医疗保险谈判机制中如何分阶段自主运行并发挥协同治理作用。本书认为，在现阶段我国社会医疗保险谈判机制的构建中，仍需发挥行政机制的引领性作用，由行政机制主导社会医疗保险谈判机制的建立；市场机制在谈判中需发挥决定性作用，但前提是谈判主体去行政化和构建公平竞争的环境；社团机制尚未能发挥其在谈判中的协调性作用，需要大力培养社会行动者。

需要指出的是，由于受到不同语言的限制、各国频繁医保改革对谈判机制的影响以及国情差异等多种因素的影响，本书的研究一定还有不足和不妥之处，希望能够得到读者的指教，以期不断修订完善。

2025 年 3 月 20 日于北京

目 录

第 1 章　导论

1.1　研究背景与意义

现代社会医疗保险制度在我国自探索建立至今，已经走过了 20 多个春秋。随着城镇职工基本医疗保险的建立、城乡居民基本医疗保险的全面统一，我国已建成世界上规模最大的基本医疗保障网。截至 2021 年 9 月 29 日，我国基本医疗保险覆盖 13.6 亿人，覆盖率稳定在 95%以上①，基本完成医保制度架构的建设并实现全民医保的制度目标。以党的十九大为标志，我国医疗保险制度改革发展进入全面建成新时代中国特色医疗保障体系的新时期。这一时期我国医保体系的主

① 国务院办公厅关于印发“十四五”全民医疗保障规划的通知［EB/OL］. 中国政府网，2021 - 09 - 29.

要矛盾转变为人民日益增长的健康保障需要与医疗保障体系的不平衡不充分发展之间的矛盾。① 医保改革也从“夯基垒台、四梁八柱”式的制度改革转变为健全体制机制和管理创新。② 上述矛盾主要表现在蓬勃发展的医保事业与较为落后的医保治理能力之间，无论是医保经办机构自身的改革，还是治理能力提升和信息化、网络化建设，都还不能很好适应科学化、精准化、人性化管理服务的需要。

具体来说，一方面，在医保制度自身建设中，制度公平性不足、管理体制不顺、运行效率不高以及可持续性存忧等问题依然存在③；另一方面，在与医疗方和医药方的互动中，医保方依赖强制性行政管理的问题突出，缺乏合理的定位、有效的机制以及专业化治理。这些体制机制的问题共同限制了我国医保制度的发展与完善，导致保障水平有限、控费难度大、对医疗服务质量的监督不足，进而严重妨碍了人民健康需求的有效满足。因此，如何通过医保管理和运行机制的创新和优化，与医疗方、医药方建立有效的共治机制，发挥“三医联动”的合力，解决目前由体制机制缺陷带来的问题，将成为我国未来一段时间内医保制度建设的突破口与着力点。

理念是行动的先导，只有树立先进的理念，才可能设计出合理的制度，并促使优良的技术方案全面发挥正向功能。④ 故而，在改革和完善我国医保制度的道路上必须重视先进理念的指导。党的十九大报告提出，必须坚持和完善中国特色社会主义制度，不断推进国家治理体系和治理能力现代化，打造共建共治共享的社会治理格局，并特别强调，“提高保障和改善民生水平，加强和创新社会治理”。

---

① 王东进．深刻认识深入研究深度解决主要矛盾 全面建成新时代中国特色医疗保障体系：上［J］．中国医疗保险，2018（1）：1－4.

② 王东进．深刻认识深入研究深度解决主要矛盾 全面建成新时代中国特色医疗保障体系：下［J］．中国医疗保险，2018（2）：1－3.

③ 胡晓毅，詹开明，何文炯．基本医疗保险治理机制及其完善［J］．学术研究，2018（1）：99－106，178.

④ 郑功成．共享：国家发展理念的突破与升华［J］．人民论坛，2015（S2）：24－26.

可见，医疗保险治理体系是国家治理体系的重要组成部分，实现医疗保险治理现代化成为制度完善的新命题和新方向，而其重要路径是树立共建共治共享的社会治理理念并建立与之相适应的治理机制。针对目前我国医保制度的制定、运行和监管仍由政府主导，其他利益相关方参与少、积极性不高、渠道不通畅的现状，构建多元主体协同治理机制是实现医保治理现代化的必要条件。① 其中，医疗保险谈判正是这样一种要求多元主体协同治理的机制，通过为医保方、医疗方和参保者等各方利益相关者建立共治平台，使之能够共同参与、平等协商、联合决策，真正实现利益相关方的长期合作和共赢，从而促进医保治理现代化。

放眼世界，特别是作为社会医疗保险制度发源地的欧洲，20世纪80年代以来，各国医疗费用急剧上涨，远远超过本国的经济增长速度，严重危及社会医疗保险制度的可持续性，使得参保者负担增加，降低了各国企业的全球竞争力，进而倒逼各国陆续开始对本国的医疗保障制度进行大刀阔斧的改革。改革前期主要从控制医疗供给与减少医疗需求展开。但经过十多年的尝试，单纯地控费改革，不仅收效甚微，还导致了就医等待期延长、医疗质量下降等严重问题，引发国民的不满，各国亟需新的改革工具。针对这一问题，2000年，世界卫生组织发布了名为《世界卫生报告2000：卫生系统——改进业绩》的报告，其中创造性地指出，医疗保险方应改变当前被动性购买的方式而采用战略性购买，通过选择性合约和激励性方案来主动地选购医疗服务，从而使得全体公民能够获得最佳的医疗服务。“战略性购买”概念的提出，使得医疗保障制度的购买功能重新获得了各国医保方的重视，而医保谈判机制作为实现“战略性购买”的主要方式也重回改革者的视野。各国纷纷转变改革理念，以完善医保谈判机制为突破口，将各利

① 黄国武，仇雨临．医疗保险治理现代化：内在逻辑和路径推演［J］．四川大学学报（哲学社会科学版），2019（2）：94-102.

益主体充分纳入谈判中来，逐步从单纯地控费改革转向综合性的医保治理机制改革，并在过去的十几年中取得了有目共睹的成效。

现实的需要、理念的更新和国际实践的经验共同为我国完善医保制度指明了方向，需要加快构建社会医疗保险谈判机制。然而，将医保谈判机制引入我国社会医疗保险管理领域还是一个崭新的话题。虽然早在2009年，我国开启新一轮医药卫生体制改革时，就在《中共中央　国务院关于深化医药卫生体制改革的意见》中提出："积极探索建立医疗保险经办机构与医疗机构、药品供应商的谈判机制，发挥医疗保障对医疗服务和药品费用的制约作用。"随后，人力资源社会保障部、国家发展改革委等部门也相继发布了一系列相关规定和通知，对构建医疗保险谈判机制的要求作出了进一步明确和强调。这些相关政策和规定为医疗保险经办机构建立医疗保险谈判机制提供了依据和引导。但由于理论研究的缺乏，特别是对谈判主体定位不清，在文件出台之后只有少数统筹地区进行了零星尝试，进展缓慢，并未真正形成全国有效的医保谈判机制。直到2018年3月国务院机构改革，国家医疗保障局正式成立，将以前分散在四大部委的医保职责集中统一到了国家医疗保障局，为医疗保障进一步发展和改革提供了重要契机。其中，国家医疗保障局的众多职能就包含了组织制定关于医疗服务项目的医保目录以及准入谈判规则、医疗服务项目的支付标准和动态调整机制。这标志着建立由国家医疗保障局主导的医疗保险谈判机制将会成为下一阶段我国医疗保险制度建设的核心目标之一。通过建立医疗保险谈判机制，强化医保方服务购买者的功能、完善医保医药服务管理以及促成合理的医疗服务价格形成机制，符合我国医保制度建设迫切的现实需要。

在此背景之下，如何构建有效的社会医疗保险谈判机制成为重点且亟须研究的问题。一方面，需要从理论层面对医保谈判的基础性问题进行研究和回答，例如为什么要谈判、什么是谈判、谈判的意义何在、谈判什么、如何谈判等。另一方面，社会医疗保险谈判机制的国外实践和经验同样具有借鉴和推广应用价值。因此，本书将从构建社会医疗保险谈判机制的理论基础出发，选取典型欧洲国家法国、德国和荷兰，对三国已经较为成熟完善又各具特色的社会医疗保险谈判机制进行研究和比较分析。在加深对社会医疗保险谈判机制理论认识的同时，以期为我国构建社会医疗保险谈判机制寻找具有借鉴价值和适用性的规律和经验。

1.2 研究对象界定

本书的研究对象主要有社会医疗保险、社会医疗保险谈判机制以及由医保谈判引出的医疗服务提供者、医疗服务、医疗服务价格、医疗保险费用支付方式等。此外，还需明确典型欧洲国家的范围及选取标准。

1.2.1 社会医疗保险

社会医疗保险是按照大数法则分摊风险的机制和社会互助原则，将少数社会成员随机发生的各种疾病导致的经济风险分散到全体社会参保者的一种制度安排。① 其通常由国家立法强制实施，由雇主和雇员共同缴费、政府酌情补贴，为有需要的参保人提供医疗服务和经济补偿，同时个人还要承担一定的费用支出。

1.2.2 谈判

谈判（negotiation）一词源于拉丁语“negotiatus”（运作商业），

① 仇雨临．医疗保险［M］．北京：中国劳动社会保障出版社，2008：130.

是指当事人双方（或多方）为维护自己的利益对有待解决的重大问题进行会谈、讨论和协商，类似的词还有议价。一般认为谈判是一个更正式的过程，用于政策协定、商业交易等；议价则要通俗一些，常常用在买东西时“让物有所值”。但在大部分相关研究中，两个词语也会相互混用，所以本书暂不加以区分，通常使用谈判一词，也有议价的含义。针对“谈判”一词的定义，大量学者作出了各具侧重的解释。从狭义上来讲，纳什指出：“谈判是两个及以上的个人或组织，在正式场合中针对各自权益中尚未达成一致的问题交换信息和意见，共同找寻解决途径并通过签约以实现合作。”而广义的谈判是“无论是在交易中还是在解决冲突中旨在达成相互满意的、自愿接受协议的所有人际关系、群际关系和组织间讨论的过程”。从经济学角度来说，谈判是市场经济体制中主体之间的一种有效率的交易方式，其目的是购买到需要的和物有所值的服务、产品和管理等。① 在社会学语境下，谈判是人们用于分配资源的基本方式之一，是一种社会互动。

据此，本书认为，谈判是指具有不同利益诉求又相互关联的双方或多方就共同关心的问题自愿采取非破坏性行动（互相磋商、讨价还价、妥协让步等）从而最终影响交换、平衡利益或解决问题的一种互动方式和过程。② 谈判的基本要素包括谈判主体、各方的利益、谈判的过程及结果③，核心问题是动机、冲突与互动方式。

---

① 张晓，胡汉辉，刘蓉，等．谈判机制的建立与实践路径［J］．中国医疗保险，2010（8）：19－21.

② 卡雷尔，希弗林．谈判基础：理论、技巧和实践［M］．焦邻颖，译．上海：格致出版社，2010：165.

③ Thompson L. Negotiation behavior and outcomes：empirical evidence and theoretical issues［J］. Psychological bulletin，1990，108（3）：515－532.

1.2.3 社会医疗保险谈判机制

根据社会医疗保险和谈判的基本定义和研究的需要，本书认为，社会医疗保险谈判机制是医保方与医疗服务提供方（医院、医生代表）就医疗服务的范围、价格（支付标准与支付方式）、数量及质量等内容进行正式的、平等的、定期的会谈协商，并最终通过签订合同形成契约关系，解决社会医疗保险中医疗服务的管理、价格形成、权责关系、利益协调等问题的一种制度安排。①

社会医疗保险谈判区别于普通谈判的特征在于：(1) 社会医疗保险谈判具有法定的基本谈判目标和义务。社会医疗保险谈判的基本目标是由法律或相关政策法规设定好的，即满足参保者的基本医疗服务需求。各谈判主体可以在医保谈判中就达成基本目标的路径和具体措施进行探讨，同时制定具体的目标。(2) 社会医疗保险谈判是在双边垄断市场中进行的。由于社会医疗保险的强制性和医疗服务的特殊性，医保方和医疗服务提供方在各自市场中容易形成垄断势力，并且双方的交易具有较强黏性和长期稳定性，所以区别于普通市场机制。(3) 社会医疗保险谈判是一个多重代理谈判。在谈判中，医保方是代理人，其委托人是参保者或政府。同样，医疗服务提供方也是由医生或医院作为委托人，委托相应的协会或联盟进行医保谈判。因此医保谈判涉及复杂的委托-代理关系。(4) 社会医疗保险谈判涉及多重治理机制的综合运用。如前所述，社会医疗保险谈判机制并不是单纯的市场机制的运用，而是需要政府—市场—社会共同参与，通过行政机制、市场机制和社团机制协同作用的一种医保治理机制。(5) 社会医疗保险谈判强调机制的构建，即重视医保谈判的正式性，并非随机或临时咨询，社会

① 王宗凡．医疗保险谈判机制“释义”［J］．中国社会保障，2011（4）：80－82；王琬．医疗保险谈判机制探析［J］．保险研究，2010（1）：99－103．

医疗保险谈判是一个制度化的、拥有固定程序并稳定规范进行的活动。

除此之外，谈判在社会医疗保险制度语境下，还常常与委托、支付、购买等词同时出现，在此进行对比梳理，有利于进一步厘清社会医疗保险谈判的定义。（1）委托，在法律中是指让他人代表自己行使自己的合法权益，在社会医保制度下，是医保方将为参保者提供医疗服务的任务托付给医疗服务提供者，医保谈判是形成这一委托关系的重要方式之一。（2）支付，是指社会经济活动所引起的货币债权转移的过程。医保支付，简单来说就是医保方为医疗服务提供者向参保者提供的医疗服务付款，具体内容包括支付标准、支付方式和结算方式等。可以看到，医保支付既是医保谈判的重要内容，又是谈判结果的执行方式。但需强调的是，医保谈判并不仅限于关于医保支付的磋商，而是包含更为综合的内容。（3）购买，是较容易与谈判混淆的概念。学界普遍认为，为参保者购买医疗服务是社会医疗保险制度的核心功能之一，可分为被动购买和战略性（主动）购买。实现购买功能可以通过行政手段、市场机制或者谈判机制，而医保谈判是帮助医保方从被动购买走向战略性购买的重要运行机制①，同时也是医疗服务价格形成机制的一种。

1.2.4 社会医疗保险谈判所涉及的其他概念

1. 医疗服务提供者（医院、医生及协会）

医疗服务提供者包括医院、医生及其他医疗卫生专业人员。需要指出的是，在本书所研究的欧洲典型社会医疗保险型国家中，医生（绝大部分）作为独立的医疗服务供给者，即私人执业医生，而非从属于医疗机构的雇员，独立地（或以行业协会、专业联盟等组织的成员

① Figueras J, Robinson R, Jakubowski E. Purchasing to improve health systems performance [M]. New York: Open University Press, 2005.

形式）参与医疗服务价格和医保支付方式谈判。医疗保险基金也将医生作为独立的医疗服务供给者，与医生签订服务合同。[①] 医疗卫生专业人员通常包含医生、护士、助产士和医疗辅助人员等所有医疗从业人员。

2. 医疗服务

广义的医疗服务是指医疗服务机构组织医护人员，利用医疗技术和设备等手段对患者进行检查、诊断、治疗、康复，以及提供预防保健、接生、计划生育等方面的服务和与此服务有关的药品、医用材料器具、救护车、病房住宿和伙食。[②] 医疗服务通常可分为两大类，一类是公共医疗卫生服务，如免疫接种和传染病检测等，具有纯公共物品或准公共物品的特征；另一类是对个人的医疗服务，包括大多数治疗保健服务和康复服务等，本质上属于私人物品，具有排他性和竞用性特点，但也具有一定的正外部性。本书研究的医疗服务市场，专指个人医疗服务的供给和需求，不考虑公共医疗卫生服务和药品、器械及其他相关服务。

3. 医疗服务价格

服务价格是指各类有偿服务的收费标准。医疗服务价格是指医院或医疗卫生专业人员向患者提供医疗技术服务时收取费用的标准。医疗服务价格是医疗费用水平的重要决定因素之一，无论对患者、医疗保险组织还是医疗服务提供者都具有重大影响。一方面，对广大患者而言，医疗服务价格的高低直接影响其支付能力及医疗服务的实际利用率，最终影响其福利水平；而医疗保险组织介入医疗服务市场后，医疗服务价格也关系其所承担的医疗费用及其利润水平的高低。另一

① Coppini M A, Illuminati F. Relations between social security institution and the medical profession [J]. International Social Security Review, 1968, 21 (2): 198-287.

② 李丽．我国医疗服务价格规制的理论与实证分析［M］．北京：经济科学出版社，2008：33-34.

方面，医疗服务价格也是医疗服务提供者获得补偿的重要手段。此外，医疗服务价格还可通过发挥经济杠杆的作用引导医疗卫生专业人员与患者的经济行为，合理的价格水平和结构决定了医疗卫生资源的合理配置与有效利用。①

4. 医疗保险费用支付方式

所谓支付是指购买商品或服务时财产（货币）发生转移的行为，而支付方式就是该转移行为的具体形式与途径。② 根据以上定义，本书研究所指的医疗保险费用支付方式（简称“医保支付方式”），是指医疗保险方在参保者接受医疗服务后，向医疗服务提供方支付医疗费用的具体方法和途径。③ 延伸来看，医保支付方式常被视为医疗费用控制手段④、长期的医保购买策略⑤或战略性购买的实施方式等⑥，同时也是医保谈判的重要内容之一。

1.2.5 样本国家的选择

本书选择法国、德国、荷兰作为社会医疗保险谈判机制的典型欧洲国家。理由如下：一是法德荷三国医疗保险制度均采用传统的俾斯麦模式，即社会保险型，医疗保险方与医疗服务提供方是分离的，谈判机制是双方重要的互动机制，也是医疗保险方履行为参保者购买医疗服务功能的重要手段。此外，法德荷三国的社会医疗保险支出占整

① 李丽．我国医疗服务价格规制的理论与实证分析［M］．北京：经济科学出版社，2008：23－24.

② 王明慧，陆广春，曹志辉．医疗费用支付制度理论与实证研究［M］．北京：经济日报出版社，2017：2.

③ 仇雨临．医疗保险［M］．北京：中国劳动社会保障出版社，2008：190.

④ 王阿娜．医疗费用的控制与医疗保险支付方式的改革［J］．宏观经济研究，2012（5）：76－79.

⑤ 王东进．概论医保的战略购买与购买战略［J］．中国医疗保险，2018（9）：1－4.

⑥ 赵斌．国际社会医疗保障制度发展趋势：走向“战略性购买”［J］．中国医疗保险，2016（12）：17－21.

个公共卫生支出的比例均在 90％以上①，使得医保方成为医疗服务市场中最重要的购买者。二是虽然都采用俾斯麦模式，但因为制度环境、制度文化等因素的不同，三国的医疗保险制度在管理和运行上又有明显不同，使得三国形成了各具特色的医疗保险谈判机制，为社会保险型医疗保险制度下构建医保谈判机制提供了不同的参考范本。三是在近年来的医疗保障改革潮流中，法德荷三国都十分活跃，积累了相当多改革经验。有学者将其归纳为新俾斯麦模式，即更多政府管制与更强市场竞争机制的结合。也有学者根据医疗服务购买者与提供者之间的关系，将法德荷三国的医疗保险模式统称为“公共契约型”。②

1.3 文献综述与简评

1.3.1 关于欧洲社会医疗保险制度发展与改革的研究

20 世纪 80 年代以来，为了遏制不断上涨的医疗费用支出，保障医疗保险制度的可持续性，欧洲采用社会保险型（俾斯麦模式）医疗保障制度的国家纷纷对其医保制度进行了一系列改革。改革大致经历了两个阶段：第一阶段主要从控制医疗供给和减少医疗需求两方面出发，企图实现对医疗费用不合理增长的控制，但收效甚微。而第二阶段则转向采用更为综合的改革手段，通过提高医保治理能力、更多引入市场机制，实现对医疗保险制度的优化。众多学者尝试通过梳理改革实践、经验与影响，寻找改革背后的动因和逻辑，并分析对比多国的改革情况等。

---

① 索特曼，布赛，菲盖拉斯．社会医疗保险体制国际比较［M］．张晓，译．北京：中国劳动社会保障出版社，2009：215.

② 顾昕．全球性医疗体制改革的大趋势［J］．中国社会科学，2005（6）：121－128.

首先，许多学者梳理研究了德国、法国、荷兰等国家的改革情况。我国台湾学者李玉君对德国健康保险组织体制的发展和改革进行了探讨，指出经过多次改革，德国传统多元分散的封闭组织体系呈现出多元、合作且开放的自治管理形态，其内涵包含了民主与参与、分权与独立及多元与竞争的运作机制。① 马库斯等人（Markus et al）对德国 20 世纪 90 年代以来医疗保障体系改革进行了分析研究，改革主要从两个方面展开：一是通过设定总额预算和增加自付费用控制医保费用支出；二是增加疾病基金之间和医疗服务提供方之间的竞争。② 奥利维尔·奈等人（Olivier Nay et al）回顾了过去几十年对法国医疗保障治理产生深远影响的政策和制度改革，指出治理结构中国家管制的作用在不断加强，而医疗保险的再分配作用受到社会不平等现状的制约。③ 菲利普·德容等人（Philip R. De Jong et al）分析了荷兰新医改带来的变化和面临的挑战，思考了制度最重要的原则和价值。④ 安德烈·诺特努斯等人（André Knottnerus et al）从医生和病人的受益情况入手讨论了荷兰新医改的优点及不足。⑤ 基克·奥克玛（Kieke G. H. Okma）对荷兰 2006 年的医保制度改革进行了详细评论，指出了对改革的四大误解。⑥ 汉斯·马尔斯等人（Hans Maarse et al）对于

---

① 李玉君．德国健康保险组织体制之探讨 [J]．欧美研究，2000，30（3）：41－88.

② Wörz M，Busse R. Analysing the impact of health-care system change in the EU member states：Germany [J]．Health economics，2005，14（Suppl 1）：133－149.

③ Nay O，Béjean S，Benamouzig D，et al. Achieving universal health coverage in France：policy reforms and the challenge of inequalities [J]．The lancet，2016，387（10034）：2236－2249.

④ De Jong P R，Mosca I. Changes and challenges of the new health care reform in the Netherlands：what should the Dutch be aware of? [J]．SSRN electronic journal，2006（26）：1－19.

⑤ Knottnerus J A，ten Velden G H. Dutch doctors and their patients：effects of health care reform in the Netherlands [J]．The New England journal of medicine，2007，357（24）：2424－2426.

⑥ Okma K G H. Learning and mislearning across borders：what can we（not）learn from the 2006 health care reform in the Netherlands?：commentary on Rosenau and Lako [J]. Journal of health politics，policy and law，2008，33（6）：1057－1071.

荷兰2006年的改革进行了评估，认为医保改革远没有成功完成，引入市场机制的效果尚待验证，并且从政治学的视角论述，一些保险公司和供应商的计划可能会带来政治阻力。① 科尔·范蒙特福特等人（Cor van Montfort et al）从公私混合变化趋势的角度研究了荷兰医疗保障制度改革。② 布里吉特·托贝斯等人（Brigit Toebes et al）从人权的角度评估了荷兰新医改的成效。③

其次，学者们尝试深入寻找这些国家改革背后的动因和逻辑。格洛里亚·巴佐利等人（Gloria J. Bazzoli et al）对最近20年来欧洲医疗体系的组织变迁进行了文献综述。④ 赫尔德曼等人（Helderman et al）通过分析对比德国和荷兰近期的医疗保险改革，指出想要完成系统性的全面改革，需要注意每一步改革措施的顺序，并且通过相互配合的持续的增量改革最终实现系统性改革。⑤ 西莫内·莱贝尔等人（Simone Leiber et al）尝试运用负向经验学习理论解释欧洲采用社会医疗保险的国家为何采用不同的改革路径。⑥

最后，学者们的研究还集中在对各国改革措施和效果的比较上。赫斯特（Hurst）对七个欧洲国家的医疗保障改革进行了研究，指出

① Maarse H, Paulus A T G. The politics of health-care reform in the Netherlands since 2006 [J]. Health economics policy and law, 2011, 6 (1): 125-134.

② Van Montfort C J, Sun L. Stability and change: the public-private mix in social welfare provision in The Netherlands and its implication for China [J]. Social security studies, 2014 (20): 152-160.

③ Toebes B, Giorgi M S. Dutch realities: evaluating health care reform in the Netherlands from a human rights perspective [M] //The right to health: a multi-country study of law, policy and practice. The Hague: T. M. C. Asser Press, 2014: 403-436.

④ Casalino L P, Pham H, Bazzoli G. Growth of single-specialty medical groups [J]. Health affairs, 2004, 23 (2): 82-90.

⑤ Helderman J, Stiller S. The importance of order and complements: a new way to understand the Dutch and German health insurance reforms [J]. Journal of health politics, policy and law, 2014, 39 (4): 811-840.

⑥ Leiber S, Greß S, Heinemann S. Explaining different paths in social health insurance countries: health system change and cross-border lesson-drawing between Germany, Austria and the Netherlands [J]. Social policy and administration, 2015, 49 (1): 88-108.

各国拥有大致相同的改革目标，即追求医疗服务的公平性、可及性，保护参保者的收入，平衡医保制度的宏观和微观有效性，其具体措施包括扩大医疗保险覆盖面、建立总额预算制度等。① 英格丽德·穆尔-维曼等人（Ingrid Mur-Veeman et al）通过比较荷兰和英国在医疗服务一体化改革中公私混合的应用，指出医生的专业文化、医疗机构文化和权力关系对公私混合改革有显著影响。② 斯特凡·格雷斯等人（Stefan Greß et al）研究了在“有管理的竞争”原则指导下德国和荷兰允许参保者对疾病基金进行自由选择，通过定量分析得出保险金的高低是影响参保者选择的重要因素。③ 帕特里克·哈森托费尔（Patrick Hassenteufel）和布鲁诺·帕利耶（Bruno Palier）对德国、法国和荷兰三大传统俾斯麦医保模式的国家医保改革进行了研究，指出其相同的改革轨迹为以有管理的竞争为基础通过政府与市场的结合实现全民医保，并提出了“新的俾斯麦模式”，即更多的政府管制与更强的市场竞争机制相结合。④ 萨拉·汤姆森等人（Sarah Thomson et al）对比利时、德国、荷兰和瑞士四国在法定医疗保险中引入保险方竞争机制的改革进行了比较分析，指出有效的竞争机制必须建立在参保者拥有自由选择权和医疗保险信息充分披露的基础之上。⑤

在 20 世纪 90 年代以前，大部分发达国家实施的都是以实际成本

---

① Hurst J W. Reforming health care in seven European nations [J]. Health affairs, 1991, 10 (3): 7-21.

② Mur-Veeman I, Hardy B, Steenbergen M, et al. Development of integrated care in England and the Netherlands: managing across public-private boundaries [J]. Health policy, 2003, 65 (3): 227-241.

③ Greß S, Groenewegen P, Kerssens J, et al. Free choice of sickness funds in regulated competition: evidence from Germany and the Netherlands [J]. Health policy, 2002, 60 (3): 235-254.

④ Hassenteufel P, Palier B. Towards neo-Bismarckian health care states? comparing health insurance reforms in Bismarckian welfare systems [J]. Social policy and administration, 2007, 41 (6): 574-596.

⑤ Thomson S, Busse R, Crivelli L, et al. Statutory health insurance competition in Europe: a four-country comparison [J]. Health policy, 2013, 109 (3): 209-225.

为基础核算的后付制支付方式，改革的总体取向是从医疗费用后付制转向预付制。① 欧洲医疗改革的重要取向之一就是确立和强化医疗服务购买方的角色与功能，开展积极性购买或战略性购买。②

1.3.2　关于社会医疗保险谈判机制的研究

在医疗保险领域，通过谈判机制来解决医疗保险中的医疗服务的范围准入、价格形成、权责关系以及利益协调等问题，已成为全世界医保管理改革的普遍趋势之一。特别是欧洲采用社会医疗保险的国家，已经形成了各具特色的较为成熟和完善的社会医疗保险谈判机制，并且从理论到实践积累了丰富的研究经验。

国外已有研究如下：首先，根据谈判内容来看，罗德温等人（Rodwin et al）对法国、德国等四个国家的医师收费标准更新程序进行了比较研究。③ 乔纳森·洛马斯等人（Jonathan Lomas et al）采用半结构式访谈和相关历史事件目录法对加拿大各个省的医疗保险谈判结构和过程进行了详细调查研究，归纳总结出三种谈判模式：友好协商型谈判、对抗型谈判和中立型谈判，并描绘出医疗保险谈判在加拿大的演化路径：从价格谈判到价格和数量相关联的综合谈判，最终形成基于质量标准的价格与数量综合谈判。④ 弗朗西斯·鲍威尔（Francis D. Powell）对德国医师薪酬谈判进行了研究，指出德国通过谈判决定医疗服务费用

---

① 李丽．我国医疗服务价格规制的理论与实证分析［M］．北京：经济科学出版社，2008：85.

② 王宗凡．完善医疗保障制度与管理［M］．北京：中国言实出版社，2016：221.

③ Rodwin V G，Grable H，Thiel G. Updating the fee schedule for physician reimbursement：a comparative analysis of France，Germany，Canada and the United States［J］. Quality assurance and utilization review：official journal of the American college of utilization review physicians，1990，5（1）：16－24.

④ Lomas J，Cathy C，Greb J. The price of peace：the structure and process of physician fee negotiations in Canada［R］. Canada，1992.

标准，政府参与谈判是控制医疗费用增长的有效途径，可分为两种：（1）政府直接参与谈判，又可分为政府部门与医师代表谈判（英国、加拿大），以及医师与疾病基金谈判达成协议后需经政府部门批准（欧洲大陆国家）；（2）政府间接参与谈判，即通过建立医疗服务统一行动委员会，在谈判之前设定自愿目标，通过目标设立影响谈判中的价格与数量连接。① 罗德温又从法国医疗系统组织特征的角度出发，对医师收费标准谈判、医院总额预算谈判、全国医师协议谈判等进行分类研究，认为由于法国医疗系统组织具有自由主义与多元主义的特征，各方谈判者关系紧张，常常以医生的罢工与示威活动为对抗谈判的途径。② 约纳斯·施雷奥格等人（Jonas Schreyögg et al）对九个欧洲国家的按疾病诊断组支付（Diagnosis-Related Groups，DRG）补偿率制定方法进行了比较。③ 奥利维尔·奈等人通过研究法国医保改革发现，虽然改革再次加深了根植于法国官僚文化的等级管理，但在门诊领域，医生工会仍然成功保留了集体谈判的权利，并加强了谈判中患者组织和公民组织的参与。④ 其次，从影响医疗保险谈判的因素来看，凯利·德弗斯等人（Kelly J. Devers et al）从市场影响力的角度分析了美国医院与医疗保险谈判筹码的影响因素及变化趋势。⑤ 佩德罗·皮塔·巴罗

---

① Powell F D. Government participation in physician negotiations in German economic policy as applied to universal health care coverage in the United States [J]. Social science and medicine，1994，38 (1)：35-43.

② Rodwin V G. The health care system under French national health insurance：lessons for health reform in the United States [J]. American journal of public health，2003，93 (1)：31-37.

③ Schreyögg J，Stargardt T，Tiemann O，et al. Methods to determine reimbursement rates for diagnosis related groups (DRG)：a comparison of nine European countries [J]. Health care management science，2006，9 (3)：215-223.

④ Nay O，Béjean S，Benamouzig D，et al. Achieving universal health coverage in France：policy reforms and the challenge of inequalities [J]. The lancet，2016，387 (10034)：2236-2249.

⑤ Devers K J，Casalino L P，Rudell L S，et al. Hospitals' negotiating leverage with health plans：how and why has it changed? [J]. Health services research，2003，38 (1)：419-446.

斯等人（Pedro Pita Barros et al）从医疗保险方的角度出发，发现作为第三方支付的医疗保险方，相较于与每个独立的医院谈判，更倾向于与专业的医疗服务提供方协会进行谈判。① 戈里斯安卡兰等人（Gowrisankaran et al）指出，谈判主体的规模、双方关系及公众的关注会在很大程度上影响谈判的结果。② 最后，从谈判产生的影响来看，戈里斯安卡兰等人还指出，在许多市场中，价格都是由相关方谈判产生，而不是由某一方设定或者由拍卖产生，获得更好的谈判筹码的一种方式就是联合行动，如公司水平合并或者消费者团购谈判，而医疗保险谈判机制的建立也带来了医院的合并行为。③

2009 年 4 月颁布的《中共中央　国务院关于深化医药卫生体制改革的意见》首次提出建立医疗保险谈判机制，此后，我国许多学者、专家和医保主管部门的管理者开始着手从基本定义、基础理论、国外经验和实践案例等方面对该机制进行研究。王宗凡发表了三篇论文，阐述了医保谈判机制建立的背景、意义、作用以及现存制约因素，评价了谈判机制在医保管理实践中的运用及效果，并尝试构建医保谈判的基本框架，给出相关的政策建议。④ 此外，多名学者还从医疗保险谈判的理论基础、动因、要素、影响因素以及目前的制约因素和建议等方面进行了广泛的学术研究。首先，从医疗保险谈判的理论研究来看，学者们多利用博弈论、信息不对称理论、委托-代理理论等。周尚成认为医保谈判是一种不完全信息动态博弈，并进一步利用博弈论构建

---

① Barros P P，Martinez-Giralt X. Negotiation advantages of professional associations in health care［J］. International journal of health care finance and economics，2005，5（2）：191－204.

②③ Gowrisankaran G，Nevo A，Town R. Mergers when prices are negotiated：evidence from the hospital industry［J］. The American economic review，2015，105（1）：172－203.

④ 王宗凡．医疗保险谈判机制“释义”［J］．中国社会保障，2011（4）：80－82；王宗凡．医保谈判机制基本框架构建：医疗保险谈判机制探析之三［J］．中国社会保障，2011（6）：76－77；王宗凡．医保谈判机制的制约因素及政策建议：医疗保险谈判机制探析之四［J］．中国社会保障，2011（7）：72－74.

医保个体谈判与集体谈判两种机制中的谈判模型，提出个体谈判中的合作博弈与集体谈判中的双边垄断均衡解。[①] 其次，从医疗保险谈判机制的产生与动因来看，许东黎对国外医疗保险与医疗机构谈判机制进行了评述，指出控制医疗费用增长是医疗保险谈判机制产生的主要动因。[②] 郭有德也同样指出，由于医疗服务行业特殊的信息结构，相对于单纯从需求方的角度进行费用控制，为服务提供方提供费用控制的激励机制会更利于实现医疗费用控制的优化，为激励医保经办机构与医药服务提供方的谈判机制提供理论依据。[③] 王琬认为，医疗保险谈判机制产生的内部动因是处理医疗服务购买方与医疗服务提供方之间的信息不对称问题，而外部动因在于社团主义的推动。[④] 再次，从影响医疗保险谈判的主要因素来看，邓乔健对美国保险公司与医院的博弈规则进行了探析，归纳出影响医疗保险公司与医院签订合同的因素，包括医院的地理因素、规模因素、独特服务、品牌因素、谈判双方资料信息的准备及是否拥有谈判的专业人员。[⑤] 吴嘉怡等人借鉴关系承诺理论来研究影响医疗保险方与医疗服务提供方谈判的因素，认为医疗保险谈判关系承诺主要受到产品-合作终止成本、沟通谈判能力、关系投资、捆绑销售以及政府作用等因素的影响。[⑥] 最后，学者们认为我国建立医疗保险谈判机制的制约因素，包含管理体制、医疗服务市场不完善、缺乏民主协商与利益相关方

---

① 周尚成．医疗保险谈判机制构建的现状分析及路径探索［J］．社会保障研究，2010（2）：49－58.

② 许东黎．国外医疗保险与医疗机构谈判机制述评［J］．中国医疗保险，2009（12）：62－64.

③ 郭有德．医疗保险中道德风险的经济学分析［J］．复旦学报（社会科学版），2011（1）：116－123.

④ 王琬．医疗保险谈判机制探析［J］．保险研究，2010（1）：99－103.

⑤ 邓乔健．保险公司与医院的博弈规则［J］．中国卫生产业，2006（3）：78－79.

⑥ 吴嘉怡，余伯阳．医疗保险谈判关系承诺影响因素的实证研究［J］．学海，2013（6）：67－73.

自治文化等多重因素。①

此外，国内外学者还对医疗保险谈判典型实践进行了深入分析，例如美国的个体谈判模式；经济合作与发展组织国家的门诊医疗服务谈判；德国药品参考价格谈判机制、慢性病管理计划、集体谈判；英国内部的市场改革，使得买方与供方分离，通过谈判签订合同购买服务。国内一些地方医保谈判的典型案例有镇江路径、烟台市的协议管理、连云港单病种谈判、总额预算下的成都医保谈判等。②

1.3.3 关于医疗服务价格形成机制的研究

价格是商品价值的货币表现，在市场经济中起到传递信息进而调节资源配置和产品分配的作用。医疗服务价格本质上是医疗服务价值的货币表现，是医疗机构对医疗服务项目的收费价格。③ 在医疗服务市场中，医疗服务价格作为重要的经济杠杆，对医患双方的经济行为以及他们的福利水平都有重要影响，也是影响医疗费用的主要因素，最终决定医疗费用的高低和公众对医疗服务的利用水平。④ 因此，医疗服务价格形成机制至关重要，学界也从多个角度进行了剖析研究。

---

① 申曙光，魏珍．论医疗保险对医疗服务的制衡与监管［J］．湖南师范大学社会科学学报，2014，43（4）：78－83；王宗凡．医保谈判机制的制约因素及政策建议：医疗保险谈判机制探析之四［J］．中国社会保障，2011（7）：72－74；陈仰东．谈判机制建立迟缓的原因解析［J］．中国医疗保险，2011（9）：12－14.

② 陈新中，张毅．医疗保险谈判机制建设的镇江路径［J］．中国医疗保险，2011（9）：35－39；周宏妮，王军仁，王永伟．协议管理的“前、中、后”［J］．中国社会保障，2017（2）：72－73；徐爱军，戴晨曦，李小民．完善医疗服务价格谈判机制及其路径选择：基于连云港市单病种谈判的案例研究［J］．价格理论与实践，2017（9）：32－35；戴晨曦，徐爱军，李小民，等．探究医疗服务价格谈判机制的建立［J］．中国卫生事业管理，2017，34（5）：321－323.

③ 王虎峰，赵斌．购买机制如何影响医疗服务价格：以美国医疗保险为例［J］．北京航空航天大学学报（社会科学版），2016，29（2）：1－7.

④ 李丽．我国医疗服务价格规制的理论与实证分析［M］．北京：经济科学出版社，2008.

从历史演变来看，朱恒鹏等人从英美等国发展经验中归纳出医疗服务市场价格形成机制的四大发展阶段：医生差别定价、医保按服务项目付费、医保严格总额控制、医保多元化支付。① 李丽按政府管制程度将我国医疗服务价格政策演变分为四大阶段，从政府按照最低成本定价并予以补贴到实行最高限价的政府指导价，再到逐渐放松规制。② 从理论分类来看，王虎峰等人将医疗服务价格形成机制归为三类：自由市场机制、行政管理机制、谈判协商机制，并指出各国实践中多采用混合模式。③ 周小梅利用交易成本分析法，比较企业组织、市场和政府管制在医疗服务价格形成中的应用选择。④ 杨燕绥等人介绍了随机均值理论在医疗服务定价中的应用，基于全体医生随机均值大数据和 DRG 分组的权重打包定价，实现价值付费。⑤ 从影响因素来看，休·沃特斯（Hugh Waters）和彼得·赫西（Peter Hussey）指出影响医疗服务价格制定方法的主要因素包括：医疗服务实际成本、服务数量和质量的信息可获得性和可信性，费用支付方式，医疗服务购买者和提供者各自的特点，而这三个特点又是紧密相关的。⑥ 周学荣指出影响我国医疗价格的因素包括供需关系、“以药养医”机制、医疗费用支付制度和方式以及利益集团的诉求。⑦ 胡牧等人认为，由于医疗服务的供给涉及人道，因此在价格制定时既要考虑供求关系，也要

---

① 朱恒鹏，彭晓博．医疗价格形成机制和医疗保险支付方式的历史演变：国际比较及对中国的启示［J］．国际经济评论，2018（1）：24－38.

② 李丽．我国医疗服务价格规制的理论与实证分析［M］．北京：经济科学出版社，2008.

③ 王虎峰，赵斌．购买机制如何影响医疗服务价格：以美国医疗保险为例［J］．北京航空航天大学学报（社会科学版），2016，29（2）：1－7.

④ 周小梅．提升医疗服务业绩效的制度经济学分析［M］．北京：中国社会科学出版社，2009.

⑤ 杨燕绥，邱晶青．医疗定价机制的医保综合治理研究［J］．中国医疗保险，2018（7）：13－15.

⑥ Waters H R，Hussey P. Pricing health services for purchasers：a review of methods and experiences.［J］．Health policy，2004，70（2）：175－184.

⑦ 周学荣．中国医疗价格的政府管制研究［M］．北京：中国社会科学出版社，2008.

考虑支付能力。①

关于医疗服务市场自由定价的研究，首先大多数学者承认绝大部分医疗服务属于私人产品，遵循一定的价值规律。② 但阿罗（Arrow）指出，医疗服务市场的特殊性，使得市场机制在医疗服务定价中存在众多偏离和缺陷。③ 一些学者从医疗服务提供者的角度研究指出，信息不对称、专业性及垄断性可能导致“价格歧视”“诱导需求”等问题。④ 而另一些学者则从医疗服务享有者的角度研究发现，因信息匮乏、医疗服务的不确定性、医疗保险的普及以及个人和社会对健康的偏好和需求刚性，医疗服务需求的价格弹性较小且存在道德风险，因此患者既缺乏“货比三家”的能力，也没有这么做的强烈动机。⑤ 医疗服务产品本身的外部性⑥、公平的重要性⑦以及信誉商品的特性⑧也使得医疗服务市场存在多种形式的市场失灵。总而言之，理论上的完

① 胡牧，叶雪梅，崔涛．对我国医疗价格形成机制的分析与建议［J］．国外医学（医院管理论坛），2002（1）：10-14.

② 费尔德斯坦．卫生保健经济学［M］. 4版．费朝辉，李卫平，王梅，等译．北京：经济科学出版社，1998；富兰德，古德曼，斯坦诺．卫生经济学［M］. 6版．北京：中国人民大学出版社，2011：437.

③ Arrow K J. Uncertainty and the welfare economics of medical care［J］. Journal of health politics，policy and law，2001，26（5）：851-883.

④ Kessel R A. Price Discrimination in Medicine［J］. The journal of law and economics，1958，1（1）：20-53；Evans R G. Supplier-induced demand：some empirical evidence and implications［J］. The economics of health and medical care，1974：162-173；费尔德斯坦．卫生保健经济学［M］. 4版．费朝辉，李卫平，王梅，等译．北京：经济科学出版社，1998.

⑤ Arrow K J. Uncertainty and the welfare economics of medical care［J］. Journal of health politics，policy and law，2001，26（5）：851-883；周小梅．提升医疗服务业绩效的制度经济学分析［M］．北京：中国社会科学出版社，2009；富兰德，古德曼，斯坦诺．卫生经济学［M］. 6版．北京：中国人民大学出版社，2011：437.

⑥ 费尔德斯坦．卫生保健经济学［M］. 4版．费朝辉，李卫平，王梅，等译．北京：经济科学出版社，1998.

⑦ 科尔奈，翁笙和．转轨中的福利、选择和一致性：东欧国家卫生部门改革［M］．罗淑锦，李绍光，译．北京：中信出版社，2003.

⑧ Satterthwaite M A. Consumer information，equilibrium industry price，and the number of sellers［J］. The bell journal of economics，1979，10（2）：483-502.

全自由市场在医疗服务中并不存在，由于供方占据主导地位，市场自由定价会导致医疗服务价格虚高，造成资源浪费和公众负担。

由于市场失灵现象的存在，众多学者开始关注政府价格管制/规制在医疗服务定价中的应用。首先是对管制和医疗服务价格管制含义的理解。舍曼·富兰德等人（Sherman Folland et al）简单将管制定义为运用非市场方式对投入市场的商品或服务的数量、价格或质量进行调节。① 周学荣则认为，管制既是一个政治过程，也是经济系统的一个内生变量，是在政府职责、成本约束、利益集团博弈之间寻求平衡的过程。② 贝克尔（Becker）和斯隆（Sloan）将价格管制定义为制定公共和/或私人保险公司付给医院费用的条款。③ 而李丽指出，政府行政定价，是指政府为实现医疗卫生资源有效配置、控制医疗费用并保障低收入人群对医疗服务的利用等目标，以正常成本加上合理报酬得出的总成本来为医疗服务制定一个合理价格的直接的公共管制行为。④ 同时，学者们总结出了国际上典型的三种价格规制方式及对应的测算模型。支持对医疗服务进行政府行政定价的理论主要为公共利益规制理论，反对对医疗服务进行政府行政定价的理论则有很多，如利益集团规制理论、政府俘虏理论等。此外，奥地利学派经济学家米泽斯（Mises）和哈耶克（Hayek）指出，信息和激励因素导致政府行政定价失灵，而政府关于医疗服务制度方面的政策受其政治选择的限制。⑤

---

① 富兰德，古德曼，斯坦诺．卫生经济学［M］．6版．北京：中国人民大学出版社，2011：437.

② 周学荣．中国医疗价格的政府管制研究［M］．北京：中国社会科学出版社，2008.

③ Becker E R，Sloan F A. Utilization of hospital services：the roles of teaching，case mix，and reimbursement［J］. Inquiry：a journal of medical care organization，provision and financing，1983，20（3）：248－257.

④ 李丽．我国医疗服务价格规制的理论与实证分析［M］．北京：经济科学出版社，2008.

⑤ 费尔德斯坦．卫生保健经济学［M］．4版．费朝辉，李卫平，王梅，等译．北京：经济科学出版社，1998：138.

在市场竞争与政府管制双失灵的情况出现时，谈判定价成为第三种可选机制。洪铮指出，因社会医保方拥有大规模的市场需求，从而改变了医疗系统中的势力对比，与医疗服务提供方构成双边垄断的市场结构，削弱了医疗服务机构的垄断势力，有效地提高了需求方的议价能力，实现了社会福利的帕累托改进。① 王宗凡提出，在医疗保险服务管理中应该用协商谈判的管理方式来改造甚至替代行政管理方式，用平等的协商谈判来体现服务购买双方的合同关系的平等性，以协商谈判的灵活性适应医疗服务管理的复杂性。② 黄凤基于关系合约视角透视医保方与医疗服务提供方的互动机制，指出，由于缺乏独立法人地位和明确的交易制度，医疗保险方与医疗服务提供方的合作必须更多地依赖于协商性机制，而非市场机制来进行。③ 王虎峰等人指出，基于公共治理理论的医保谈判定价机制，重视社会各组织之间的平等对话，可以在尊重成本和价值的基础上形成相对合理的医保支付价格。④ 但王东进也指出："医保谈判本质上是发现通过公平市场竞争而形成的价格，而不是决定价格。"⑤ 并且，学者们认为，还需构建医保谈判各方公认的冲突解决机制以及医疗成本、收益和责任的分配机制，通过双方不断的合作培养出信任和共识。

1.3.4 关于医疗保险支付方式的研究

医保支付方式种类众多，可按支付的时间点分为预付制和后付制；

① 洪铮．医院和医疗保险的经济分析［J］．国外医学（卫生经济分册），2005，22（3）：117－122.

② 王宗凡．医疗保险谈判机制"释义"［J］．中国社会保障，2011（4）：80－82.

③ 黄凤．我国社会医疗保险与医疗服务提供方互动的研究［D］．武汉：华中科技大学，2013：36.

④ 王虎峰，赵斌．购买机制如何影响医疗服务价格：以美国医疗保险为例［J］．北京航空航天大学学报（社会科学版），2016，29（2）：1－7.

⑤ 王东进．概论医保的战略购买与购买战略［J］．中国医疗保险，2018（9）：1－4.

又可按付费基准分为按医疗服务项目支付、按服务单元支付、按人头支付、按疾病诊断组支付和总额预算制。① 此外，还有根据适用主体进行划分的，其中针对医院的支付方式基本与按付费基准分类的方式重合，而针对医生的支付方式常见的有按工资支付、按项目（时间）支付、按人头支付和以资源为基础的相对值支付。② 从微观经济学理论角度分析，不同的医保支付方式会形成不同的风险分担机制和激励机制，从而直接影响医疗服务提供者的行为和医保组织目标的实现，故而这一直是学术界关注的重点。具体内容参见表 1-1。

表 1-1　不同医保支付方式的经济风险分担机制、激励机制与实施效果比较

支付方式	经济风险分担机制		激励机制		实施效果		
	支付方	供给方	正向	负向	费用控制	服务质量	管理
按医疗服务项目支付	全部承担	无	具有提供医疗服务的积极性，容易满足患者的需要	诱导需求，增加服务量，过度治疗	很差	很好	非常难
按服务单元支付	承担总量上的风险	承担单个病例成本超出支付标准的风险	减少每住院床日和每门诊人次成本，提高效率	延长患者住院时间，分解处方以增减门诊次数，减少每次诊疗中的必要服务、风险选择	良	差	很容易

① 仇雨临．医疗保险［M］．北京：中国劳动社会保障出版社，2008：207-219；李丽．我国医疗服务价格规制的理论与实证分析［M］．北京：经济科学出版社，2008：83-92.

② 王明慧，陆广春，曹志辉．医疗费用支付制度理论与实证研究［M］．北京：经济日报出版社，2017：42-46.

续表

支付方式	经济风险分担机制		激励机制		实施效果		
	支付方	供给方	正向	负向	费用控制	服务质量	管理
按人头支付	无	承担医疗成本超出支付标准的风险	提高效率，促进预防保健服务的提供和增强服务连续性	减少必要服务、风险选择	非常好	良	非常容易
按疾病诊断组支付	承担总量上的风险	承担单个病例成本超出支付标准的风险	提高效率，减少不必要的医疗服务	减少风险选择、扩大疾病严重性，当成本低于支付标准时增加患者数量	好	良	难
总额预算制	无（除非规定超额部分需按比例承担）	全部承担	控制总成本，提高资源利用效率	减少必要服务，超额后拒绝患者的服务需求	非常好	良	容易

资料来源：作者根据多位学者研究整理得到。

从表1-1不同医保支付方式的比较中可以看出：每一种支付方式都有利弊，关键是站在支付方还是供给方的立场上去做价值判断，这也构成医保谈判中双方的基本立场和诉求。医疗服务供给方，作为理性人和自利人，肯定会倾向于采用无须承担经济风险的后付制——按医疗服务项目支付的方式，并且利用信息不对称的优势诱导需求，获得更多的收入；反之，医疗服务供给方最不情愿采用预付制——总额预算制支付方式，因为在该方式下（若无超额分担机制）医疗服务供给方自身承担了全部经济风险，极其容易通过减少必要服务和服务数量来保证较高收入。而医疗保险方，由于目标更为多元，对支付方式选择的立场也会有所不同。若只追求收支平衡，总额预算制肯定是最佳选择；但通常情况下，社会医保机构还需考虑能否为参保者提供满足其合理需求的较高质量的医疗服务，所以需要结合各种支付方式的优缺点，针对不同的医疗服务来混合使用，以实现多元目标的平衡。

进一步来看，在大多数欧洲国家，医院和医生并非一个整体，大部分医生独立执业，为患者提供门诊或专科服务，同时，行业工会、协会代表医生参与谈判，医生不只是医院的雇员和决策的接受者，所以有必要考虑不同医保支付方式对医生行为的影响（如表 1－2 所示），了解医生群体潜在的偏好。当采用按工资支付的方式时，医生既无谋利动机也无动力提高效率，但可能受到工资支付方的监管，因此按工资支付并不是十分理想的支付方式；而在按项目（时间）支付和按人头支付的方式下，医生有更强的逐利动机，特别是在按项目支付的方式下，医生受到的管控最少且不用承担经济风险；最后是以资源为基础的相对值支付，这一支付方式目前对医生行为的影响尚不明确，仍需进一步探索。总的来说，医生都倾向于后付制，而抵抗预付制。

表 1－2　不同医保支付方式对医生行为的影响

支付方式	医生行为倾向				
	增加病人数量	挑选健康病人	减少必要服务	扩大疾病严重性	提高效率
按工资支付	否	不确定	是	否	否
按项目（时间）支付	是	否	否	是	不确定
按人头支付	是	是	是	否	是
以资源为基础的相对值支付	不确定	不确定	不确定	不确定	是

资料来源：作者根据多位学者的研究整理得出。

当然，针对支付方式的谈判不是独立的，还需设定成本中性①的

① 成本中性：每增加一单位医疗服务的预期边际成本和边际收益相等。在此情况下，医疗服务供给增加的任何一单位医疗服务对预期利润都具有相同的影响，供给者更有可能提供在医学上最适宜数量的医疗服务。

支付标准并配以合理的医疗服务质量考核措施才能最终达到期望目标。此外，无论谈判最终确定哪一种或多种支付方式，若患者拥有自由选择医疗服务提供者的权利，均可提高系统响应能力和效率，尤其是那些需要吸引患者以确保购买者支付费用的服务（服务费或诊断相关支付）。①

1.3.5　研究综述简评

上述四小节从医疗保险谈判环境（欧洲医疗保险制度发展与改革）、医疗保险谈判机制本身以及医疗保险谈判中应关注的问题（医疗服务价格与医疗保险支付方式）方面，对相关的研究进行了梳理和综述。通过对欧洲医疗保险制度发展与改革的梳理，笔者发现，控制医疗费用增长和更好地满足参保者的医疗服务需求是欧洲各国改革的主要动力和目标，而改革措施经历了从控制医疗供给和减少医疗需求向综合提高医保治理的转变，建立和完善医疗保险谈判机制、发挥医疗保险主动购买功能成为今后改革的重要方向之一。此外，欧洲各国的医保改革对政府和市场的关系有了新认识，可以发现，更多的学者开始强调两者的互补性而不是互替性，出现了大量关于“新的俾斯麦模式”即更多的政府管制与更强的市场竞争机制相结合的研究。

在了解欧洲国家医保改革动向的基础之上，应进一步认识到建立完善的医疗保险谈判机制的重要性和必要性。通过回顾已有文献，笔者发现，目前国内和国外关于医保谈判机制的研究相差较大。国外的相关研究从社会医疗保险制度建立之时起已经经过了几十年的发展，目前的研究多集中在：（1）医保谈判机制与其他因素（文化因素、市场因素、政治因素等）的互动，包括其他因素影响本国医保谈判机制

① Reinhardt E，Cheng T. The world health report 2000：health systems：improving performance［J］. Bulletin of the World Health Organization，2000，78（8）：1064－1065.

的形成，以及医保谈判对医疗服务价格、医患关系、医疗服务质量、总体医疗费用的影响程度；（2）对各国医保谈判机制的比较研究；（3）利用大量具体数据对医保谈判机制的运行进行实证研究。而在国内，由于医疗保险谈判机制在2009年才正式提出，因此研究尚处于起步阶段。国内的研究内容集中在探讨医保谈判机制的理论基础、厘清基本定义和内容、梳理国内外的实践情况等方面，因此还需要进行更多、更丰富的研究。

除了医保谈判机制本身，笔者还对关于医疗服务价格形成机制和医疗保险支付方式的研究进行了文献梳理。这样做的目的在于认识医保谈判的特殊性和重要性，以便能够更加深入地剖析医疗保险谈判机制。关于医疗服务价格形成机制的研究，学者从不同的历史阶段、不同国家的实践、各种形成机制的原理和影响以及政府在其中的作用等方面进行了充分的研究，有大量的研究表明，医疗保险谈判是一种有效的、被普遍认可的医疗服务价格形成机制。关于医疗保险支付方式的研究也有很多，并且对各种支付方式的优劣和带来的影响都形成了比较一致的结论。但需指出的是，在医疗保险谈判中，医疗费用支付方式仍是谈判的重要内容，虽然在学界有普遍的共识，但在实践中由于各国的历史、文化等原因，医保方与医疗服务提供方仍存在着多种关于医疗费用支付方式的诉求。

1.4 研究内容与研究方法

1.4.1 研究内容

本书以社会医疗保险谈判机制为研究对象，从分析法国、德国和荷兰医保谈判机制的发展历程、现行框架和实践情况入手，归纳法德荷三国医保谈判机制的特点。在此基础之上，对法德荷三国医保谈判机制的整体情况、分类特征以及运行情况进行比较研究，再从政治、文化和经济的角度阐释差异成因，并在认识差异的基础之上总结出建立和完善医保谈判机制的一般规律。最后，通过与法德荷三国医保谈判机制现状进行对比，认识我国现阶段构建社会医疗保险谈判机制的优势与困境，并参考三国建立医保谈判机制的实践、规律和经验，对构建我国医保谈判机制进行探索性的思考。

本书共分为七章。第 1 章是导论，主要阐述研究背景与意义，对研究对象的概念及范围进行界定，对国内外相关研究进行文献综述并阐明研究思路与方法。

第 2 章阐述社会医疗保险谈判机制的理论基础，包括谈判的基础理论（谈判理论、博弈论与公共治理理论）以及对谈判主体、谈判对象和谈判环境的理论问题的认识。

第 3、4、5 章从历史演进视角分别详细梳理法国、德国、荷兰的社会医疗保险谈判机制的发展历程，深入研究现行谈判框架、实践情况、具体案例，并在此基础之上分别总结出三国医保谈判机制的特点。

第 6 章是对法德荷三国社会医疗保险谈判机制进行比较研究、成因分析与经验总结。首先，从各谈判要素的角度对三国医保谈判机制进行整体比较分析；其次，利用公共治理理论和委托-代理理论，对三国的医保谈判机制中的主体关系、运行情况和效果进行深入对比剖析，并进行类型划分与特征总结；最后，利用新公共管理改革理论、关联博弈理论以及市场势力理论，从国家结构、行政管理体制与文化、社会文化传统及市场结构等方面对三国的情况进行对比，以解释三国建立不同类型医保谈判机制的成因并总结其共同的经验。

第 7 章简要梳理了我国构建社会医疗保险谈判机制的现状，指出我国现阶段构建社会医疗保险谈判机制的困境与优势，并从行政机制、市场机制和社团机制三者如何在构建医保谈判机制中发挥作用的角度进行探索性的思考。

1.4.2 研究方法

本书主要采用文献研究法、比较研究法以及案例分析法等研究方法，具体应用情况如下：

第一，文献研究法。本书收集和研究的文献主要有以下类型和来源：(1) 通过知网、JSTOR 电子期刊、ProQuest 博硕士论文全文数据库、Springer 电子期刊数据库、Taylor & Francis 期刊数据库、Wiley 在线图书数据库以及谷歌学术搜索，查阅了大量关于医疗保险谈判、医疗服务购买以及法德荷三国医保制度、医保改革和医疗服务体系发展的国内外文献。(2) 世界卫生组织及其下设的欧洲卫生系统和政策观察站发布的相关研究报告，按国别发布的《转型中的医疗保障制度》系列报告以及《以购买提高卫生系统绩效》是文献研究中的核心资料之一。(3) 法国、德国、荷兰三国关于医疗保险以及医保谈判的法律条文，包括法国《社会保障法典》第一编社会保障计划的共同规定及第二编总制度、医疗保险的组织，德国《社会法》第五册《社会医疗保险法》以及荷兰《社会保障法》第一编第四章医疗保险计划和第二编第二章医疗保险法。(4) 法德荷三国政府及相关机构网站。政府网站主要包括三国医保主管部门、卫生部门以及统计部门，相关机构网站包括医保机构官网、医保协会及联盟官网、医保公司网站以及医生工会和协会的网站等。

第二，比较研究法。本书在对法国、德国和荷兰三国医保谈判机制的发展历程、现行框架以及实践情况进行详细梳理的基础之上，首先，从各谈判要素的角度对三国医保谈判机制进行整体比较分析；其次，利用公共治理理论和委托-代理理论对三国的医保谈判机制中的主体关系、运行情况和效果进行深入对比剖析，并进行类型划分与特征总结；最后，利用新公共管理理论、关联博弈理论以及市场势力理论，从国家结构、行政管理体制与文化、社会文化传统及市场结构等方面对三国的情况进行对比，以解释三国建立不同类型医保谈判机制的成因并总结其共同的经验。

第三，案例分析法。在对法德荷三国医保谈判机制的研究过程中，分别选取具有里程碑意义或具体发挥关键影响力的谈判案例，通过文献研究和专家访谈的方法深入了解谈判的实际情况和具体内容，详细分析各国医保谈判机制在具体案例中的运用。

第2章　社会医疗保险谈判机制的理论基础

2.1　谈判的基础理论

2.1.1　谈判理论

谈判是科学与艺术的结合，既仰仗信息与技术工具，又严重依赖实践与经验。[①] 从经济学角度出发，谈判理论将自愿合作视为实现效率的最佳途径，通过确定风险值、预测合作剩余以及分配合作剩余三个步骤完成整个谈判过程，而克服阻碍自愿合作实现的因素是谈判理

① Raiffa H. The art and science of negotiation [M]. Cambridge: Harvard University Press, 1982.

论研究的主要问题。[①] 这些因素包括广义上的产权不清、交易成本过高，还包括因垄断、外部性和信息不对称导致的市场失灵等。

深入分析，谈判主要包括以下两种类型：分配性谈判和整合性谈判。在分配性谈判中，各方可得利益的总和是基本确定的，每一方需争取自身利益的最大化，即所谓的零和谈判。在这种情况下，一方获得的利益是对方所付出的代价。整合性谈判则是各方运用各自的创造力和共享的信息共同创造更大的价值，并在此基础上进行最终的利益分配。[②] 但在谈判实践中，单纯的分配性或整合性的谈判并不多见，通常在不同的谈判阶段或针对不同部分的利益进行综合使用。整合性谈判的策略包括积极倾听、开发互补性利益，以及设计更多有利于双方的一揽子交易方案。[③] 另外，依据谈判主体数量的多少，谈判还可分为双方谈判和多方谈判，其中值得注意的是多方谈判中的谈判者之间可以形成联盟[④]，此举可能会改变谈判中的势力格局。

结合两类谈判的综合谈判，广义上来讲就是：各方谈判主体尽量在最大程度上将自身利益纳入谈判中去，并最终签订协议。参与综合谈判的各方通常专注于实现两个目标：（1）尽可能地为各方创造更多价值；（2）竭力为自己争取更多的利益。综合谈判并不要求对方妥协或牺牲自己的利益，它要求各方找到创造性的方案而不是着眼于相互的让步。参与方还应该明白三点：（1）他们在某些问题上可能有共同立场；（2）为了达到目标，他们需要进行协调以及在某些问题上作出让步；（3）各方想要维持长期的、积极的关系，因此需要适当的妥协。利·汤普森（Leigh Thompson）认为，综合谈判既可以被看作一个过

① 魏建．谈判理论：法经济学的核心理论［J］．兰州大学学报（社会科学版），1999（4）：42－49．

② 吕克．谈判［M］．冯华，译．北京：机械工业出版社，2005：3．

③ 同②6．

④ 同②13－15．

程，也可以被看作一个结果，并进一步提出整合性协议金字塔模型。①实施综合谈判的五个步骤如下：（1）交换信息，识别所有要谈判的问题。每一方都对自己的利益进行解释，并将重心放在问题上。（2）按利益冲突的程度分类制作问题清单：共同的或兼容的利益问题、不同但可等值交易的问题、分配型问题（直接利益冲突的问题）。（3）对第一种问题迅速达成一致，并在清单中划去。（4）对第二种问题进行充分磋商，实现双方能够接受的交易，并在清单中划去。（5）解决分配型问题。②

在整个过程中，影响谈判的战略性因素是时间（最后期限）、信息（谈判心脏）和力量（势力）。设定最后期限是一个有力的谈判工具；信息形成谈判方对现实的估计，影响谈判各方所采取的谈判战略、谈判协议最佳替代方案以及对谈判结果的预期；势力则是促使另一方答应少于自己预定利益的方案的能力。此外，谈判的目的之一是化解冲突，而谈判中核心的冲突包括关系冲突、资源冲突以及过程冲突。关系冲突是指参与谈判的各方可能因为事前缺乏沟通、没有建立起信任关系而导致的谈判气氛紧张；资源冲突是指对于分配型问题进行谈判时，由于利益划分的问题造成的实质性冲突；过程冲突是指在谈判过程中，由于各方采取的不同策略（合作或竞争）或遵循的不同规则和原则而造成的冲突。③ 另外，面对冲突或僵局时，可采用非诉讼争议解决方式，意指由第三方运用多种方式协助解决冲突或谈判僵局，让双方在不必诉诸公堂的情况下形成一致意见，具体方式包括调停、仲裁以及偶尔结合两者的“混合模式”。

将谈判理论运用到医疗保险谈判中可以发现，医保谈判是一个非

① Thompson L. The mind and heart of the negotiator [M]. 2nd ed. Upper Saddle River: Prentice Hall Press, 2000.

② 卡雷尔，希弗林．谈判基础：理论、技巧和实践［M］．焦邻颖，译．上海：格致出版社，2010：78.

③ Jehn K A, Mannix E A. The dynamic nature of conflict: a longitudinal study of intragroup conflict and group performance [J]. The Academy of Management Journal, 2001, 44 (2): 238-251.

常复杂的综合性谈判，既包含关于医疗服务价格等的分配性谈判，又包含通过双方自愿合作提高医疗服务效率而创造更大价值的整合性谈判。医疗保险谈判的核心目标是激励医疗服务提供者在不降低医疗服务质量的前提下控制医疗成本和按需提供医疗服务。谈判过程包含主体识别、设定谈判规则、正式谈判、谈判纠纷处理和谈判结果执行等。谈判各方在满足参保者医疗服务需求的问题上有共同的立场，但为达成目标，需要各方在医保支付标准、支付方式和医疗服务质量以及数量等问题上相互妥协让步，维持一个长期的、积极的合作关系。医保谈判常涉及三种冲突，即医生追求自由行医与医保管理监督之间的冲突，医疗服务的收费标准、服务范围、支付方式等方面的资源冲突以及医保方与医生工会之间可能产生的过程冲突。而对于医保谈判中的冲突，最终同样需要采用调停、仲裁以及偶尔结合两者的“混合模式”等非诉讼争议解决方式来解决。

2.1.2　博弈论

博弈论是研究在利益相互影响或冲突的局势中，理性的多方决策主体为了最大化自身利益如何进行策略选择以及策略组合的均衡问题的一种对策理论。理论中涉及的关键因素有博弈参与者、博弈规则、策略空间、策略组合以及博弈结果五个部分。其中，假设所有参与者都是能够理性决策又各自独立的个体，并按照事前确定好的决策顺序，各自从自身拥有的多个策略中选择最有利于自身的策略，形成最终的策略组合并共同影响最终的利益分配结果。①

根据博弈规则中关于决策顺序的时间序列性，博弈通常可分为静态博弈和动态博弈两种。所谓静态博弈，指的是博弈参与人须在同一

---

①　岳公正，杨燕绥．中国医疗服务治理机制与政府干预分析［J］．中国医学伦理学，2006，19（3）：7－10．

时间作出决策，或虽然并非同时但后作出决策者并不知道已决策者采取了什么策略，如著名的“囚徒困境”；动态博弈则是指在博弈过程中参与者的行动有先后顺序，并且先作出决策的参与者的决策结果能被后者观察到，并影响后者的决策，如下围棋。而根据博弈中各参与者的关系，即各自对对方的了解程度，博弈可进一步划分为完全信息博弈和非完全信息博弈。其中，信息是指其他参与人的特征、策略空间及每个策略相应形成的收益函数。再者，按照博弈参与者之间是否签订了有约束力的合同，博弈又被划分为合作博弈和非合作博弈。非合作博弈是经济学家们的研究重点，以上谈到的静态博弈、动态博弈、完全信息博弈和不完全信息博弈以及四者的交叉组合都属于非合作博弈的研究范畴。期望效用最大化被视为非合作博弈的一般决策准则，纳什均衡是非合作博弈的核心概念之一，即能使所有博弈参与者都达到期望效用最大化的策略组合。纳什均衡的特征包括自我实现、承诺和信息，其克服了以往博弈论中的不确定性。相对于非合作博弈对参与者个体行为的关注，合作博弈则是从宏观角度研究博弈，关注所有参与者的集体理性，即是否能够按照一定的协议结成联盟。联盟的形成条件包括参与者在联盟中的收益不小于独立行动的收益以及联盟的所有收益必须在每个参与者之间公平分配。

博弈论在医疗保险谈判中的应用，是为分析谈判中的冲突和合作提供一个基本框架和视角。谈判中的参与者可以是个体（如单个参保者、医生或医院），也可以是团体（如医保机构、医生协会、医院联盟或患者组织等）。而博弈规则既可由法律规定或政府主管部门制定，也可由参与者自主协商确定。谈判中各参与者的决策取决于自身势力和获得的信息，而谈判结果是某种均衡的实现，往往以协议或合约形式将利益分配固定下来。参保者、医生或医院作为参与者的谈判既可能是合作博弈也可能是非合作博弈，这取决于双方是否有条件形成联盟。而通过医保机构、医生协会、医院联盟或患者组织等进行的集体谈判，则可被视为双方垄断博弈模型。

2.1.3 公共治理理论

公共治理理论出现于 20 世纪 90 年代，是一个集政治学、经济学、管理学等多学科的交叉性研究理论。在传统的管理理论基础上，公共治理理论突破性地强调多元共治、分权以及社会参与等理念，强调政府、市场和社会对公共事务的协同治理，避免陷入政府唯一论、市场万能论及社会中心论的极端认识，通过多主体的相互配合与支持，达到效用最大化。

在这方面，最重要的理论发展为多中心治理理论和网络化治理理论的提出。对多中心的研究最早来源于经济学界，它是相对于集中指导的计划经济安排而提出的，旨在肯定由多中心选择形成的自发秩序；后由奥斯特罗姆夫妇将其引入地方政治体制的研究中来，提出多中心是指决策权能够广泛分散，多个决策主体之间通过竞争展开多项契约性和合作性事务，以寻找低成本的解决方式。在多中心体制下，政府并不是唯一的决策主体，多个利益相关方经过协作、竞争与谈判，最终达成一致的决策方式。而多中心治理理论则是将此理念应用在管理中，以自治为基础，允许多个权力或服务中心共存，形成网络型的治理结构，以达到实现公民利益最大化及满足其多样化需求的目标，避免“公地悲剧”的重现。①

网络化治理理论旨在建立连接公共部门、私人营利组织和非营利组织以及个人的网络结构，并在此基础上形成治理机制，如公私合作伙伴关系。其主要特征包括：(1) 存在多个关系平等又相互依赖的参与者；(2) 将实现公共价值作为首要目标；(3) 具有自我管理的特征，在

① 王志刚．多中心治理理论的起源、发展与演变 [J]．东南大学学报（哲学社会科学版），2009，11 (S2)：35 - 37.

执行过程中相互独立；（4）在参与者之间共同利益与利益分歧共存，并将协商谈判作为主要互动手段；（5）参与者共享权利与回报，共担风险。

医疗保险谈判机制正是建立在公共治理理论的基础之上的，希望通过引入多中心决策体制，能够最大限度地反映各利益相关方的诉求并满足参保者多样化的需求。医保谈判机制可避免政府、医保方和医疗服务提供方中任何一方对医保政策的独断，建立相互依赖又具有相当独立自主权的治理网络，实现对医保制度公共价值的共同追求以及风险共担和收益共享。

2.2 谈判主体的理论问题

谈判主体是指参与谈判的相关各方，可以是有着各自利益的个体，或是致力于作出共同决定的群体，又或是为集体利益而谈的各方。[①] 若是针对复杂问题或集体利益的谈判，通常会由代理人代表利益方进行，代理问题由此出现并可能对谈判结果产生较大影响。此外，谈判主体之间的关系和相对势力也会进一步对谈判造成重大影响。

2.2.1 委托-代理理论

代理关系是古老而又常见的社会互动模式之一。罗斯（Ross）提出："如果当事人双方，其中代理人一方代表委托人一方的利益行使某些决策权，则代理关系随之产生。"[②] 代理人是行动者，而委托人是受

---

① 卡雷尔，希弗林．谈判基础：理论、技巧和实践［M］．焦邻颖，译．上海：格致出版社，2010：5.

② Ross S A. The economic theory of agency: the principal's problem［J］. The American economic review, 1973, 63（2）: 134－139.

代理人行为影响的一方。[①] 由此可见，委托人的利益依赖于代理人的行为，双方之间通常形成一种契约关系。而在信息经济学中，委托-代理关系泛指任何一种涉及非对称信息的交易，交易中有信息优势的一方称为代理人，另一方称为委托人。委托的动机在于，委托人认识到相对而言他们对于大多数合理的决定并不完全知情，而解决这种缺陷的最好办法就是找一个知情的代理人。但由此会产生另一个问题：代理人追求其自身的目标，而不是追求委托人利益的最大化。因此，代理理论是研究在信息不对称条件下市场参与者之间的委托-代理关系以及由此产生的激励约束机制问题的理论，其关注焦点是如何建立一种契约或者关系以保证代理人的行为符合委托人的最大利益。

1. 代理问题的产生

判定两方之间存在委托-代理关系，必须满足以下三个必要条件：第一个必要条件是双方在共同履行某项任务时具有比较优势，这意味着一方执行任务比另一方更好，更为专业化。因此，双方通过签订合同，各自完成任务中更具有比较优势的项目，执行任务的个人或机构为代理人，雇用代理人的一方为委托人。第二个必要条件是双方的目标不同。由于双方关心的是不同的事情，同样的行动通常不会同时最大化委托人和代理人的目标，因此双方之间会存在冲突。第三个必要条件是信息不对称。委托人并不确切知道代理人在做什么，也不知道决定绩效的所有其他因素，所以不可能通过直接观察或者推测来确定代理人是否采取了预期的行动。因此，委托人只能推断代理人的行为概率。总而言之，这三个条件在委托人和代理人之间建立了一种关系，其中代理人有可能逃避任何任务，并且委托人无法准确地发现这种逃

① 平狄克，鲁宾费尔德．微观经济学［M］．8 版．李彬，高远，等译．北京：中国人民大学出版社，2013：590.

避。[①] 具体来看代理人的角色，这些人可能是与当事人签订代理合同从而代表谈判一方利益的独立代理人，也可能是组织内部指派或雇用的人员，即非独立代理人。独立代理人通常因其拥有更多的专业知识，或因当事人需要与对方保持一定距离而被委托，在谈判中以“局外人”的身份出现，如律师、经纪人等，其在谈判中通常较为客观，但可能谈判动力不足，也可能因为谈判所涉及的不是自己的利益而表现出组织性非理性；非独立代理人，是谈判组织的成员，即所谓的“局内人”，如集体谈判中的联盟代表，自身利益与组织利益通常比较一致，更具有攻击性，但也可能存在决策能力问题。

2. 信息不对称和带来的问题

信息不对称是指在一项交易中，买方和卖方拥有不同水平信息的情况。[②] 施蒂格勒（Stigler）首次提出不完备信息这一相似概念，并指出不完备信息可能对市场价格产生的影响，进而建立了伴随离散价格的市场均衡。[③] 随后，施蒂格利茨等人（Stiglitz et al）进一步将不完备信息分为两种情形：一是购买者拥有不同的提供者提供的不完备价格信息，此时需要寻找最低价格提供者；二是提供者认识到购买者拥有不完备信息并据此战略性定价，实施价格歧视。[④] 阿克洛夫（Akerlof）在对旧车市场的研究中首先正式提出信息不对称的概念，并指出可能导致“劣币驱逐良币”的问题。[⑤]

而在对医疗保健市场的研究中，信息不对称被认为普遍存在于医

---

① Ross S A. The economic theory of agency: the principal's problem [J]. The American economic review, 1973, 63 (2): 134-139.

② 平狄克，鲁宾费尔德. 微观经济学 [M]. 8版. 李彬，高远，等译. 北京：中国人民大学出版社，2013：577.

③ Stigler G J. The economics of information [J]. Journal of political economy, 1961, 69 (3), 213-225.

④ Salop S, Stiglitz J E. The theory of sales: a simple model of equilibrium price dispersion with identical agents [J]. The American economic review, 2001, 72 (5): 1121-1130.

⑤ Akerlof G A. The market for lemons: quality uncertainty and the market mechanism [J]. The quarterly journal of economics, 1970, 84 (3): 488-500.

疗保险和医疗服务市场中。阿罗最早在《不确定性和医疗服务的福利经济学》一文中指出信息不充分和不确定性的作用，并指出“信息的市场不完善性”是卫生服务市场具有的特性。而不确定性意味着需要花费大量成本去获取足够的信息，因此不确定性在一定程度上影响着交易成本的高低，例如医疗服务治疗结果的不确定性会导致较高的市场交易成本。① 尼科尔斯（Nichols）在研究中将医疗领域存在的信息不对称大致划归为三种情况：一是参保人与医疗保险机构之间：参保人比医保机构更了解自己的身体情况，导致“逆向选择”的问题。二是患者与医疗服务提供者之间：由于医疗服务的专业性，患者通常不具备医疗服务提供者所具有的信息（例如患者对病情的认知和可能接受治疗的措施并不十分了解），且还需面对服务质量的不确定性，只能委托医生为其代理人来帮助其作出决策，由此建立委托-代理关系并可能引发供给诱导需求问题，即医生利用自己的知识和信息优势使得患者的医疗服务需求超过了当患者拥有和医生一样的知识和信息时他给自己确定的诊疗类型和数量。三是医疗服务提供者与医保机构之间：医疗服务提供者可能会因为自身利益而对患者进行需求诱导，提供并不必需的医疗服务而获得额外的收入，但因信息不对称的存在，保险方较难控制这样的需求诱导，可能出现医患合谋的问题。② 由此，可构建一个呈现医疗保健市场中三方参与者信息相对分布与相互作用的模型，如图 2-1 所示，箭头指向的一方是信息优势方，另一方是信息相对缺乏方。由模型可以看出，医疗服务提供者相对于患者和医保机构在信息获得上占有优势，并能够通过转换这种优势获得利益。

3. 代理问题的解决：激励机制与监督管理

委托-代理理论认为，可以通过设计合理的激励机制和监督机制来

① 周小梅．提升医疗服务业绩效的制度经济学分析［M］．北京：中国社会科学出版社，2009：39.

② Looper P F，Nichols L M，Taylor A K. Patient choice of physician：do health in surance and physician characteristics matter？. Inquiry. 1996 Fall，33（3）：237-46.

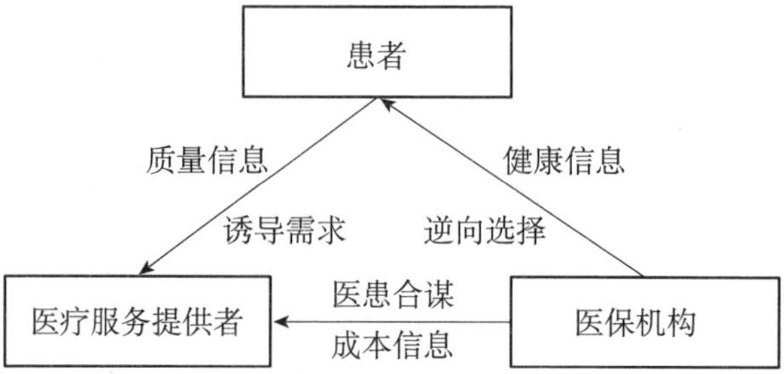

图 2-1　医疗保健市场中三方参与者信息相对分布与相互作用的模型

资料来源：周小梅．提升医疗服务业绩效的制度经济学分析［M］．北京：中国社会科学出版社，2009：60.

解决委托-代理产生的福利损失问题，具体做法是提供一个在委托人与代理人之间收益与风险分担的制度安排，并不断增强委托人对代理人行为的有效监督，将监督结果与收益挂钩，从而达到最大程度限制代理人道德风险行为的目的。在针对医疗领域的研究中，德兰诺夫等人（Dranove et al）指出，患者和医生之间建立持续性关系（长期合同）可以降低医生背离作为代理人的责任的可能性（因患者能从中获得日益增长的信息）。① 盖纳（Gaynor）指出，如果医生需要在患者之间进行相互竞争，那么纯粹的生产力补偿就可能会导致公司内部的过度竞争。② 因此，最优合同不应是纯粹的按服务项目付费，而应是按服务项目付费和收益分享计划的某种组合。盖纳和波利（Pauly）进一步研究发现，医生对财务激励措施反应强烈。③ 霍尔姆斯特罗姆（Holmstrom）和米尔格龙（Milgrom）研究指出，当代理人被分配多种任

---

① Dranove D，Satterthwaite M ，Sindelar J. The effect of injecting price competition into the hospital market：the case of preferred provider organizations［J］. Inquiry：a journal of medical care organization，provision and financing，1986，23（4）：419 - 431.

② Gaynor M. Competition within the firm：theory plus some evidence from medical group practice［J］. The RAND journal of economics，1989，20（1）：59 - 76.

③ Gaynor M，Pauly M V. Compensation and productive efficiency in partnerships：evidence from medical groups practice［J］. Journal of political economy，1990，98（3）：544 - 573.

务时（比如医生被要求以低成本提供高质量的医疗服务），会倾向于努力完成能够为其提供最高补偿的任务；而如果代理人被分配的任务难以衡量（如高质量的医疗服务），则补偿方案所提供的激励效果会很差。①

2.2.2　市场势力理论

兰德斯（Landes）和波斯纳（Posner）从经济学角度对市场势力进行了定义。市场势力，狭义上是指单个或一组企业的一种价格控制力，即定价于竞争水平之上并能长时间维持的能力，也可理解为单个企业对价格实施影响的程度。而广义上来讲，市场势力还可指在特定条件下，某产业中企业的综合控制能力，包含对其他市场参与者以及产品的价格、数量和质量的潜在影响力，是一种动态的综合竞争力。②根据产业经济学的研究，市场势力的大小受到三大因素的影响：（1）需求弹性；（2）市场集中度；（3）合谋行为。其中，市场集中度可通过行业集中度指数（Concentration Ratio ，CRn）或赫芬达尔-赫希曼指数（Herfindahl-Hirschman Index，HHI）测量得出。CRn 是指 n 家企业的市场份额之和，通常会选择市场上前四或八家企业的份额总和进行比较。根据测算，如果市场集中度 $CR_4<30\%$ 或 $CR_8<40\%$，则属于竞争性或垄断竞争性行业。HHI 则等于一个行业中每个厂商所占的用百分比表示的市场份额的平方和，最大值为 10 000（100^2），最小值接近 0。HHI 越大，代表集中度越高。在 1984 年美国颁布的《合并指南》中，HHI 超过 1 800 的市场被认为是高度集中的，而低

① Holmstrom B，Milgrom P. Multitask principal-agent analyses：incentive contracts，asset ownership，and job design［J］. Journal of law，economics and organization，1991，7（Special）：24－52.

② Landes W M，Posner R A. Market power in antitrust cases［J］. Harvard law review，1981，94（5）：937－996.

于1 000的市场被认为是非集中的。① 市场集中度越高，市场势力就越大。

从社会学角度来看，一些学者认为，市场势力是指一个组织对另一个组织拥有的控制力或产生影响的程度。② 控制力或影响力是由一个组织对另一个组织实施奖惩的意愿和能力形成的。市场势力的起源是一个组织对另一个组织所掌握的资源的依赖。这个社会学定义强调组织为何会拥有市场势力、如何运用市场势力以及其带来的结果，而不仅仅关注组织对价格的影响能力。该理论认为，拥有较强市场势力的组织在谈判中具有较多的筹码，从而有能力使得谈判结果对自己更为有利。

将市场势力理论运用到医疗保险谈判中，主要是用来定量地刻画医保方（以及参保人）和医疗服务提供方双方在各自市场中的影响力，以及因此对医保谈判的影响。一项研究表明，可以用HHI衡量医疗市场集中程度，HHI每提高1 000个点，医院收取的价格会提高8.3个点。同时，医疗保险市场的集中度提高1 000个点，医院能够收取的价格就会降低2.5个点。③ 波利考虑了保险公司市场力量对医疗保健市场的影响，研究表明，具有市场支配力的保险公司可以向降低福利的医疗服务提供者执行价格。④ 盖纳等人考虑了保险公司和医疗服务提供者之间的独家协议。他们认为，在提高价格高于边际成本的意义上，独家交易不具有反竞争性，但它们确实因为限制医疗服务

---

① Choné P, Evain F, Wilner L, et al. Introducing activity-based payment in the hospital industry: evidence from French data [R]. CESifo Working Paper, 2013.

② Emerson R M. Power-dependence relations: two experiments [J]. American sociological review, 1964, 27 (3): 282-298; Scott W R. Organizations: rational, natural, and open systems [M]. 2nd ed. Englewood Cliffs: Prentice Hall, 1987.

③ Choné P, Evain F, Wilner L, et al. Introducing activity-based payment in the hospital industry: evidence from French data [R]. CESifo Working Paper, 2013.

④ Pauly M V. Managed care, market power, and monopsony [J]. Health services research, 1998, 33 (5): 1439-1460.

提供者的选择而降低了消费者福利。① 除医院之外，医生也是医疗保险谈判的重要主体，有大量研究显示，医生参与工会或组成协会与医保基金签订集体合同可增加医生的市场势力。② 莱弗勒（Leffler）还讨论了一个案例，即在医生同意价格上限的马里科帕案中，这种契约可能是反竞争的。③ 格里尼（Greaney）和辛德拉尔（Sindelar）讨论了这些合同如何为反竞争行为提供机会。④ 因此，可以明显地发现，在医保谈判中市场势力比谈判技巧更重要，无形之手比有形之手更有力。

2.3　谈判对象的理论问题——医疗服务的特殊性

阿罗通过对医疗服务作为规范经济学研究客体存在的具体差异的探索，指出风险和不确定性是医疗保健市场的重要特性，风险承担的不可销售性和信息的无法完全市场化导致了医疗保健市场对最优状态的偏离。具体来讲，医疗服务市场差异性的特征包括医疗服务需求的不规则性和不可预测性、对医生期望行为的差异性、产品质量的不确定性高且交易双方对不确定性的认识差异大、供给条件特殊以及存在

---

① Gaynor M, Mark T. Physician contracting with health plans: a survey of the literature [M] //The economics of health care in Asia-Pacific countries. Cheltenham: Edward Elgar Publishing, 2002: 33 - 62.

② Leffler K B. Arizona v. Maricopa county medical society: maximum-price agreements in markets with insured buyers [J] . Supreme court economic review, 1983, 2: 187 - 211; Dranove D, Satterthwaite M, Sindelar J. The effect of injecting price competition into the hospital market: the case of preferred provider organizations [J] . Inquiry: a journal of medical care organization, provision and financing, 1986, 23 (4): 419 - 431.

③ 同②.

④ Greaney T L, Sindelar J L. An assessment of the anticompetitive effects of preferred provider organizations [J] . Inquiry: a journal of medical care organization, provision and financing, 1987, 24 (4): 384 - 391.

广泛价格歧视和显性或隐性价格固定的定价行为等。[①] 现实中的卫生保健市场在很多方面不符合完全竞争市场的理论模型，主要包括不确定性、信息不对称与外部性的存在三个方面。[②] 根据医疗服务市场的特征，医疗服务价格并不仅仅取决于市场供求关系，还需考虑信息不完全对服务价格的影响。根据萨特思韦特（Satterthwaite）的研究，许多医疗服务属于一种信誉商品，提供者数量的增加会降低消费者获取信息的平均水平，增强垄断势力从而造成均衡价格的上升。医疗服务市场与完全竞争市场的差异主要表现在，市场中存在信息不对称、医疗服务需求与效果的不确定性、医疗服务提供者的垄断性与非价格竞争以及医疗服务消费的外部性等特征。在医疗卫生服务领域，“消费者主权”作为保障市场机制正常运行的一个重要前提，是不能完全实现的。[③] 并且，不同于一般的消费市场，医疗服务市场不仅包括消费者和提供者，在目前大多数情况下，包括消费者—付费者（医疗保险）—提供者三方，具有消费和付费分离的特征。

此外，根据产品质量与信息之间的关系划分，商品通常可分为搜寻品、经验品和信任品。其中，那些即便在使用后也无法或很难判断其质量好坏的商品为信任品，而医疗服务就明显具有这样的特征。由于不确定性的存在，患者既无法预知是否或何时会患病，也很难在患病时明确知道需要何种或多少医疗服务，更难以在接受医疗服务后准确判断医疗服务的质量和有效性。因此，患者在选择医疗服务时，更多是通过声誉机制（专业排名、熟人介绍、网络推荐）等方式寻找医生，而医生通过其专业优势形成某种程度上的自然垄断并拥有较强的定价能力。

---

① Arrow K J. Uncertainty and the welfare economics of medical care [J]. Journal of health politics, policy and law, 2001, 26 (5): 851－883.

② 富兰德，古德曼，斯坦诺．卫生经济学［M］．6 版．北京：中国人民大学出版社，2011：418.

③ 劳动和社会保障部，德国技术合作公司．德国医疗保险概况［M］．北京：中国劳动社会保障出版社，2000：95.

2.4　谈判环境的理论基础

2.4.1　关联博弈与嵌入性

关联博弈研究的是博弈在不同域①中共时关联的方式，具体是指，在涉及多个域的博弈中，一种情况是人们在不同域中协调其策略，产生的结果可能是他们在不同的域中单独决策时无法实现的；另一种情况则为参与人无法在不同的域协调其策略决策，但他们的决定在参数上受到其他域流行的决策规则的影响。② 马克·格兰诺维特（Mark Granovetter）提出了"社会嵌入性"的概念，为典型的关联博弈之一，在某些交易活动中，参与人需要同时协调在经济交换域和社会交换域中的策略，社区规范以声誉机制为媒介协调着参与人的经济交换行为，以达到经济收益和社会资本（包括社会地位、声望或自我满足）的最优或次优。③ 除了社会交换域的关联外，通常还包括交易域—组织域的合同性关联、交易域—政治域的中介性关联等。④ 而在第二种情况下，当几个域相关联时，某个域博弈的参与人无法控制其他域中流行的决策规则但又受其影响，则这些规则作为参数共同构成一种制度环境，并共时性地相互依赖。典型例子就是政治域中的国家形态与社会交换域或组织域的制度形式之间可能存在相互依赖关系。⑤

由于医疗保险谈判主体和对象的特殊性与复杂性，谈判环境由经

---

① 域的六大基本类型：共用资源、交易（经济交换）、组织、社会交换、政治（政府和国家）和一般性组织领域。

② 青木昌彦．比较制度分析［M］．上海：上海远东出版社，2001：211.

③ Granovetter M. Economic action and social structure: the problem of embeddedness［J］. American journal of sociology，1985，91（3）：481－510.

④ 同②216－228.

⑤ 同②228－233.

济交换域、社会交换域、政治域共同构成，形成一个复杂的多重关联博弈。因此，在医保谈判中，谈判主体需要在不同域之间协调其策略，而最终的策略组合又会受到经济交换域之外的其他域中流行的决策规则的影响。在经济交换域中，医保方和医疗服务提供方就医疗服务价格进行谈判，不仅会考虑直接影响医疗服务价格的医疗服务成本因素，同时还会嵌入双方的社会资本和声誉价值以及其他可能会涉及的政治支持价值等关联因素，并受到政治域（如国家形态：自由民主型国家或者社会契约型的社团主义国家）等制度环境的影响。

2.4.2 新公共管理改革理论

新公共管理改革，即所谓的新公共管理运动，发源于英国，并推广至全球很多国家，影响了全世界政府的管理改革。改革的主旨是批判和否定传统的公共行政理论并试图重新界定政府与市场之间的角色与关系。内容大致包含：（1）重新定位政府的功能；（2）寻找更高效的公共服务提供方式；（3）通过管理体制改革提高政府内部运行效率；（4）在政府管理和运行中引入私营企业的理念、方法和经验。

但学者克里斯弗·波利特等（Christopher Pollitt et al）提出的新公共管理运动或理论更多地总结了美国公共领域发生的变革，而在欧洲大陆的改革则受到各国政治-行政体制、国家结构、治理文化的影响，从而采取了不一样的改革措施，包括保持、现代化、市场化与最小化四种战略，最终形成了不一样的改革轨迹。① 而谈判机制作为医疗保险管理的一部分，也属于公共管理的范畴，必然受到制度环境和改革浪潮的影响，进而选择采用了不同的谈判模式。该理论在医保谈判机制研究中的运用参见表 2－1。

---

① Pollitt C，Van Thiel S，Homburg V. New public management in Europe：adaptation and alternatives［M］. Basingstoke：Palgrave Macmillan，2007.

表 2-1　公共管理改革理论在医保谈判机制研究中的运用

概念	操作化指标	代表国家	对谈判机制的影响
国家基本结构	单一制：高度集中	法国	国家层面谈判
	单一制：相对分散	荷兰	国家法律指导下个体谈判
	复合制：联邦制	德国	州法律指导下集体谈判
主导的行政管理体制与文化	多数主义：一党拥有 50%以上的席位	法国	当谈判发生冲突时，敌视谈判，采取罢工等不合作方式
	联盟主义：两党联合执政	德国	社团主义，强调自治与合作
	协商主义：多党联合执政	荷兰	谈判较为开放包容，谈判中尽可能满足各方利益，若无法达成一致则愿意进行多轮谈判

资料来源：作者根据资料自制。

第 3 章　政府引领型谈判：法国社会医疗保险谈判机制

法国是一个本土拥有 13 个大区、94 个省的单一制国家，截至 2022 年 1 月，其本土人口总数约为 6 563 万，在欧盟国家中排名第二。法国人口健康水平良好，世界卫生组织 2019 年的数据显示，法国居民出生时平均期望寿命为 82.5 岁，男、女性出生时平均期望寿命分别达 79.8 岁和 85.1 岁，均名列世界前茅；而在 60 岁时男、女性平均健康期望寿命分别达 18.5 年和 20.8 年。[①] 这当然与其完善的社会医疗保障制度和医疗服务体系密不可分。

① 参见世界卫生组织网站，http：//apps. who. int/gho/data/view. main. SDG2016LEXv?lang=en.

3.1　法国社会医疗保险制度与医疗服务体系概况

3.1.1　法国社会医疗保险制度概况

法国的医疗保险计划起源于民众自发组建的医疗互助会。首个强制性社会医疗保险计划根据《社会保险法》创立，是由雇主为收入低于一定水平的雇员支付保费的强制保障制度。真正奠定法国社会医疗保险制度基本框架的是 1945 年 10 月颁布的《社会保障法令》。该法令旨在建立一套综合社会保障制度，保障工薪人员及其家属能够抵御因年老、疾病、生育、工伤等可能带来的收入减少甚至陷入贫困的风险。社会医疗保险制度作为其重要组成部分，确立了三大基本原则：平等获得医疗服务的权利、强调医疗服务质量和社会团结。随后，制度覆盖人群范围不断扩展至农业人口、非农业部门的自雇佣者。① 2000 年，法国建立了保障低收入群体的全民医保制度。② 经过 70 多年的发展与完善，法国最终建立起既带有职业保险特点（俾斯麦模式）又部分采用税收实现全民覆盖（贝弗里奇原则）的混合型社会医疗保险制度，被称为世界上有效和具有包容性的医疗保障系统之一。③

当前，法国社会医疗保险制度仍按人群分设，包括覆盖工商企业职工及其家属的普通医疗保险计划（Caisse Nationale d'Assurance Maladie des Travailleurs Salariés，CNAMTS）、农业人口医疗保险计划（Mutualité Sociale Agricole，MSA）、自由职业者医疗保险（Régime So-

① Rodwin V G，Sandier S. Health care under French national health insurance [J]. Health affairs，1993，12 (3)：111 - 131.

② 岳颂东. 法国医疗保险制度及其启示 [J]. 管理世界，2000 (4)：44 - 48.

③ Palier B. Gouverner la sécurité sociale [M]. Paris：Presses Universitaires de France，2005.

cial des Indépendants，RSI），三大制度之间不存在竞争关系。其中，覆盖人数最多、基金规模最大也最具有影响力的是 CNAMTS。截至 2011 年，CNAMTS 覆盖了 5 700 万人口，占总人口的 88%，支付了大约 75%的医疗费用。① 鉴于 CNAMTS 制度的主体地位及避免繁复的介绍，本书对法国医疗保险谈判机制的讨论一般以该制度的情况为例。CNAMTS 具体的政策框架及运行现状见表 3-1。其中，须重点强调的是，与谈判机制密切相关的 CNAMTS 的管理体系采取"政府决策、民间运作、垂直管理"的模式。② 政府主管部门负责制定医疗保险政策及总额预算，并提交议会批准，通过后颁布法令并实施。CNAMTS 的全国机构及下设的两级机构（16 个大区医保管理局与 101 个地方医保管理局）以政府受托人的身份，根据与政府签订的协议经办医疗保险业务，落实协议中的条款。此外，全国医疗保险基金联合会（Union Nationale des Caisses d'Assurance Maladie，UNCAM）代表各个医保基金与政府部门、医疗服务提供者进行医疗保险谈判。这样的制度安排与管理体制深刻影响着法国医疗保险谈判机制的构建。

表 3-1 法国普通医疗保险计划（CNAMTS）的政策框架与制度概况

政策框架		制度现状
资金筹集	资金来源及占比	雇主与雇员（包括退休人员）缴费（33%），普通社会税（24%），其他税收（33%，其中增值税 20%），其余为财政补贴（约 10%）。
	缴费水平	雇主按照职工工资总额的 13%缴纳保费，而雇员则通过缴纳普通社会税履行缴费义务，包括劳动报酬的 5.29%、资本收入的 5.95%、养老金的 4.35%和社会福利收入的 3.95%。

① Chevreul K，Brigham K B，Durand-Zaleski I，et al. France：health system review [J]. Health systems in transition，2015，17（3）：29.

② 白澎，叶正欣，王硕. 法国社会保障制度 [M]. 上海：上海人民出版社，2012：145.

续表

政策框架		制度现状
待遇水平	门诊待遇	患者自付 1 欧元/次，封顶线是 50 欧元/年；当费用超过 120 欧元时需再一次性支付 24 欧元；在签约的医生和牙医处就医报销比例一般为 70%，医疗辅助设备和实验室测试报销比例为 60%。
	住院待遇	住院服务在政策保障范围内的报销比例一般为 80%，特殊脆弱人群（如残疾退休者）等可达 100%。但所有住院参保者需自付每天 20 欧元的床位费；且当费用超过 120 欧元时需再一次性支付 24 欧元。
	药品报销	药品费用的平均报销比例为 65%，但对于不可替代或昂贵的药物则为 100%报销，对具有中等治疗价值的药物报销 30%，对低医疗效益的药物则仅报销 15%。
管理体系	政府主管部门	社会事务、卫生和妇女权利部
	基金筹集与分配机构	由地区社会保障缴费与家庭津贴征收联盟负责征收保险费与普通社会税，再统一上缴给中央社会保障局。
	基金的管理与运营机构	UNCAM、CNAMTS 全国机构及下设的两级机构。

资料来源：作者根据 CNAMTS 网站内容整理得出。

3.1.2　法国医疗服务体系概况

法国的医疗服务体系大致分为门诊医疗服务和住院医疗服务两部分。其中，门诊医疗服务包含初级医疗保健服务和部分二级医疗保健服务，主要由私人执业医生（全科医生和专科医生）在自己的私人诊所内提供。截至 2015 年，法国大约有 221 000 名全科医生和 119 000 名专科医生，每千人口医生数为 3.4 名。其中自雇佣的医生占到总数的 60%左右，一半是开设私人诊所的全科医生，其年度总支出达 90

亿欧元；另外一半是开设私人诊所的专科医生，年度总支出高达 110 亿欧元。其余 40%的执业医生（主要是专科医生）受雇于公立或私立医院。① 因此，法国的大多数医生都不在医院工作。此外，根据与社会医保基金签约的情况，法国私人执业医生还可分为“第一部门”医生和“第二部门”医生。其中，前者为签约医生，收费严格执行公约定价；而后者拥有适度自由定价权，大约占总医生人数的 1/4。从 20 世纪 90 年代末开始，全科医生在协调医疗服务方面发挥了重要作用，建立起“半守门人”制度（又称主治医生制度），鼓励人们自愿签约一名执业医生，并在就医时将其作为首选。世界卫生组织 2015 年的报告显示，在法国一名私人执业医生每年平均要接受 3 500 人次的咨询，法国国民每人平均到门诊的就诊次数为 6.4 次，接近欧盟国家平均水平。② 而住院医疗服务则主要包括急诊、外科和产科医疗服务，由公立和私立医院共同提供。公立医院负责承担急诊和器官移植等特殊医疗活动，私立医院则主要开展手术治疗。目前，私人医疗服务的费用（诊费、处方药物、其他医疗服务以及误工补偿）占医疗保险金支出的 47%。截至 2019 年底，全国共有 3 008 所医院，其中 45%为公立医院、33%为私立营利性医院、22%为私立非营利性医院。在这些医院中，1 834 家为非急性期和康复服务医院，提供住院后的短期康复服务和医疗支持服务。此外，在 1 354 家公立医院中，地区医院（地区住院中心）大约占 13%，负责为本地区人口提供专业的医疗服务；综合医院占 70%左右，负责提供主要的急性护理和住院服务；精神病专科医院占 7%，从事长期护理的医疗机构占 10%左右。而床位数整体呈现下降趋势，医院床位密度从 2000 年的每 10 万居民 406 张床位降

① Choné P. Competition policy for health care provision in France [J]. Health policy, 2017, 121 (2): 111-118.

② Chevreul K, Brigham K B, Durand-Zaleski I, et al. France: health system review [J]. Health systems in transition, 2015, 17 (3): 127.

至2019年的每10万居民300张床位，其床位密度水平低于欧盟平均水平（每10万居民387张床位）。① 从20世纪90年代起，法国社会医保制度实现了全民覆盖，使得医保机构成为医疗服务的主要付费者。法国医院的医疗费用主要由医保支付，占比大约为92%，2008年起所有医院均采用基于医疗活动支付。而医保支付门诊医疗费用采用混合支付方式，包括按服务项目支付、基于医疗活动支付、按绩效支付等，但整体比例在逐年下降，从1980年的77%降至2010年的63%。造成这一现象的原因为：一方面，门诊医生被允许在医保官方收费目录表之外向患者收取超额费用；另一方面，随着主诊医生制度的建立，患者想要享受医疗保险待遇就需要去经过医保认可的医院或医生处就诊，不满足规定时病人需要自付，故而自付比例不断提高。

3.2 法国社会医疗保险谈判机制的发展历程

法国现代社会保障制度起源于私营的行业保险，在漫长的发展历史中，各阶层组织经过无数的冲突和谈判，经历无数次大事件中各方力量的抗衡，最终各自应得的利益相对固定下来，社会保障制度才得以在第二次世界大战后确立。②特别是建立社会医疗保险制度，遭到了医疗工团主义的持续反对，经过长时间的对抗与博弈，最终一种尊重自由医学原则的强制性医疗保险模式建立了。③ 因此，医疗保险谈判一直是建立和塑造法国社会医保制度不可或缺的重要工具与手段，其

① Or Z，Gandré C，Seppänen A，et al. France：Health system review [J]. Health systems in transition，2023，25（3）：86－87.

② 白澎，叶正欣，王硕．法国社会保障制度［M］．上海：上海人民出版社，2012.

③ Porras-Gallo M. Between the German model and liberal medicine：the negotiating process of the state health care system in France and Spain（1919－1944）［J］. Hygiea internationalis an interdisciplinary journal for the history of public health，2007，6（2）：135－149.

围绕着医生捍卫医疗自由原则与医保促进医疗服务的获得展开，而法国医生组织与政府的关系是既有合作又有对抗的，政府对医疗领域的干预既是无处不在又是适量有限的。①

3.2.1 萌芽期：供方主导时期（1945年以前）

在社会医疗保险制度出现之前，法国医疗领域一直由私人执业的医生与个体患者或互助会共同构成。医生通过开设私人诊所或以游医身份为患者提供医疗服务，患者向医生直接支付医疗费用。关于医疗服务价格和质量的谈判（准确说是讨价还价），仅限于医生与患者个体之间，受市场供需关系的影响。但医生凭借自身的专业优势和医疗服务的特殊性，通常主导着医疗服务的提供与定价，患者只能是服务和价格的接受者。

尽管如此，在这一时期，因医生与患者的互动逐步在社会上形成的组织和理念，在很大程度上奠定了以后的医保谈判基调。从医生方面来看，早在19世纪初，法国医学界便提出了三项基本原则：（1）病人有自由选择医生的权利；（2）病人隐私绝对保密；（3）医生有忽视所有外部压力并根据自己的良心开出处方的自由。② 这些原则一直指导着法国医生的实际行为，并构成了以后医保谈判中医生群体的基本诉求。此外，19世纪末兴起的医学联合运动，使得各种医生组织如雨后春笋般在法国建立起来，目标在于增加医生收入和提高医生的社会声望。1881年，法国第一个医疗联盟于旺代省成立，到1884年全国大约有150个省级医疗联盟，覆盖了3 500名医生。③ 但在当时这些联盟仍是非法的，直到1884年《瓦尔德克-卢梭法》出台，医生工会才

①② Steffen M. The medical profession and the state in France [J]. Journal of public policy, 1987, 7 (2): 189-208.

③ 同①81.

正式合法化。① 这也为医生联盟日后代表医生参与医疗谈判奠定了初步的组织基础。在保障患者方面，19 世纪末法国颁布了成立医疗保险互助会的法令，规定在全国或省级范围内，由互助会来管理医疗保险。这首次明确了互助会的合法性，并放松了国家对互助会的管制。法令规定："国民可以根据需要自由成立互助会，不需要经过国家授权，并取消会员人数限制，允许建立全国性组织。"随后，1902 年，法国全国互助联合会成立，专门负责医疗、疾病方面的保险，采取个人自愿参保的原则。记录显示，1892 年，法国共有 9 600 个互助会，会员人数达 150 万；1913 年，发展到 22 500 个，共计会员达 350 万人。② 虽然会员人数实现迅猛发展，但此时互助会仍没有与医生发生直接关系，只是通过为患者报销医疗费用的方式，为参保者提供保障。

医疗保险谈判的萌芽发生在社会医疗保险制度建立之争上。早在 20 世纪初，法国政府便提出在医生协会和疾病互助基金之间签订集体合同的建议，引发了医生群体的强烈反对。为捍卫医疗行业的自主权，法国医生在 1928 年成立了第一个全国性工会组织——法国医疗工会联合会（Confédération des Syndicats Médicaux Français，CSMF），并在第一次全国代表大会上通过了纲领性文件《私人医疗宪章》。③ 该宪章的宗旨是既要保证医务专业人员的自主性和经济利益，又要保护病人自由选择医生的权利。其内容包括：（1）医生可自由选择行医的地点；（2）医生绝对遵守行业保密原则，为病人保守医疗秘密；（3）病人可以自由选择医生；（4）医生拥有处方自由权；（5）医疗费用标准由病人和医生自由协商；（6）诊费直接由病人按照医疗费用标准支付给医

① Steffen M. The medical profession and the state in France［J］. Journal of public policy，1987，7（2）：189-208.

② 德雷福斯. 1789 年至 1945 年法国的社会保护史［J］. 世界历史，2011（5）：115-125.

③ Godt P J. Doctors and deficits：regulating the medical profession in France［J］. Public administration，1985，63（2）：151-169.

生；(7) 由专业机构，而不是疾病互助基金监督医生的职业道德和专业性；(8) 医生工会在疾病互助会基金设立代表。① 这些原则构成了法国人所称的医学自由主义，并构成了医学界的主流意识形态。该宪章的颁布短暂阻止了社会医保制度的建立，并奠定了医生组织今后与医保基金、政府相处的基本原则。

直到第一次世界大战结束，法国才意识到以社会互助为原则的社会保障制度的重要性，需要国家更广泛地参与到社会保障的建设中来。再加上已经推行俾斯麦式社会保险体制的阿尔萨斯—洛林等地区的回归，进一步推动了全国性的社会保险制度在法国的建立。1930 年，法国《社会保险法》出台，规定收入低于一定水平的工业和企业雇员强制参保，并为其提供疾病、产假、残疾、老年和死亡五个方面的保险和补贴。② 这一保险制度的特点包括：(1) 不作风险类别区分，即一个保险费保障若干风险；(2) 被保险人可以选择加入任一保险基金并承担部分保费；(3) 准许多个组织共同参与管理社会保险，并由法律确定由利益相关方自主管理的基本原则。③ 其中，关于医疗保险的立法延续了医生设定和收取医疗服务费用的自主权，再加上当时该保险仅覆盖了全国 14%的人口（低收入受薪者），医保基金议价能力不足，仍然只是价格的接受者和支付者。

综上可以看到，医生群体在法国社会中极具影响力，并且很早就建立了各类代表组织并形成了统一的价值取向，在与无论是自愿的互助会还是法定的医保方互动中一直处于强势地位，成功捍卫了执业自由权和维持了患者直接支付酬劳的结算方式。而从医保方来看，法国

① Groupement d'Intérêt Public Sécurité Sociale et Santé. The French Healthcare System: Report [R]. Paris: La Documentation Française, 2010.

② Sandier S, Paris V, Polton D. France: health system review [J]. Health care systems in transition, 2004, 6 (2): 7.

③ 凯斯勒. 法国社会保障制度 [M]. 于秀丽，李之群，译. 北京：中国劳动社会保障出版社，2016: 29.

的社会医保制度建立在传统的互助会基础之上，拥有利益相关方自主管理的传统并得到了法律的认可，但当时在与医生群体的互助中仍处于被动弱势地位。此外，两者之间的互动具有较强的对抗性，私人执业医生追求自由和经济利益，社会医疗保险制度追求平等和分配保护，二者目标的不一致也导致了今后长时间的争执与对抗，以及无时无刻不存在的财务问题。①

3.2.2　初创期：医保方与供方双边谈判（1945—1960 年）

1939 年第二次世界大战爆发，德国入侵法国，法国处于参战的无序状态，先前建立的社会保险制度全面崩溃，全国仅有 62.5 万人根据保险制度缴纳了保费。② 所以在战后整个社会亟待重建之时，社会保障制度作为能够增强国家凝聚力、保障国民生存权利的核心制度安排，成为政府工作的重心。在解放的进步政治背景下，1945 年 10 月法国出台了开创性的《社会保障法令》，确定针对工薪人员及其家属，建立一个全面覆盖养老、医疗保险和家庭福利的强制性社会保障制度。

该制度的建立标志着法国社会医疗保险谈判进入初创期，在各方的共同协商下，最终颁布了《社会保障法令》以及相关医保法规，尝试在法国建立一个由雇主和雇员共同管理的医保体系，并在省级层面推动医保方与医生组织就医生收费标准进行集体谈判。首先，在医保制度建立之前，为了避免社会医疗保险计划遭到医生的强烈反对，帕罗迪（Parodi），也是综合社会保障体系的主要支持者，选择满足医生参与政策制定和标准谈判的要求。他同意设立一个三方委员会，由政

---

① Gourault J. Relations between the free medical profession and the social security system in France [J]. International social security review, 2010, 30 (2): 156-169.

② 德雷福斯. 1789 年至 1945 年法国的社会保护史 [J]. 世界历史, 2011 (5): 115-125.

府当局、医保基金和医生组织三方代表等比例组成，在劳工部和国民经济部的指导下定期就医疗保险相关事项进行开会讨论，形成三方协商机制。从理论上讲，三方委员会是一个准独立机构，但实际上，其十分依赖政府，因为法律允许政府确定整个社会保障计划的收入和支出水平。①但在谈判过程中，由于坚持医学自由的原则，医生拒绝接受医疗保险基金提出的全国统一的固定收费标准和第三方支付方式，坚决捍卫与患者直接签订协议、直接支付的权利。最终在推出的医保计划里，采用了折中的无政府介入的地区相关利益者自主谈判模式。其次，该体系旨在隔离国家控制，由缴费者（雇主和雇员）在私法的指导下，建立社会保障委员会共同筹资并管理运营。全国层面仅设立一个全国社会保障机构联合会（Fédération Nationale des Organisations de Sécurité Sociale，FNOSS），负责社保系统的内部协调和在外部对其进行保护。② 可以说，这是对 1930 年建立的以多元化体制和基金管理机构为特点的社会保障制度进行重新统筹安排，让制度整齐划一，由单独的管理组织运营社会保障，并将管理权力委托给雇主和强制被保险人，形成自主管理模式。最后，计划关于医疗服务收费标准的集体协议（公约）将由各个社会保障委员会与 CSMF 地方工会在法国 90 个行政区（省级）进行单独谈判确定。一旦达成集体协议确定收费标准，在该地区执业的医生的收费标准就不得超过约定标准，同时大区社会保障委员会会按照医疗费用 80%的标准为患者报销；而在未签订集体协议的地区，医生仍可自由定价，但患者仅能从社保委员会处获得固定金额的补贴，该补贴往往仅能覆盖实际支出费用的一小部分。

但计划出台之后，各地的谈判进展仍不顺利。一方面，医生和病

① Wilsford D. Doctors and the state：the politics of health care in France and the United States [M] . Durham：Duke University Press，1991.

② Godt P J. Doctors and deficits：regulating the medical profession in France [J] . Public administration，1985，63 (2)：151－169.

人之间自由商定诊费标准和诊费直接由病人支付是《私人医疗宪章》规定的重要内容，被医生视作医疗自由原则的重要组成部分。所以国家和医保基金的介入，遭到了医生组织的强烈反对。另一方面，由于参与谈判的各地社会保障委员会并不具备强制执行医疗服务收费标准的权力，但又想与医生达成协议来尽量减少患者的共同支付额使得医疗服务更易获得，因此谈判能力十分有限，往往受限于满足医生提出的条件。不仅如此，由于 FNOSS 中法国劳工总工会的代表占多数，更倾向于保护雇员的利益（让雇员能够享受到医疗保险待遇），就像 CSMF 维护医生的利益一样，所以两者都没有足够的动力去关注控制医疗费用总成本，反而更容易形成客观上的同盟，达成一个较高的医疗服务支付标准。所以在医保计划推出的第一年，法国仅有 2/3 的省通过谈判达成了医疗协议，并且达成协议的多为低收入的农村地区，因为医生发现在这些地区拥有医疗保险的报销能够激励患者更加频繁地使用医疗服务。由于无法达成一致的具有约束力的统一收费标准，各地患者实际支付的费用百分比差别较大，造成了新的社会不公平。①

在整个 20 世纪 50 年代，医生群体仍具有垄断和主导地位②，并一直与政府和医保基金想要制定约束性医疗服务收费标准的一系列尝试做斗争。而法国政府迫于医生群体的压力，并未直接介入争端，而是通过推出调解政策，下放权力到省级，引导医保基金与医生组织进行自主谈判。在社会医疗保险治理中首次采用利益相关方自主谈判模式，是法国传统集权管理模式下的一种突破。但省级的双边自主谈判模式在实际应用时，困难重重，效果并不理想，导致了下一阶段的再次调整。

---

① 例如，一项医疗服务，医保基金定价 100 法郎，按照 75%的报销比例进行报销，理论上患者仅需自付 25 法郎，但实际上相同服务未签约医生常常向患者收取 125 法郎，患者需实际自付 50 法郎，医保的实际报销率仅为 60%。患者没有真正得到有效又适当的报销保障。

② Simonet D. Assessment of new public management in health care: the French case [J]. Health research policy and systems, 2014, 12 (1): 57.

3.2.3 磨合期：政府介入的省级三方谈判（1960—1970年）

1958年，法兰西第五共和国建立，法国政府在政策制定的背景、重点和理论基础上发生了实质性的突然变化。戴高乐主义者试图将国家作为国民利益的聚合者，重塑民间社会。为了将政策制定过程从消极和自私的影响中解放出来，第五共和国宪法赋予了政府新的独立权力，并大大限制了议会阻碍行政行为的能力。从此以后，国家可以积极而有目的地对之前无法介入的社会政策领域进行干预。①

在医疗领域，由于社会保障委员会与CSMF地方工会的省级谈判开展得并不顺利，医疗服务供给无法满足工业社会不断增长的需求，于是政府决定直接介入社会医疗保险的管理，在19世纪70年代起草颁布了医疗改革法令。法令对医保谈判提出了多项改革措施：一是宣布建立一个由多个政府部门成员组成的部际委员会，负责明确谈判规则、制定标准化的医疗协议，医生与社会保障委员会只能在协议框架内进行谈判；二是由于社会保障委员会对于医疗谈判的态度过于温和，政府决定收回最终决策权，所有的医疗协议必须由部际委员会批准后才有效；三是引入个体谈判机制，允许所有自由执业医生以个人名义与医疗保险基金谈判并签订医疗协议；四是作为妥协允许部分医生（“第二部门”医生）在合约收费标准的基础上拥有适度自主定价权；五是对于签约遵守合约收费标准的医生（“第一部门”医生），政府给予税收减免和养老、医疗保险缴费优惠；六是明确在签约医生处就医的医保报销规则，在签约医生处就医的患者可获得由医保基金支付的医疗费用80%的报销，而对于没有签署协议的个体医生，其患者将被剥夺从医保基金获得医疗费用报销的权利；七是赋予社会保障委员会

① Godt P J. Doctors and deficits：regulating the medical profession in France［J］. Public administration，1985，63（2）：151-169.

在未签订协议的省份建立医疗服务中心的权利。①

此法令表明了政府干预医保谈判的决心，一方面通过采用分化医生内部利益集团的策略，赋予自由执业医生个人谈判权和签约权，削弱了CSMF作为医生成员代表唯一谈判者的地位。另一方面，通过赋予医生部分超额收费权利、社会福利待遇及不建立医疗服务中心与其竞争等优厚条件，吸引医生签订医疗协议。改革以前双边自主的医保谈判模式，形成了部际委员会监管下的社会保障委员会与医生工会谈判的新的三方关系，开创了法国医生和国家关系的新时代。② 最终CSMF为保住其谈判代表的地位和与政府沟通的渠道，决定顺应潮流，结束了长达15年的无果谈判，于1960年在全国70多个省份顺利签订了集体协议，签约的自由执业医生人数超过总人数的80%。

3.2.4 成型期：三方全国层面谈判模式确立（1971—1996年）

在1967年，法国政府再次对整个社会保障制度进行改革，本着风险分立的原则，为三大险种（养老、医疗和家庭）分设了三个不同的基金管理机构，要求每个基金各自平衡预算。其中，负责医疗保险管理的为CNAMTS，下设大区医保管理局和地方医保管理局，采用集中决策-分级授权的管理模式，取代了原先的FNOSS，构建的社会医疗保险行政组织框架沿用至今。

制度上的改革也影响到了原先建立的医保谈判机制。CNAMTS彻底取代FNOSS成为法国医疗保险基金的管理者、谈判参与者和医疗卫生服务的主要支付者，代表所有参保者与医生组织谈判并为医疗

① Gourault J. Relations between the free medical profession and the social security system in France [J]. International social security review，2010，30 (2)：156-169.

② Godt P J. Doctors and deficits：regulating the medical profession in France [J]. Public administration，1985，63 (2)：151-169.

保健费用提供了超过70%的资金。新的谈判主体在机构性质和内部治理结构上都发生了较大变化：一方面，与由参保人选举代表管理的私人机构FNOSS不同，CNAMTS实际上是卫生部和财政部双重托管下的准公共机构，尽管其没有法定的真正的财务责任；另一方面，改革还重新调整了CNAMTS的内部治理结构，虽依然沿用理事会的管理形式，但本着对等原则，原先雇员代表占一多半的做法由雇主、雇员代表各占一半所取代，而且代表的产生由原先的选举制改为委任制，由有代表性的工会指定，实行共同管理。相关政府部门也会分别派出一名官员作为CNAMTS行政委员会中无须选举产生的当然委员。①这样就在全国层面创建了一个政府监督下的强大的、中央集权的医保方机构，为之后的全国谈判奠定了组织基础，它成为“医生们最担心的对抗力量”和“一个面临垄断市场的垄断买方”。

而在医生组织方面，自1960年开始的多次省级医保谈判引发的医生内部矛盾导致法国医生工会发生大分裂。经过一系列的出走和联合后，在1967年形成了两大医生工会——CSMF和法国医生联合会(Fédération des Médecins de France，FMF）相互竞争、不断争夺医生成员和政府的青睐的局面。事实上，CSMF明确提出了三个组织目标：加强与政府的谈判地位，使新的医生组织FMF边缘化以及反对政府控制卫生政策的倾向。所以当改革成立新的医保谈判主体CNAMTS时，CSMF主动提议与其谈判制定一个新的全国性医疗公约以取代1960年开始签订的省级协议，希望借机重申医生组织在制定医疗实践相关条件和标准中的影响力，并表示希望通过展示医生对医疗费用上涨的关注，提出遏制费用上涨的方案，重新获得医疗自主权，这也被认为是预防更多专制措施的唯一方法。

最终，在历时一年多的谈判之后，1971年10月28日，CNAMTS

① 周弘.30国（地区）社会保障制度报告［M］.北京：中国劳动社会保障出版社，2011：54.

与CSMF在得到政府“严格遵守医疗自由原则”的庄严承诺后，签订了法国第一个“医生国家公约”（National Convention）。公约在全国层面有效，致力于确保每一位参保患者无论何时何地都有机会得到签约的私人执业医生提供的医疗服务。其主要内容包括：（1）建立适用于全国所有医生的统一的医疗服务价目表，除非医生单独申请退出公约；（2）完善医疗服务行为命名法，并根据分类和技术因素，为各类医疗服务设定相对价值点；（3）为签约医生提供医疗保险、养老金保险福利以及慷慨的税收减免政策；（4）签约医生的患者在就诊后会获得医疗保险的报销，反之则无法享受医保待遇；（5）CSMF提出通过医生自律来控制医疗活动量，地方医保基金将定期汇编医生提供服务类型和数量的统计摘要；（6）政府承诺尊重医疗自由原则，具体表现为患者可以自由选择医生、医生的处方自由、专业保密以及沿用按项目付费的方法；（7）CNAMTS承诺不创建或补贴竞争性的初级医疗服务中心（因在该种医疗中心工作的都是领薪医生）等。①而FMF为避免在未来的谈判中被排除，也极不情愿地签字同意了新的公约，被政府认定为除CSMF之外的整个医疗行业的第二个正式代表，成为第二个拥有与政府对话特权以及能够代表医生与医保基金进行正式谈判的医疗组织。医生国家公约的推出得到了绝大部分医生的认同，几乎所有人（97.4%）都选择签约，政府对此结果也十分满意并立即为该项医保集体谈判建立新的法律框架，确保谈判能够进一步制度化。

综上可见，法国医疗保险谈判机制的建立与改革受到了多方行动者及多重因素的影响。医生国家公约的签订，既受到政府加强干预、建立全国统一的医保基金管理机构的影响，又是医生工会为稳固自身地位并为医生争取更多利益的主动行动的结果。同时，新公约成为法

① Steffen M. The medical profession and the state in France［J］. Journal of public policy，1987，7（2）：189－208.

国私人医生与国家关系的关键转折点。公约的签署大大改变了之前医生与医保基金、政府公开对抗的情况，而将医生组织视为负责任的社会伙伴，公约则是医生、医保基金与政府三方针对现行事实自愿与互惠的认可，标志着医生维护医疗实践自由的焦虑与在经济背景和社会责任下大力发展医疗行业的愿望之间的妥协。①在政府的支持下，新公约成为今后法国医疗谈判的框架性模板，被确定为在全国层面进行的集体谈判形式，并沿用到与其他私人执业医疗卫生专业人员的谈判中，参与者包括得到国家认可的私人执业人员组织、国家医疗保险基金会和政府，谈判内容主要涉及医疗服务收费标准和医疗服务方行为规范，每四年或五年进行一次，谈判结果对全国所有私人执业医疗卫生专业人员都具有约束力，典型的三方谈判模式就此确立，并沿用至今。

3.2.5 改革期：总额预算制下的医保谈判（1996—2002 年）

在 1971 年三方全国层面谈判模式确立以来，政府、CNAMTS 与医生组织又在之后的 15 年内陆续签订了 4 次医生国家公约，谈判过程激烈、复杂而又漫长。这从客观上揭示了政府控制医疗费用支出的目标、参保者关心的医疗服务可及性、医生群体行医自主权和提高收入的追求之间的巨大冲突。② 再加上石油危机以来，法国经济增长放缓而医疗费用仍快速增长，“控制成本、平衡收支”便成为法国政府和 CNAMTS 的首要目标。于是，经过多方商讨之后，1996 年法国颁布了朱佩改革计划（Juppé Plan），这被誉为自法国社会保障体系建立以来最重要的改革。

---

① Gourault J. Relations between the free medical profession and the social security system in France [J]. International social security review, 2010, 30 (2): 156-169.

② Rodwin V G, Sandier S. Health care under French national health insurance [J]. Health affairs, 1993, 12 (3): 111-31.

改革的措施之一是在社会保障体系中引入一个新的角色——议会。议会根据政府制定的提案每年投票确定下一年度的社会保险财政法案（Projet de Loi de Finances Sociales，PLFSS），由此建立起社会保障预算制度，并在 1996 年 2 月 22 日被纳入宪法法案（第 96—138 号）。同时，宪法还批准了政府有权确定在健康和社会保障方面优先的政策方向，并根据 PLFSS 为社会医疗保险制度覆盖的医疗费用设定一个目标增长率，即全国医疗保险支出目标（objectif national des dépenses d'assurance maladie，ONDAM）。这一措施的推出打破了医保体系中原有的权责分配。政府拥有了对整个医疗系统费用支出和政策制定的最终决策权，医保谈判只能在 ONDAM 的范围内进行，引发了医保基金与政府当局的公开冲突。1996 年，法国颁布了第一份“社会保障财政法案”（1996 年 12 月 27 日第 96—1160 号法令），将 1997 年的 ONDAM 明确限制为 1.7%，被医生认为严重地干预了医生的自由行医和处方权。医生指出：“改革之后，他们不能仅根据患者的病情科学地开具处方，而是需要考虑经济因素，以免因费用超出而受到惩罚。”

1997 年，为缓和与医保基金的关系，再次明确界定双方的权责，政府首次与 CNAMTS 签署“目标和管理协议”（Conventions d'Objectifs et de Gestion，COGs），为期三年，作为每年的补充协议附注在社会保障财政法案中。协议的重要内容是在各个医疗服务部门之间划分 ONDAM 的预算。从此，政府负责公立和私立医院及药品的规划管理监督，医保基金对普通门诊护理进行监督管理。而长期协议的目标在于：（1）作为医保基金内部管理的工具和提供明确的目标；（2）推行政府在公共卫生、医疗人才培养和药品行业的长期战略性目标；（3）规范全科诊所的费用目标。① 该类长期协议由法国国家监事会监督执行。

① Jacobs R，Goddard M. Social health insurance systems in European countries：the role of the insurer in the health care system：a comparative study of four European countries [J]. Industrial instrumentation and automation，2000.

COGs增加了医保基金的自主性，但也承担了相应的财务责任。

然而，这一系列的控制措施引发了整个医疗界的强烈抗议，使得常规的医疗公约谈判陷入僵局。在这以后的几年里，法国主要的医生组织都坚决拒绝与医保基金签署协议，导致医保基金为限制医疗服务行为提出的大部分措施都无法推行，最终使得社保财政法案中的ONDAM除了实施的第一年，在以后的年份都没有真正达到目标。在此期间，法国三大主要医生工会都分别组织了游行和罢工运动，自由执业医生群体认为其在政治上遭到了保守政党的背叛。① 面对这样严峻的形势，政府沿用了之前“分裂”医生组织的策略，出台第96—345号法令，首次允许与全科医生和专科医生分别签署协议，以换取全科医生工会的支持和进一步推行全科医生“守门人”制度的可能。于是，1998年12月，医疗保险基金会与全科医生工会（Médecins Généralistes France，MG France）之间签署新的国家公约，而代表专科医生的工会则全部拒绝签约。②

以上政策和改革措施彻底打破了法国医疗保健体系原有的制度平衡，将权力从医疗保险基金再次转移到国家（政府和议会）。③ 引入总额预算制控制医保谈判的上限，将医疗费用超支的风险转移给了CNAMTS。政府与医疗保险基金建立起合同关系，重新明确划分和界定了各自的责任。医生工会的强势地位在政府的不断“分裂”策略下遭到削弱。经过改革，法国医疗保险谈判转变为，在总额预算制下仅针对门诊医疗服务的由医保基金与一个或多个医生工会进行的谈判。

---

① Bouget D. The Juppé Plan and the future of the French social welfare system [J]. Journal of European social policy，1998，8 (2)：155 - 172.

② Chevreul K，Durand-Zaleski I，Bahrami S，et al. France：health system review [J]. Health systems in transition，2010，12 (6)：81.

③ Sandier S，Paris V，Polton D. France：health system review [J]. Health care systems in transition，2004，6 (2)：116.

3.2.6　完善期：引入新谈判主体和内容（2002 年至今）

总额预算制下的医保谈判因过度注重费用控制，导致了医生和患者的不满，而整个医疗领域的发展也对医保谈判提出了新的要求。在这样的背景之下，自 2002 年起，法国政府又出台了多项政策建议，意在完善医保谈判机制。

一是在国家公约中引入新的协议，拓展谈判内容的范围。2002 年公约引入公共卫生项目合约，医生可以通过与医保基金签署协议并提供相应的公共卫生服务从而获得额外的收入；2009 年公约针对全科医生新添一类基于个人自愿的医疗行为与质量改善合同（Contrat d'Amélioration des Pratiques Professionnelles des Médecins Libéraux, CAPI）。在各种协议下，全科医生应同意实现特定目标，如慢性病管理，预防保健以及在处方中使用仿制药和提高特定药物类别的占比。作为交换，医保基金将采用按绩效支付的方式与签约医生结算。2011 年，签约方式在所有私人执业医疗卫生专业人员中推广。

二是根据谈判的需要，重组了医保方的代表机构并尝试引入新的谈判主体。2004 年，新的医疗保险改革法（第 2004—810 号）正式颁布，对整个医疗系统的组织结构作出了重大调整。在政府机构方面，另设医疗保险警戒委员会负责就 ONDAM 的实施提出建议，解决如何在遵循议会每年通过的医疗卫生预算的前提下改变政府及社会保险账户与预算不协调的问题。如果预计上限超过 0.75%，要求医保基金必须提出节约措施，并且会延迟 6 个月实施新一轮谈判达成的医疗服务价格上调标准。在医保基金方面，将三个主要的保险计划联合起来，建立 UNCAM。该联盟从此成为被保险人与医疗保健提供者谈判的唯一代表。此外，还在政府和议会的共同决议下，新成立国家补充医疗保险基金联盟（Union Nationale des Organismes Complémentaires，UNOCAM），代表互助会、商业医疗保险公司等参与到 UNCAM 与医疗卫生专业人员的谈判（主要涉及关于“第二部门”医生费用的谈判）中去。在医生组织方面，设立了一个伞状组织——全国医疗保健专业人员工会（Union Nationale des Professionnels de Santé，UNPS），代表所有私人医疗保健专业人员，取代了医疗卫生专业人员国家中心，负责在国家层面制定医疗保健专业人员与社会医疗保险基金和补充医疗保险基金之间谈判的所有议程。

三是根据整合医疗服务的需求，引入新的公约谈判——跨专业框架性协议（Accord Cadre Interprofessionel，ACIP）。由 UNCAM 与 UNPS 在全国层面实施，旨在促进协调护理实验，特别关注住院后患者护理、慢性或多种疾病患者的护理以及依赖个人的家庭护理。

四是持续提高参保者（患者）对医保谈判的影响力。加强患者协会的建设，收集完善患者信息，鼓励患者表达意见。

五是再次界定政府与医保基金在谈判中的职责。由于 UNCAM 的设立，政府倾向于赋予其更加自主、独立的医疗服务购买者的角色。从 2004 年起，医保基金与私人执业医疗保健专业人员的谈判结果不再需要得到政府的批准，只要符合现行法律就能自动生效，同时医保基金对所谈判协议的财务后果负全部责任并自行承担财务风险。但从实施来看，财务管理权从卫生部向医保基金转移的效果不如预期。关于医疗保健专业人士的协议，政府间接参与医保基金和医疗保健专业人士之间的谈判。医疗保健专业人士的代表继续游说卫生部，卫生部在谈判中仍旧发挥着强有力的作用。①

① Ettelt S，Mays N B，Chevreul K，et al. Involvement of ministries of health in health service coverage decisions：is England an aberrant case？［J］. Social policy and administration，2010，44（3）：225－243.

3.2.7　小结

法国混合的医疗体系一直尝试平衡公平、患者选择权和效率等几项相互矛盾的价值追求。法国的社会保险管理体系自建立以来就主要由社会合作者、工会和雇主方共同管理，这个管理模式在 1945 年以社会民主的名义被正式批准确立。在经历了几十年的改革和发展，特别是石油危机和社保赤字之后，政府在管理体系中的地位不断提高，再加上 2000 年全民保险计划的实施，社会合作者被认为没有民主的合法性去制定强制所有人的规范。

而在此混合体系下的医疗保险谈判机制经历了从冲突对抗到协调对话的过程，以及从省级谈判上升到国家谈判又下放权力到区域的过程。参与谈判的角色不断增加，议会的参与为谈判设定了天花板，患者的参与真正体现了参保人的利益还需要进一步加强，医保基金在谈判自主性不断加强的同时其也承担着相应的财务风险。从直接干预到间接调控，国家也一直没有放松有形的手。医疗保健专业人员群体自始至终没有放弃对医疗自由原则的追求和捍卫，但内部利益分歧不断，最终分裂出多个利益团体。谈判内容不断扩展，从最初仅涉及医疗服务收费标准，逐步扩展到关注服务数量与质量，未来会更加关注医疗保健人员的个人行为和患者的满意度情况。

3.3　现行的谈判框架与实践情况

目前，在法国，医疗保险谈判主要被运用于私人执业医疗卫生专业人员提供的服务领域，而医院服务仍由政府主管部门采用协议管理和行政定价模式。整个医疗保险谈判机制是在《社会保障法典》的规定下由议会和政府主管部门主导的在UNCAM与UNPS以及按照医学专业分类建立的具有代表性的工会之间展开的受总额预算约束的全国层面谈判。谈判分为三个层次：第一层次是政府与医疗保险机构，一方面是议会制定医疗保险支出预算，在总目标和范围上指导谈判；另一方面是政府主管部门与医疗保险机构通过谈判签订COGs，进一步分解预算并激励和约束UNCAM的谈判行为。第二层次是医疗保险机构与医疗服务提供者之间进行的集体谈判，既有跨专业签订的框架协议，又包含全科医生医疗服务谈判、专科医生医疗服务谈判和其他医疗卫生专业人员医疗服务谈判。第三层次是医疗保险机构与个别医生进行的个体谈判，包含与全科医生签订的个人绩效合同、CAPI等。这三个层次的谈判各具特点，共同构成了整个谈判框架。详细情况参见图3-1。

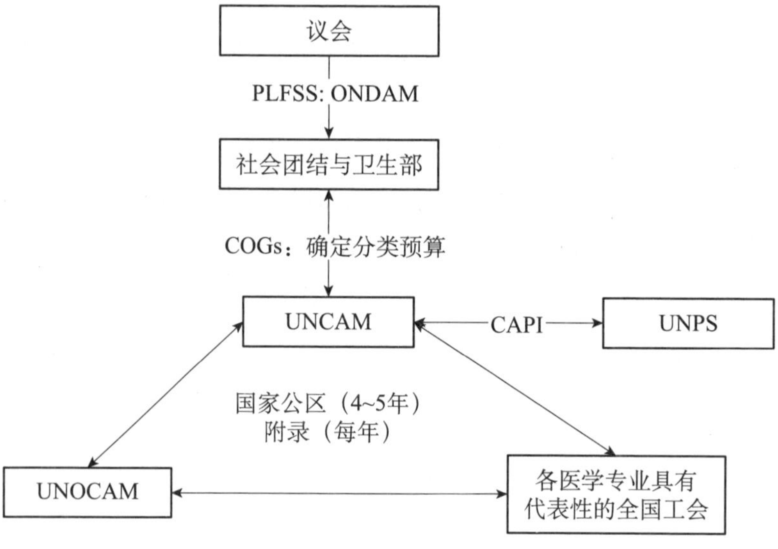

图3-1　法国医疗保险谈判框架概览

3.3.1　社会医疗保险支出预算订立——议会

在法国，议会通过立法在社会医疗保险的管理与谈判中扮演着非常重要的角色。自1996年朱佩改革以来，国家议会每年会投票通过并颁布PLFSS，其中包括未来一年的ONDAM。PLFSS和ONDAM共同指导着所有社会医疗保险谈判的进行，提供了法律依据并划定了明确的边界。

PLFSS的制定由全国层面各利益相关方的最高权限的民主共同决策，立法程序由1996年2月22日的宪法性法律增设，PLFSS于每年4月中旬至10月中旬由国家审计署、医疗保险未来高级委员会、公共卫生高级委员会和全国卫生联合会共同起草，在向UNCAM与UNOCAM咨询意见之后，提交议会审议。①《宪法》第47—1条规定："国会在组织法规定的条件下表决社会保障财政法律草案。如果国民议会在收到草案后二十日内未一读并作出决定，则政府应将之提交于参议院审查。参议院应在十五日内作出决定，然后按照第四十五条确定的条件进行。如果国会未在五十日内作出决定，社会保障财政法案可以法令形式生效。"②

其中，与医保领域相关的重要内容包括：ONDAM，批准医疗保险与社会保障相关政策变动的报告以及提出能实现总额预算控制的待遇标准、管理规则、具体措施等。ONDAM的制定采用历史法，即议会设定一个每年最高增长率，再根据前一年社会医疗保险的实际支出，计算出下一年的预算总额。这一预算总额便明确了医疗保险谈判的上限和目标，也是每年附录谈判的重要影响因素。

为监督ONDAM的实施，在2004年的医疗保险改革中，法国政

① 张莉．当代法国公法：制度、学说与判例［M］．北京：中国政法大学出版社，2013：42.

② 法兰西宪法典全译［M］．周威，译．北京：法律出版社，2016：345.

府在社会保障公共账户委员会下新设健康保险支出发展预警委员会，负责依据 ONDAM 对医疗保险支出的实时情况进行监督，并在预期支出会超过 ONDAM 规定额度 1%的情况下，通知政府、议会和医疗保险基金会，并提出补救措施和惩罚意见。此外，该预警委员会还会在每年的 4 月 15 日、6 月 1 日以及 10 月 15 日之前向公众发布上一年度、本年度及下一年度医疗保险基金支出情况和专业建议，保证了财务透明性、信息及时性和有效性，也为新 ONDAM 的制定提供了重要参考。

PLFSS 和 ONDAM 实际上将政府和议会连接起来，议会代表政府为医疗谈判设定总目标，当医疗保险基金会与医生组织谈判时，医疗服务收费标准与服务数量等都必须满足这一目标。而且国家医疗公约会根据每年颁布的 PLFSS 出台修订方案，保证最大程度地与其契合。然而 PLFSS 和 ONDAM 作为一种强制性的、单向的行政管理手段，自推出以来，一直被医生认为严重地干预了医生的自由行医和处方权，迫使医生在行医时不能仅以病情为开具处方的依据，还需考虑经济因素。从实际实施情况来看，除了实施的第一年，以后的年份都没有真正达到目标，直到 2004 年改革建立预警委员会进行监管后才有所好转，详见表 3-2。这一方面表明 ONDAM 仅是一项软性指标，对医保基金没有强制性也缺乏激励机制，另一方面也侧面反映出法国医生组织在谈判中的影响力和强势地位。

表 3-2　ONDAM 历年实施情况：投票目标增长率与实际增长率（单位：%）

	1997	2000	2002	2005	2008	2010	2012	2015
投票目标增长率	1.7	2.9	4	3.2	NA	3	NA	2.4
实际增长率	1.5	5.6	7.1	4	3.5	2.6	2.3	2

注：表中 NA 表示该年数据未能获取。

资料来源：作者根据历年 PLFSS 整理得出。

3.3.2　政府主管部门与 UNCAM 的谈判

自 20 世纪初起，受到公共服务理念的影响，法国构建了以实现良好公共服务供给为目标、与国有企业或公共机构签订合同的行政合同制度。[①] 在医疗服务领域，1996 年朱佩法令的颁布促使国家首次与医保机构之间签订了持续三年的行政合同——COGs，目的在于确保医保机构推行的措施符合政府卫生政策的目标。COGs 的签订明确界定了法国政府主管部门与医保机构之间并非隶属关系，而是通过签订行政合同形成的特约关系。在这种特约关系下，一方面双方建立起了稳定的合作关系并且明确了权责及财务分担情况；另一方面，政府主管部门也通过设定绩效目标对医保机构进行考核，具体来说，政府会组建由国会议员、地域集团和社会投保人代表以及合格法人组成的监督委员会，来跟踪 COGs 的实施，并每年向议会提交一个意见报告。

2004 年，UNCAM 成立后，便取代了之前多个医保机构，统一与社会团结与卫生部谈判签订 COGs。在最近一次的签约中，协议的目标是提高卫生服务管理的效率、减少获得卫生保健服务的不公平、加强风险管理，而具体实施措施包括探索高质量的患者就医路径等。此外，COGs 会将预算具体分配到五个具体的医疗服务领域，分别为：（1）私人执业医疗服务的预算；（2）采用 DRG 支付方式的医院医疗服务的预算；（3）法定健康保险覆盖的为老年人和残疾人提供医疗和社会服务的预算；（4）与大区调节基金支出相关的预算；（5）其他类型医疗服务的预算，例如为海外法国人提供的医疗服务。其中，私人执业医疗服务的预算就是之后医疗保险谈判的重点和目标，主要包含门诊诊疗费、药品与医疗设备的处方费、交通费及疾病每日津贴。

---

① 陈天昊．在公共服务与市场竞争之间法国行政合同制度的起源与流变［J］．中外法学，2015，27（6）：1641－1676.

1997 年，ONDAM 中私人诊所（医生）医疗服务的预算为 399 亿欧元，实际支出 398 亿欧元；到 2014 年该部分的预算已经提高到 807 亿欧元，占到整体预算的 45%以上。[①] UNCAM 的责任是确保这些费用的增长符合其与政府签订的合约中所约定的增长率。同时，UNCAM 会把有关 COGs 与年度补充条款的要素通知之后的谈判方，并保证谈判方在签署国家公约前已查阅。同样，UNCAM 也需保证不作与规定预算总额相矛盾的价格、标准或物资与服务总目录的决定。[②]

3.3.3 国家公约与附录谈判——以私人执业医生为例

公约又称协议，在《法国民法典》中是指当事人旨在产生某种法律效果的意思表示一致的行为，其法律效果可以是债的发生，也可以是债的转移，还可以是债的消灭。换言之，公约包含一切情况下当事人意思表示一致的双方法律行为。[③] 国家公约与附录的谈判（简称“公约谈判”）是法国医疗保险谈判的主体和核心内容，是在议会确定的财政范围内，医疗保险方用于管理和调整私人执业医疗卫生专业人员提供的门诊医疗服务的工具和手段。国家公约首次订立于 1971 年，当时的 CNAMTS 和医生工会就医疗保险承担的门诊医疗服务项目的收费标准达成了一致。在随后的几十年里，国家公约谈判在适用范围上不断扩展，将护士、物理治疗师、牙医、助产士、药剂师、语言治疗师、手足病医生、视觉矫正师、生物实验室负责人以及运输提供者和一些医疗器械供应商（如配镜师）等私人医疗卫生专业人员均纳入其中。每一类医疗专业人员分别与医保基金签署的国家公约都规定了

---

① Chevreul K，Brigham K B，Durand-Zaleski I，et al. France：health system review [J]. Health systems in transition，2015，17（3）：81.

② 参见 2002 年江苏省医疗保险基金管理中心内部资料《法国健康保险与社会保障》第 204 页。

③ 尹田. 法国现代合同法［M］. 北京：法律出版社，1995：5.

其与医保基金、参保者的关系。同时，谈判内容也日渐丰富，从最初的支付标准谈判，到支付标准、支付方式、医疗质量与考核指标以及各种优先项目筛选。2004 年的改革，在维持基本原则和内容不变的前提下，重塑了整个公约谈判的基本框架，构成了现行的公约谈判原型。根据《社会保障法典》的规定，公约谈判每五年开展一次，根据医疗专业分类分别进行，参与者包括该医疗专业具有代表性的全国性工会组织、UNCAM 和 UNOCAM，三方共同商讨医疗卫生专业人士的各类义务、薪酬与收费标准以及在各自领域提高医疗服务质量与效率的措施和实施方案等。由于医生群体在整个私人医疗服务领域极具有影响力，也较早进行公约谈判，所以本书将以私人执业医生的国家公约谈判为例，进一步梳理和分析法国医保谈判机制。

1. 谈判主体

根据《社会保障法典》第 L. 162—5 条的规定："社会医疗保险基金与私人执业医生之间的关系由 UNCAM、UNOCAM 和一个或多个具有代表性医生工会统一或分别为全科医生和专科医生签订的国家公约确定。"

从 2004 年起，在谈判过程中，三大医保计划都由统一的组织代表参与，国家层面为 UNCAM，区域层面则为区域医疗保险基金联盟。作为被保险人与私人执业医生谈判在国家层面的唯一代表，UNCAM 是一个具有行政性质的公法人机构，与医疗主管部门是签订 COGs 的特约合同关系。UNCAM 内部分设理事会和执行委员会。理事会是 UNCAM 的权力和决策机构，由三大医保基金各自派出的 18 名代表组成，其中 CNAMTS 指派 12 人，MSA 和 RSI 各指派 3 人，并分别从中选定一名常任理事。三名常任理事共同构成了 UNCAM 理事会的常设办事处，确保了 UNCAM 行动的连续性。UNCAM 的总干事同时也是 CNAMTS 的理事长，拥有两张投票权。总干事由政府任命，该职位的行政权力得到了强有力的提升，相较而言整个理事会则仅限于战略事务。UNCAM的总干事负责与私人执业医生组织谈判，并有权单独签订私人医生公约，这被视为雇员和雇主工会退出医疗保险系统管理过程中的一个新步骤。①

UNOCAM同样是具有行政性质的公共机构，代表了超过1 500个补充医疗保险公司，其理事会由33名来自这些补充医保公司组成的协会选派的代表组成，并从中选取6名构成执行委员会。UNOCAM具有谈判的提议权和旁听权，可自主决定是否参与某个具体议程的谈判，并在主要涉及“第二部门”医生费用的谈判中具有投票权。②

另一大谈判主体是医生工会，其构成则更加复杂和多元。法国私人执业医生可分为全科医生和专科医生，既有代表全部私人执业医生的工会，如CSMF、FMF以及全国自由执业医生工会（Syndicat National des Médecins Libéraux，SML）；又有单独代表其中一种医生类型的医生工会，如MG France和代表专科医生的法国外科医生和专科医生工会等。这些医生工会参与谈判的资格并不是法定的，而是需要通过选举证明能够代表该医学专业的大多数医生并通过法律规定的条件批准审核之后，才能具有代表医生参与公约谈判的官方资格。具体来说，根据《公共卫生法》第L. 4031—2条第2和3款的规定：“只有在全国医疗卫生专业人员联盟的席位投票选举中，获得全部医生投票数超过10%或者特定医学专业医生票数超过30%的工会，才有权代表医生群体参加与国家公约的谈判；而如果要反对公约的签署，则需要获得医生投票数超过总人数的50%。”

2. 谈判程序

从公约的提出到最后谈判达成一致并推广实施，一般需要经历七

① Franc C，Polton D. New governance arrangements for French health insurance [J]. Eurohealth，2006（12）：27-29.

② Laxalt J. The Unocam and the negotiation with the health professionals [J]. Tribunes of health，2011，31（2）：55-61.

大环节。第一步，谈判主体的最终确认。一是确定哪些医生工会具有代表性，能够参与谈判。在公约到期前的第 12 个月至第 6 个月之间，负责卫生与社会保障的主管部门会根据《社会保障法典》第 R. 162—54 条第 1 款设定的标准对医生工会进行代表性调查，并确定哪些工会能在国家层面得到认可。具体标准如下：(1) 独立，特别是财务独立，这些组织应遵守劳动法关于工会和专业组织账目的认证与宣传的义务。(2) 能提供最新参会的医生会员数目。(3) 自工会章程合法交存之日起，具有不少于两年的运营资历。对于由几个工会合并组成的工会，其中一个工会符合这种资历条件的，则可被视为满足这一标准。(4) 建立听证会制度，听证会参与人员必须是通过选举产生的区域卫生专业人员工会的成员。① 在满足以上条件的基础上，医生工会还需得到所代表群体中多数人的支持。具体来讲：若是代表全部私人执业医生的工会，需要在全国层面获得超过 10%的医生的投票；若是代表全科医生的工会，则需要通过全科医生学院的审核与评估；若是代表专科医生的工会，则根据公共卫生法的规定由专科医生学院最后选定。② 二是由 UNCAM 通知 UNOCAM，在法令规定的有效期限内，UNOCAM 可自行决定是否参与该谈判。

第二步，谈判计划和议程的制定。医疗卫生主管部门会同 UNCAM 理事会，在制定谈判计划和议程前商讨基本准则，根据拟定的基本准则，UNCAM 理事会内部进一步研究制定具体的谈判计划和议程。在这一阶段，医生群体主要通过场外行动的方式影响谈判议程的设定。一方面，医生议员和工会通过场外游说向医疗卫生主管部门提出议程建议和改革方面的意见；另一方面，医生工会组织游行甚至罢工，直接表达利益诉求。

第三步，通知所有有资格的谈判主体参加全国医疗大会。全国医疗

---

① 参见法国《社会保障法典》R. 162—54 第 1 款。

② 参见法国《社会保障法典》R. 162—54 第 2 款。

大会为全国医保谈判的重要平台，在医疗大会上，各方遵循自由平等的原则，对未来5年的国家公约进行磋商谈判。会议为期3天，若各方能够达成一致，便可顺利进入签约环节。若未能达成一致，只能暂时沿用已有公约以及《社会保障法典》第L.162—5条第9款的基本规定。

第四步，公约签署。医保基金联盟的总干事与各医生工会的主席拥有公约的最终签字权。为了达成医疗公约，必须由一个或多个医生工会同意签署公约，并且签署公约的一个或多个工会必须在最近一次的医生选举中在全科医生和专科医生群体中分别单独或共同获得超过30%的票数，公约才算有效。

第五步，将国家公约递交部际会议审阅，并由负责医疗卫生的主管部长批准通过。2004年改革之后，主管部长仅保留对国家公约的合法性审核权，并无以其他理由反对批准公约的权力。在形式上，如果部长在收到公约案文后的21天内没有告知签字人（因为公约不遵守现行法律法规或是出于公共健康或安全的原因又或是公约侵犯了平等获得医疗服务的原则）而被反对批准，那么公约被视为已获批准。

第六步，公约的转发和医生的回复。公约一经签署并由主管部长批准后，即由UNCAM转告所有私人执业医生工会组织。如果他们反对，那么他们有一个月的时间通过挂号信告知UNCAM，在反对意见符合法典第L.162—15条规定的条件下，进入仲裁程序。需特别强调的是，对于公约的反对，一般应由通过审核的国家一级的具有代表性的医生工会提出，反映的必须是工会中大多数人的态度。如果其他医生工会想要反对国家公约的执行，则必须至少有超过签约工会组织的专业人员数量两倍的支持者。如果反对意见符合法典第L.162—15条规定的条件，UNCAM则需要通知所有医生工会组织，并邀请根据法典第L.162—54条第7款规定任命的仲裁员进行仲裁。仲裁员是在新公约开始谈判之日，由UNCAM和各医生代表工会指派并经双方一致同意通过的；若无法达成一致，则由未来医疗保险高级理事会主席直接任命仲裁员。仲裁员应自反对意见提交之日起三个月内，听取 UNCAM、UNOCAM 和医生工会三方代表的意见，并根据医疗卫生支出的多年度财务情况，制定仲裁解决方案草案，以仲裁条例的形式按照第 L. 162—15 条规定的规则提交健康与社会保障部长批准和公布。在此期间，UNCAM 应为仲裁员提供各种帮助。草案公布以前的公约规定继续有效，直至仲裁条例生效之日。仲裁条例的有效期为五年，但是，公约的合作伙伴在仲裁规则生效后的两年内可再次进行谈判以制定新的公约或协议。新公约或新协议生效后，仲裁条例将不再适用。根据仲裁结果，UNCAM 会就职业道德规范和医疗伦理再次向 UNPS 进行咨询，确定公约的最终版本。①

第七步，在法兰西共和国官方公报上发布新的国家公约，公约正式生效。

3. 谈判内容

公约由一个或多个示范性合同构成，主要涉及以下关键内容：（1）私人执业医生医疗服务收费标准与支付方式及额外费用的相关规定；（2）地方医保管理局和私人执业医生的关系与双方的义务；（3）全科医生和专科医生各自的医学实践条件（工作条件），一方面促进双方更好地协调合作，另一方面改善医疗设备的运用；（4）为实现 ONDAM 费用控制目标采取的激励机制与惩罚措施；（5）配合国家卫生局设定强制性临床指南及适用条件；（6）根据提高公共卫生服务水平的需求为医生提供的一次性报酬金额及支付方法等。公约内容会根据每一次新提出的议题而有所增减，除以上法定内容外，近几次的谈判更多地希望 UNCAM 和 UNOCAM 能就提高医疗服务质量和效率、减轻医疗资源分布的地域不平衡、整合医疗与医疗服务连续性以及公共卫生服务递送等议题与医生进行对话和合作。例如，2011 年与医生的国家公约谈判将基于公

① 参见法国《社会保障法典》R. 162—54 第 7 款、R. 162—54 第 8 款和 R. 162—54 第 9 款。

共健康目标的按绩效付费的方式纳入其中。随后2016年的集体谈判又引入了对私人执业医生开设诊所的地理位置分布的管理条款。这些议题的加入，丰富了公约的内容和层次，公约谈判不再仅仅是一个就医疗服务收费标准讨价还价的渠道，而是一个更为综合的、全方位的协作平台。

4. 谈判结果

国家公约是医疗预算控制政策中有特权的正式文件，因为它为医疗开支、自由执业医生的酬金和额外开支的发展设立了预先目标。新的公约一旦获得批准并在官方公报上发布，就适用于法国境内所有的私人执业医生，除非医生以挂号信的方式主动向地方医保管理局通报其自愿退出国家公约。原则上，在协议签订之后，医生均拥有自由选择权。这一规定将协议的集体性特征与自由执业医生的个人主义精神较好地协调起来。作为交换，政府与医保基金会给予签约的私人执业医生购买社会保险的补贴和优惠。此外，公约还不适用于因违反国家公约或其他医疗协议而被地方医保管理局撤销签约资格的医生。

在公约谈判结果中，医生们关心的莫过于医疗服务支付标准与支付方式的确定。自1980年以来，通过谈判，社会医疗保险基金会在公约中开始向私人执业医生提供两种类型的收费标准，称为“第一部门”和“第二部门”。“第一部门”医生（收费受管制的医生）同意以谈判确定的参考价格（公约定价）提供医疗服务，作为回报，社会医疗保险基金会免除其部分社会保险缴费的义务和补贴其养老金储蓄。而“第二部门”医生（自由定价的特约医生）可以在参考价格的基础上收取额外费用，即超过管制价格的收费标准，相应的，他们不再享有养老金和社会医疗保险等福利的优惠。当然，他们收取超额费用的程度也是“有节制和有限的”，例如，他们不得向低收入患者收取额外费用。近年来，随着UNOCAM开始代表补充医疗保险计划参与到公约谈判中，其联合医生群体提出一种新的收费标准——混合定价，旨在将公约价格和自由价格两种标准结合在一起，收费价格可以包括30%的公约价格和70%的自由定价。目前这项规定仅适用于医保“第二部门”特约医生。此外，如果是未签约的医生，医保基金仅参考市场权威价格对其为医保患者提供的医疗服务进行较低水平的报销。具体分类情况参见表 3－3。

表 3－3　2011—2015 年国家公约中不同类型医生的服务定价模式、报销标准及人数占比

医生类型	服务定价模式	报销标准	人数占比
“第一部门”签约医生	公约定价：签约医生只能按照公约规定的支付标准收费，不得自行定价。（2011 年，全科医生和专科医生的诊疗费分别为 23 欧元和 27 欧元。）	患者在此部门医生处就医可获得医保对医疗费用 70%的报销	目前，在法国有 75%的医生选择成为“第一部门”医生。其中，在全科医生中的占比更高，达到了 91%，而这一比例在专科医生中为 62%。
“第二部门”特约医生	自由定价：医保特约医生实行自由定价，可以在公约定价的基础之上适当地行使自由定价的权利。	医保仅按照公约价格为参保者报销	目前，有 38%的专科医生选择成为“第二部门”医生
非签约医生	自由定价	医保仅为参保者报销极少的费用。（例如门诊费用最多报销 1 欧元，其他医疗服务报销费用的 16%。）	不详

5. 谈判的争议处理

如果未能达成集体协议，医生又想与疾病基金合作，可以选择签订个人协议。当被保险人在作为协议一方的医生处就医时，疾病基金会按照协议标准为其报销医疗费用的 80%。只要医生具有国家部门认可的专业资质，疾病基金就必须无条件地接受该医生的申请。在签订个人协议后，疾病基金会起草并保持更新签约医生的名单，并采用报刊、公告栏等多种宣传形式使被保险人知晓。个人协议可以以与集体协议相同的方式终止。被保险人可自由选择医生，但如果其选择了未与医保基金签约的医生，医疗费用仍然会按照官方协议中的收费标准和报销比例执行，可能会远低于医生实际收取的费用。此外，当国家公约的执行出现争议时，初、中、高级行政法院作出裁决后，由最高行政法院作出终极裁决。①

6. 谈判的执行

省级机构是永久性协调合作制度的组织基础，正是这些机构的努力才使得医疗协议成为现实。联合省级委员会由医疗专业人员和医保基金的管理人员共同组成，一方面负责监督管理本地区签约医生对协议的执行情况，另一方面也处理医生申请高于标准收费的案例。当发现个别医生有不规范行为时，联合省级委员会会要求其给予合理解释或对其行为进行处罚。这种由委员会负责执行、管理、监督协议的机制被称为自律机制。

7. 公约附录谈判

在全国层面，每年根据新出台的 LESS 进行的关于国家公约的修改与附录谈判，使得五年期的公约保持了适当的灵活性。该项谈判同样由 UNCAM 与医生工会在每年年底进行，如果没有在 12 月 15 日之前达成协议或没有在 12 月 31 日之前获得批准，则未来一年会沿用当前的附录。附录主要涉及门诊服务的收费标准与目录的变更。这一附录主要考虑每年的人口特征、技术和医学进步、新疾病和流行病的结合、医学人口统计、医疗保健系统中不同参与者的协调以及由此产生的变化，内容包括：（1）预计医疗费用的下年度目标。这些目标涉及全科医生和专科医生的活动，既涉及医生的费用和报酬，包括附带费用，又涉及处方情况。（2）在公约授权超支的情况下，被保险人的医生应付的费用、报酬和辅助费用。（3）有助于实现支出目标的国家临床指南。而每年是否有新的修正案，则视是否有突发情况或重大变动

① 参见 2002 年江苏省医疗保险基金管理中心内部资料《法国健康保险与社会保障》第 204 页。

事件而定，例如 2012 年 10 月，UNCAM 就针对过多额外收费问题，与医生工会签订新的国家公约修订案。修订案包括鼓励“第二部门”医生自愿签署一份禁止额外收费的三年期医疗保健合同，并概述医生滥用额外收费措施可能面临的制裁手段。而 2017 年 5 月 2 日签订的公约增补附录 1，对为 16 岁以下参保人员选定主治医生的规定作出了调整，公约合作伙伴同意将这一行为纳入患者管理的质量考核指标之中。① 2018 年 6 月 5 日签订的第 5 号修正案，由 UNCAM 与 MG France、FMF、自由执业医疗专业人员联盟（Bloc Libéral，Orthophonistes et Chirurgiens-Dentistes，BLOC）、SML 共同根据《社会保障法典》、2018 年社会保障财政法案以及 2016 年国家公约的相关规定签订。2018 年的社会保障纳税法引入了广义社会缴款税率的提高，这一措施旨在弥补其他税收减免带来的收入缺口，而非直接减少疾病和家庭补贴。②

8. 小结

自国家公约与附录谈判引入以来，由于医生工会的强势影响力，谈判往往十分艰难，UNCAM 很少能够实施所需的全方位措施，且政府主管部门在其中也一直扮演着重要角色。但不可否认的是，公约谈判的出现实则是将私人执业医疗卫生专业人员视为医保基金的对话者和社会合作伙伴，符合医生行业的哲学，并给予其在面对医疗体系结构变化时足够的安全感。同时，国家公约的签订确保了政府会对现有医疗服务作出适当补贴，维持其基本水平，可以说是私人执业医生行业未来的安全和财务保障。因此，虽然冲突与抗争仍然存在，但在医院医疗以及各种医疗服务中心迅速发展的当今，医保基金及国家公约已逐渐被私人执业医疗卫生专业人员视为宝贵的盟友。

---

① 参见法国《2016 年自由执业医生与疾病保险之间关系的全国性协议》的第 1 号补充协议，网址：https://www.legifrance.gouv.fr/jorf/id/JORFTEXT000034519792.

② 参见《2016 年法国国家公约第 5 号修正案》，网址：https://www.legifrance.gouv.fr/jorf/id/JORFSCTA000032623360.

3.3.4 跨专业协议谈判

自2012年起，法国医疗保险谈判中又新增了一项全国层面的谈判——跨专业协议（Accord Cadre Interprofessionnel，ACIP）谈判。这项谈判在UNCAM与UNPS之间每四年或五年进行一次，目的是确定门诊服务领域健康保险组织和医疗卫生专业人员的关系，特别是各自的义务（包括各自认为能够保障医疗服务质量、更好地实现医疗服务整合和推进公共医疗卫生服务的各项措施）和医疗卫生专业人员的社会福利待遇。其适用对象不仅包括私人执业医生，还有所有在私人医疗领域执业的医疗卫生专业人员（如护士、牙医、助产士和医疗辅助人员等）。

其中，谈判主体之一的UNPS同样是在2004年根据医疗保险改革法案创建的代表全国所有私人执业的医疗卫生专业人员的伞式组织，目的在于作为一个单一的合法组织在全国层面与UNCAM进行谈判，并且协调各类医疗卫生专业人员内部之间的关系。但就实施而言，UNPS未能取代分设的各个全国性的医生及其他卫生专业人员工会，而仅就涉及全国所有私人执业的医疗卫生专业人员的事项进行谈判。

2012年5月15日，UNCAM与UNPS谈判签署第一份跨专业框架性协议，并发布于2013年3月1日的官方公报。谈判重点在于：（1）医疗服务的递送和协调：特别关注住院后的患者护理、慢性或多种疾病患者的护理以及依赖个体的家庭护理。（2）简化行政手续：规定了各方对卫生专业人员的支持以及卫生专业人员和医疗保险基金之间的个性化交流的各自承诺。在国家一级，建立了一个促进交流现代化的跨专业技术委员会，旨在简化与健康保险相关的方法和服务。（3）医疗卫生专业人员的社会福利待遇：医疗保险基金承诺参与解决医疗卫生专业人员社会保障缴费拖欠问题的谈判。该协议的签署标志着适用于所有私人执业的医疗卫生专业人员的一般原则和基本准则的形成，这些原则和准则将用于指导每个健康专业群体未来的国家公约谈判。

引入 ACIP 一方面是为了提高谈判效率，集中谈判私人医疗领域所有专业人士都会涉及的内容，另一方面也是为了加强各专业间医疗卫生人员的有效协作，整合和优化医疗系统。同时，ACIP 的引入也使得 UNCAM 与私人执业卫生专业人员之间的谈判层级更高、更加集中化。

3.3.5　医疗行为与质量改善合同谈判——个体谈判

在法国医疗保险谈判中，个体谈判十分罕见，但也短暂出现过并取得了较好的效果。2009 年，根据《社会保障法典》第 L. 162—12 条第 21 款的规定，国家医疗保险联盟在当年的社会保障财政法案中推出了 CAPI 谈判。该项谈判首先是在 UNCAM 与全科医生个人之间进行，随后希望进一步扩展到护士等其他卫生专业人员。

CAPI 谈判是基于自愿每三年进行一次的关于医疗行为与质量改善的绩效合同谈判。CAPI 合同是与国家公约并行有效的，合同的目的在于鼓励全科医生改善医疗服务行为、提高医疗服务质量从而提高整体效率。具体目标将根据议会制定的公共卫生优先事项和卫生产品安全局发布的建议制定。作为回报，如果签约的全科医生实现了各目标相应的考核指标，便可以从医保基金处获得额外的收入；如果没有达到，医生也不会受到惩罚。

具体来看，对于 2009 年的 CAPI 谈判，UNCAM 从注重预防、整合慢性病患者的医疗服务以及改善处方效率三个目标出发，设定了 16 个具体的指标。(1) 注重预防：免疫接种、癌症筛查等；(2) 整合慢性病患者的医疗服务：糖尿病、高血压等患者；(3) 改善处方效率：含仿制药的处方等。[①] 例如，65 岁以上患者的流感疫苗接种率达 75%以上或者三

① Polton D. Strategies to control health care expenditure and increase efficiency: recent developments in the French health care system [R]. National Health Insurance Fund, 2011.

年内50%以上的高血压患者的血压正常化等。针对目标的考核会定期监控，医生可以在医保基金的网站上查看他们的绩效水平。为了帮助医生实现这些目标，他们获得了诸如预防性健康的患者信息传单和仿制药等支持材料，目的是提高患者的接受度。作为回报，全科医生可获得每年2 000～7 000欧元不等的额外收入。合同的推出得到了全科医生的积极回应，到2009年底已经有12 600名全科医生自愿加入，占到总人数的40%。① 2010年6月，在CAPI实施了9个月后，55%的医生有资格从这类合同中获得额外付款，平均而言，占到了他们年收入的5%（3 000欧元）。

CAPI谈判的实际意图是从重视集体目标逐步转变为关注个人目标，在对全科医生的付费中引入按绩效支付的方式，以激励医生个人行为的改善。合同实施两年后的追踪研究显示：与未签约的全科医生相比，签约的医生有了更多的改进。② 但是由于合同采用个体谈判的模式，绕过医生工会由医生个人直接签约，触动了医生工会的利益，遭到了工会强烈的反对。于是在第一期为期三年的合同结束以后，社会保障法典再次修正，将CAPI谈判纳入国家公约的集体谈判，适用范围拓展到所有医疗卫生专业人员，内容扩展为基于按绩效支付的公共卫生目标补偿计划，而谈判仅能在UNCAM与各自的代表工会之间进行，个体谈判模式在经历短暂应用后就此取消。

3.4 案例分析

3.4.1 失败的公约谈判——1989年国家公约谈判

1985年公约的到期，导致1989年法国政府、医保基金与医疗协

① Groupement d'Intérêt Public Sécurité Sociale et Santé. The French Healthcare System: Report [R]. Paris: La Documentation Française, 2010.

② Polton D. Strategies to control health care expenditure and increase efficiency: recent developments in the French health care system [R]. National Health Insurance Fund, 2011.

会之间进行了动荡而漫长的一系列谈判。在 1989 年公约的谈判中，除了之前一直参与的 CSMF 和 FMF，政府授予了 MG France 作为第三个医生代表组织参与谈判。这不仅意味着全科医生有了自己单独的代表组织，也表明政府希望从医生群体的进一步分裂中获益。1989 年公约推行了更具有争议性的条款。1989 年公约的谈判过程如下：

（1）医保基金的提议：1）医生诊察费提高 5 法郎；2）降低医生对家庭津贴基金的缴费；3）规定“第二部门”医生人数的占比不得超过 40%；4）规定某一些专科在“第一部门”医生的最少数量；5）增加国家对正在进行中的医疗培训项目的投入。

（2）医生协会的反馈：在本次公约谈判中，由 CSMF、FMF 和 MG France 三个医生组织作为医生群体公认的代表参与谈判。但这三个医生代表组织都因各种不同的理由认为医保基金的提议是不可接受的。CSMF 代表其组织中所有的全科医生和专科医生表示反对，因为提议中诊察费的增长太少并且执行得太晚，还提议限制医生加入第二部门公约。在 1989 年 11 月召开的 CSMF 全体大会上，其成员要求 CSMF 主席拒绝签署任何与医保基金提议相似的谈判协议。MG France 主要代表全科医生群体，虽然也对医保基金的提议表示了反对，但愿意在关于“第二部门”医生的条款中作出实质性的让步以换取“第一部门”医生收费标准的大幅提高（因为仅有极少数的全科医生能在第二部门的政策中受益）。FMF 的会员主要是专科医生，似乎愿意接受医保基金提出的 5 法郎的增长标准，但不愿意就“第二部门”医生的规定作出让步。

（3）法国政府的坚持：政府指示医保基金要坚持提议中 5 法郎的增长标准，不能妥协。

谈判僵局持续了超过 6 个月，到 1989 年底仍然没有什么协议被签署，而公约到期后的 6 个月宽限期也即将期满。为了缓解僵局，政府当时准备执行 1988 年夏天通过的允许医保基金与个体医生达成公约协议的新立法。然而，这种做法遭到了医学界强烈的谴责，因为1960年采取类似做法导致的灾难性后果历历在目。但政府和其指导下的医保基金不愿意在关于收费标准和有任何经济后果的工作条件改善的谈判中向法国医生组织作出任何实质性的让步。因为在这一时期，对政府来说，减少社会保障赤字的目标远比获得医生支持要重要得多。为了这一目标，政府甚至愿意冒着医疗工作者罢工和示威的风险。最后，政府再次证明，在复杂的谈判过程中，既要善于利用医疗协会之间的竞争，实现利益分化以达成签订选择性协议的目的，又要不惜在谈判中采用高压手段（如强行中断谈判），以实现控费的最终目标。政府如此强势也是因为，从20世纪60年代晚期开始医生数量爆发式增长。这一增长当然是政府激励政策的结果，但也导致了越来越多的年轻医生无法或者很难开设自己的诊室，反过来降低了年轻医生对医生协会的支持程度，进一步弱化了医生协会与政府谈判的能力。

3.4.2 2016—2021年国家公约谈判

最近一次的国家公约谈判在2016年展开，被视为法国医疗保健领域各利益相关方关于未来五年的计划和承诺。谈判经历了漫长的5个月的准备、各方数周的磋商以及中途谈判的破裂，最终最新的国家公约《医生与医疗保险的关系2016—2021》在2016年8月25日由UNCAM与代表自由执业医生的三个工会——MG France、FMF和BLOC，共同谈判签署，并在同年10月20日正式批准生效。

1. 谈判主体资格的获得及选举过程

国家公约谈判前的重要准备工作之一是在众多医生工会中确定谈判主体资格。根据法律规定："只有在URPS席位区域投票选举中，获得医生投票数超过10%的工会，才有权代表医生群体参加与UNCAM的谈判。"本次参与选举的医生组织共七个，分别是CSMF、

FMF、MG France、SML、FML、BLOC 和 UC。选举按照全科医生、专科医生和其他医疗专家，分别计票选举。最终全国的投票结果为 CSMF 获得 25.40%的选票，为第一名。其他医生工会的选票情况如下：FMF（22.69%）、SML（19.82%）、MG France（17.19%）、BLOC（10.92%）、UC（3.30%）、FML（0.70%）。[①] 因此，最终只有前 5 个得票超过 10%的医生工会获得了参与谈判的资格。

值得注意的是：（1）医生的选举参与率逐年下降，2015 年为 39.92%，2010 年为 44.6%，2006 年为 46%，2000 年为 52.7%，参与选举的动力不足。（2）没有一个医生工会获得超过 30%的选票，意味着没有任何一个医生工会能够单独签署医疗公约。除 MG France 和 CSMF 同意共同签署协议外，医疗协议必须由至少三个工会签署才能申请。医生工会势力分散。（3）在分类计票中，MG France 获得 31.29%的全科医生选票，位列第一；在专科医生选举中，CSMF 居第一，获得 31.7%的选票，凸显了各个工会不同的定位。

2. 谈判过程——CSMF 的反对

经过漫长的准备后，公约谈判在 UNCAM、UNOCAM 与五个医生工会之间展开，经历了数周的磋商。

2016 年 7 月 23 日，CSMF 在大会上作出不签署医保基金提出的医疗公约草案的决定，并决定在 8 月 24 日召开特别大会，以审查全国大会草案的进展情况。CSMF 全体大会授权其主席以 CSMF 新政治项目（捍卫法国的医学自由）为依据进行公约谈判。CSMF 拒绝签约的理由由欧洲预防与环境专业医生联盟的主席指出：第一个原因是政府特别是卫生部部长制定了一项深刻的反自由主义政策。第二个原因是非常不对称的医疗服务估值措施的实施，使得各个专业难以接受，引发了专业间的怨恨。制定这项公约将不可避免地导致“第一部门”与

① 参见法国社会保障局 2015 年自由执业医生在 URPS 中的选举情况新闻稿。

“第二部门”医生、全科医生和专科医生、医疗服务人员与医疗技术人员、诊所与医院之间的矛盾。第三个原因是抵制变革。因为健康保险的变化与专业人员了解的情况相差太远，专业人员无法通过数据库整合进行合理评估。

2016 年 7 月 26 日，医保基金委员会与医生工会举行最后一次谈判会议，对医疗公约草稿提出最终修改。该委员会表示将在会议召开之前向工会发送“略微修改”的公约草案提案。据 CNAMT 称，本届会议旨在通过与工会继续进行讨论，以寻求达成协议，对公约案文作出有用的调整。包括 CSMF 和 SML 在内的几个工会宣布，将于法律规定的截止日期前一天举行省级协商，以完成这些谈判。如果没有在 8 月 26 日达成协议，高级官员将被要求在三个月内制定仲裁协议。

3. 公约内容

新公约确定未来五年的首要目标是使国民普遍获得健康。为了推进医生追求这一目标，新公约提出了改革的四项原则：（1）通过对医生专业知识的评估来重新设定报酬；（2）帮助医生增加获得病人就诊的机会；（3）提高医疗实践、预防和疾病筛选的质量，加强主治医生①在协调治疗中的关键作用；（4）简化与医疗保险相关的流程，增加更多医疗时间。具体来看，新公约包括六大方面的内容：（1）根据患者随访的复杂程度对医生的薪酬进行重新评估；（2）减少等待时间，使所有人都能够获得所需的医疗服务；（3）通过加强和扩大公共卫生服务收费来巩固医疗实践的质量；（4）改善病人各项护理、治疗的协调流程；（5）继续管理控制超额费用；（6）简化与医疗保险打交道的流程和条件。由此可见，经过 45 年的发展，医保基金与医生工会的谈判内容不仅仅涉及医疗服务收费标准的协商，更多的是整个医疗系统

① 主治医生（médicins traitant），是在法国具有“守门人”功能的门诊服务提供者，其既可以是全科医生，也可以是专科医生。参保人在与其签约后，享受“主治医生”的签约优惠，同时也必须遵守首诊制和转诊规则。

的规划和调整，包含公共卫生、医疗服务质量、医疗效率等全方位的综合合作。

当然，公约的重要部分还是医生工会与医保基金联盟关于医疗服务收费标准的协商。新公约将自由执业医生的报酬分为三种模式，分别进行谈判协商。首先是按服务项目付费的诊查费，这是自由执业医生的主要收入来源。为体现“通过对医生专业知识的评估来重新设定报酬”的原则，新公约根据服务的复杂程度和需要的医疗技术水平，将诊察服务分为四个等级：一般诊察、协调诊察、复杂诊察和极端复杂诊察，收费标准在 2017 年分别提高 2 欧元、5 欧元、15 欧元和 30 欧元，若患者为儿童或老人，又或是需要急诊或非工作时间诊察，则收费标准还可相应提高。其次是 2016 年新引入的按人头付费的“医疗服务包”，主要适用于患者签约的主治医生。人头费用标准根据患者的年龄、病理和不稳定性进行评估，2018 年执行的标准为 7～79 岁非酒精性肝病患者 5 欧元/年、0～6 岁的患者 6 欧元/年、80 岁及以上或患有酒精性肝病的患者 42 欧元/年、80 岁及以上并患有酒精性肝病的患者 70 欧元/年。据估计，每位主治医生每年通过“医疗服务包”收取的人头费用可达 14 640 欧元。最后是公共卫生服务收费，这是一个医生自愿参与的项目。项目于 2016 年在慢性病跟踪管理、预防工作检测、处方有效性评估等方面设置了 29 个考核指标，赋予了 900 个点数，每个点数实际价值 7 欧元，对参与该项目的医生进行考核。如果全部达标，医生将每年从公共卫生服务收费中获得 6 300 欧元/人。

4. 谈判结果

《医生与医疗保险的关系 2016—2021》于 2016 年 8 月 25 日由 UNCAM 与 MG France、FMF 和 BLOC 工会共同谈判签署，并在同年的 10 月 20 日正式批准生效。新公约方案推出以来，99%的自由执业医生同意签署公约，人数达 114 963 名。其中，按专业划分，签约的全科医生为 59 802 名，专科医生为 55 161 名；按签约类型划分，“第一部门”签约医生有 85 317 名，剩下的 29 646 名则为“第二部门”签约医生。

3.5 法国社会医疗保险谈判机制特点分析

3.5.1 谈判理念：医疗自由主义与社会团结原则的冲突

回顾法国医疗保险谈判的历程，常常可以看到谈判主体各方发生激烈的冲突甚至公开的对抗，根本原因在于各方在谈判理念上仍存在着较大差异。作为医疗服务提供方的代表，医生群体依然将医疗自由主义视为行业的核心价值观和医疗保险谈判的基本原则。医疗自由主义的传统在法国可追溯到 19 世纪初，后在 1927 年经过医生全国性组织颁发的纲领性文件《私人医疗宪章》得以确立和发扬。直到现在，在现行的《社会保障法典》中，私人执业医生部分仍明确规定：“为尊重医生的执业自由和独立，制定以下基本原则：（1）病人自由选择医生；（2）医生（开具）处方自由；（3）职业保密；（4）病人直接支付费用给医生；（5）医生自由选择执业地点。”这与当年《私人医疗宪章》的内容几乎完全一致，它们共同奠定了医生组织与医保基金、政府相处的基本原则，一直指导着法国医生的实际行为，并构成了医生之后参与谈判的基本诉求。

然而，作为以社会团结为基础建立起来的社会医疗保险制度的代表方，医保基金及其联合会在谈判中更重视的是实现制度的三大目标：（1）保障公民平等获得医疗服务的权利；（2）确保医疗服务的质量；（3）促进社会团结。这些目标的实现手段常常与医疗自由主义的基本诉求相违背，导致双方在医疗保险谈判中冲突不断，例如，病人自由选择医生的权利与建立“守门人”制度、医生开具处方自由与预算管理以及病人直接付费给医生与医保的“第三方支付”制度等之间的冲突。私人执业医生追求自由和经济利益，社会医疗保险制度追求平等和分配保护，二者目标的不一致也导致了今后长时间的争执与对抗，以及无时无刻不存在的财务问题。①

这些谈判理念上的冲突，使得法国医疗保险谈判机制仍处于波动调整的状态，医生长期以来对国家持矛盾态度，既渴望国家保护社团主义，又害怕国家对其医疗实践进行干预。

3.5.2　医生工会的谈判主体资格由投票选举获得

在法国医疗保险谈判中，UNCAM 统一代表三大社会医疗保险计划以及 UNOCAM 代表补充医疗保险进行谈判的主体资格是通过法律规定明确的。但医生工会的谈判资格则需要在每次谈判之前通过医生投票选举重新确立，只有具有代表性并运营规范的全国医生工会才有资格参与医疗保险谈判。“代表性”与“运营规范”的具体标准由公共卫生法确定，且最终资格的确认还需医疗主管部门的批准审核。

这样通过民主选举获得谈判资格的方式在很大程度上决定了医生工会在医疗保险谈判中的行为和态度。首先，为了获得更多的选票，医生工会会尽可能地倾听医生的诉求，确保在谈判中提出的议案能够代表绝大多数医生的利益。但这样同时也会导致医生工会提出的议案往往较为苛刻甚至极端。其次，为了不令医生失望，医生工会在谈判中通常态度较为强硬，不愿意妥协，常以威胁退出谈判来彰显代表医生利益的决心。最后，谈判资格的不稳定性，使得医生工会在谈判中的诉求和表现往往较为短视，容易忽略长期规划和目标，从而增加了整个医保谈判机制的不稳定性。

① Gouraul J. Relations between the free medical profession and the social security system in France [J] . International social security review, 2010, 30 (2): 156－169.

3.5.3 统一的医保基金谈判方与分裂的医生工会

法国医疗保险谈判主体由统一的医保基金谈判方与分裂的医生工会构成。在法国，虽然社会医疗保险制度按照人群职业划分设立三大计划，但三者之间并不存在竞争关系。因此，当需要与医疗服务提供方谈判时，三个计划都由统一的组织代表参与，即UNCAM。尽管形成了统一的医保基金谈判方，但事实上UNCAM在医保谈判中的权力仍十分有限。它不负责整个医疗保健系统的谈判，而仅针对私人执业医疗卫生专业人员提供的服务进行购买，医院和处方药的管理仍掌握在政府主管部门的手中。此外，在经过2004年的改革后，UNCAM的内部治理结构发生了较大变化，原先由三大医保计划选派的三名代表组成的理事会被政府任命的UNCAM的总干事取代。UNCAM的总干事同时也是CNAMTS的理事长，负责与医生工会谈判，并有权单独签订国家公约。这被视为雇员和雇主工会退出医疗保险系统管理过程的一大标志。①

与统一的医保基金谈判方相对的是十分分裂的法国医生工会体系。在最近一次的国家公约谈判中至少有七个全国性的医生工会参与了资格选举。造成这样分裂的原因如下：一是医学专业的分类造成的，特别是全科医生与专科医生的对抗。这一特点在法国尤其明显，全科医生群体在法国医疗人员数量爆发式增长中受到的影响最大，执业越来越困难；也由于法国一直未能建立行之有效的“守门人”制度，各专业医生之间分工不明，特别是全科医生和专科医生之间矛盾突出，因此全科医生协会会支持政府作出的任何可能增加其资历和声望的政策，而不仅仅关注医疗服务价格的提升。二是医生群体在代际也存在明显的利益分歧。资深的医生更倾向于支持现有的医疗工会，以确保他们

① Franc C，Polton D. New governance arrangements for French health insurance [J]. Eurohealth，2006 (12)：27-29.

在其中的优势地位。年轻医生则更愿意推动医疗组织的变革，以便打开他们目前受阻的职业通道。三是法国医生群体在意识形态上存在着分裂。医生工会有明确的左翼和右翼划分，进一步增加了医生组织之间合作的困难性，严重削弱了医学界在卫生保健政策决策中的影响力。这样分裂的体系，使得医疗保险谈判中每个医生组织的利益诉求是多元而有所冲突的，给 UNCAM 留下了较大的斡旋空间，但同时也进一步导致了整个医疗保险谈判机制的不稳定性。

3.5.4　谈判集中在全国层面，由政府主导

法国医疗保险谈判主要是医保方与私人执业医疗卫生专业人员工会就门诊服务的提供、管理与支付进行的谈判，统一集中在全国层面进行。每次谈判签订的某个医学专业的国家公约对全国所有该专业的私人执业医疗卫生专业人员都有法定效力。而且，所有国家公约的谈判达成的事项，都必须符合政府主管部门制定的预算管理方案的目标，需经过主管部门的批准才能生效，政府仍然拥有最终决定权。此外，政府既直接介入 UNCAM 的管理，有权任命其负责医保谈判的总干事；又间接通过出席旁听或发函咨询的方式参与到国家公约的谈判之中。

总的来说，法国医疗保险谈判仍由政府主导。原因如下：一是法国是一个政治体制高度集权的国家，国家权力集中在中央政府，故而法国社会团结与卫生部在卫生服务体系的改革和建设以及医疗保险方面具有很大的权力。[①] 二是法国传统的福利文化更关心的是倾听精英意见而不是公众意见。[②] 对于与法国医疗保健系统筹资和管理相关的

① 聂春雷，姚建红，冯光，等．法国的卫生服务和医疗保险体系［J］．中国卫生经济，2005，24（5）：67－68.

② Genieys W，Hassenteufel P. The shaping of new state elites：healthcare policymaking in France since 1981［J］. Comparative politics，2015，47（3）：280－295.

所有问题，法国公务员队伍都充满了强烈的官僚使命感。法国的高级官员觉得自己有权利和义务定义和捍卫所有人的普遍权利。三是法国医生工会强大的传统使得医保组织单方面很难与之抗衡，成功捍卫医疗自由的基本原则也侧面显示了医生群体在医疗谈判中相对强势的地位。因此，政府干预医疗保险谈判在法国民众心中具有合法性，行政管制和政府主导的集中谈判更受青睐。相较于医生组织的分裂和对抗，法国政府的政党政治目标和行政部门的管理方向在医疗保健体系中是相对一致的。

3.5.5 谈判决策采用一票通过制与个体签约相结合

一票通过制是法国医疗保险谈判中比较特别的决策方式。具体是指，根据《社会保障法典》第 L.162—1 条第 13 款的规定：当 UNCAM、UNOCAM 与多个具有代表性的医生工会谈判时，如果谈判议案无法让多方达成一致，那么只需要其中至少一个医生工会同意，议案便可签字通过，使得国家公约正式生效。这样“少数有效性”的谈判决策机制，也是医保方与医生工会长期对抗斗争的历史产物。由于法国医生工会总体的强势势力与良好的民众基础，医保方在国家公约谈判中只要一推行费用控制或管理措施就会遭到强烈的反抗，最终都会以医生工会拒绝签约或退出谈判告终。医保方只能通过分散势力、逐一击破的方式，吸引医生工会与其合作，并且使得医生组织之间很难合作，最终选择性地和利益更为契合的医生工会合作。在历史上，政府同样通过授予新的医生工会谈判资格来换取其在国家公约谈判中的支持。

当然，这样的一票通过制使得国家公约签订遭到了很多质疑，特别是其强制性的合法性使得执行起来非常困难。于是，经过改革，医保谈判在一票通过制的基础上辅以个体签约方式。也就是说，如果某医生工会签订了国家公约，那么公约只对其成员有效；其余医生工会的成员如果也愿意执行公约中的条款，则可通过个人签约的方式加入。当被保险人在作为协议一方的医生处就医时，疾病基金会按照协议标准为其报销医疗费用的 80%。只要医生具有国家部门认可的专业资质，疾病基金就必须无条件地接受该医生的申请。在签订个人协议后，疾病基金会登记并更新签约医生的名单，并采用登报、发布公告等多种宣传形式使被保险人知晓。个人协议可以以与集体协议相同的方式终止。被保险人可自由选择医生，但如果其选择了未与医保基金签约的医生，医疗费用仍然会按照官方协议中的收费标准和报销比例执行，可能会远低于医生实际收取的费用。当然，如果某医生所在工会及其本人同时拒绝签约，则只能沿用原已签署过的公约的标准在社会医保领域提供服务。

一票通过制与个体签约相结合的谈判决策机制在保障医生基本利益的前提下，从机制上改变了医保方与医生工会的势力对比，有助于保障国家公约的顺利签署以及与一部分医生工会建立起长期合作关系。

3.5.6　场外行动对医保谈判有重大影响力

场外行动是指医生组织采用罢工或游行示威等方式影响谈判本身及其他医保政策的制定。自法国大革命以来，法国形成了浓郁的崇尚平等、反对压迫的社会文化，公民倾向于个人直接面对国家和法律的共和原则。因此，工会在与政府或企业的谈判遇到阻碍时，往往第一时间想到采用罢工威胁的方式，而且出于对政府或企业的不信任，法国还逐渐形成一种独特的“先罢工后谈判”的罢工模式。① 这样的文

① 郑秉文．“碎片化”社保制度的起源与危害：文化传统·民族特性·路径依赖：从 2007 年 11 月法国大罢工谈起 [J]. 学术动态（北京），2008 (19)：2－41.

化传统和方式也深深影响着法国的医疗保险谈判机制。在国家公约谈判的历史上，法国爆发过多次大型的罢工和游行事件，小的警示性罢工也不计其数。通常情况下，罢工或游行事件的组织者会事先设计好一天“动员日”，以尽可能地协调全国各地的运动。这样既能营造舆论以获得支持，又向政府表明所涉及的群体不仅不满而且不容小觑。1982 年 9 月 30 日，就是法国医学界组织的较为成功的“动员日”。当日，组织者十分罕见地将医学界众多不同的但同样充满不满的群体聚集成统一的相对协调一致的力量，成功地开展了游行示威与罢工相结合的场外运动。又如，1978 年政府引入总额控制制度，最终导致全巴黎医生上街游行示威并威胁举行全国医生罢工，使得法国建立的总额控制制度有所松动，随后便引入了可适度自由定价的“第二部门”医生制度，该制度对法国整个医保制度影响深远。十年后，政府再次提出要建立全面的总额控制制度，引发 15 万医生罢工并上街游行。1995 年、2002 年等也发生了针对其他政策措施的罢工。可以看到，在法国，医生罢工与每四年或五年举行一次的国家公约谈判是如影随形的，并且几乎每次都能对谈判结果造成巨大影响，要么谈判被搁置，要么废除了其中一些对医生不利的条款。而且在选举期间，政府会更关注社会稳定，如果此时医生组织大规模的游行罢工，则比较容易赢得时间或获得胜利。由此也可看到场外行动对法国医疗保险谈判的重大影响力，也从另一个侧面反映出法国医疗保险谈判机制的不成熟。

3.5.7 谈判拥有良好的信息支撑系统

除了谈判主体的理念、目标及势力对比等因素，医疗保险谈判成功与否的另一个重要因素就是数据与信息，这是保障谈判有效的科学基础。以前，医保方主要参考调查总体经济趋势的专家的研究以及各种医疗项目的指标，也以基金账户和统计信息中显示的治疗项目数量记录为参考评估谈判决定的影响。1997 年，法国建立起全国性的医院信息系统，该系统被称作医疗信息化项目。该系统可以跟踪医院的临床数据和卫生服务成本，包括诊断、医疗案例的流程、住院时间和患者特征（这些信息由医院医疗信息单位提供①，被称为世界优秀医疗信息系统之一）。同时，法国还将现有的三大网络系统——公民个人信息系统、诊所门诊数据管理系统以及医疗服务机构管理系统连接起来，打造了一个全方位的全面综合的医保系统数据库，以数据的力量支持医保、医疗与医药三方共同发展。这样的信息系统及所提供的数据为法国医疗保险谈判提供了有效的支撑。

① Simonet D，Alkafaji Y. Critical evaluations of the French health care accounting indicators：the use of DRGs［J］. Public administration quarterly，2017，41（3）：569－609.

第4章　社团协作型谈判：德国社会医疗保险谈判机制

德国是一个由16个州组成的联邦议会制共和国，2021年人口总数约为8 313万，名义国内生产总值（GDP）超过3.5万亿欧元，人均约为42 839欧元。同年，德国卫生费用总支出高达4 740亿欧元，占当年GDP的13.2%，人均卫生费用支出约5 699欧元。[①] 而根据世界卫生组织的调查：德国居民出生时的平均期望寿命为男性78.7岁、女性84.8岁，高于欧洲平均水平。[②]

① 参见德国联邦统计局网站。

② 参见世界卫生组织网站。

4.1　德国社会医疗保险制度与医疗服务供给体系概况

4.1.1　德国社会医疗保险制度概况

德国被认为是世界上第一个建立法定社会和健康保险体系的国家。1883 年，奥托·冯·俾斯麦（Otto von Bismarck）担任宰相期间，在全国引入了强制性医疗保险计划，并在随后的一个世纪里扩展到职业事故和疾病（1884 年）、老年和残疾（1889 年）、失业（1927 年）和长期护理（1994 年）等领域。现行的社会医疗保险制度遵循的法律基础是 1988 年 12 月 20 日颁布的《社会法》第五册《社会医疗保险法》。经历了 130 多年的运行与完善，德国社会医疗保险制度依然基本保留着“俾斯麦模式”的核心，即强制性参保资格和非风险相关缴费水平。

当前，德国医疗保险制度分为社会医疗保险和私人医疗保险，两者相互补充。从 2009 年起，所有德国公民和永久居民都必须依法强制参加医疗保险。其中，社会医疗保险为主干，强制性要求年收入低于某一标准的劳动者参加（2021 年标准为年收入低于 64 350 欧元或月收入低于 5 362.5 欧元），目前约有 7 280 万人参保，覆盖了总人口的 87.7%；10.5%的人口通过购买私人医疗保险获得医疗保障，包括收入高于法定标准的人群、自由职业者和公务员。[①] 2021 年，社会医疗保险总支出为 2 547.78 亿欧元，占卫生总费用的 54.8%。[②] 在社会医疗保险制度下，参保人可以自由选择疾病基金，疾病基金会不得拒绝申请者。德国社会医疗保险政策框架与制度现状参见表 4－1。

① Blümel M，Spranger A，Achstetter K，et al. Germany：health system review [R]. Health systems in transition，2020，22（6）：79－80.

② 参见德国联邦统计局网站。

表 4-1　德国社会医疗保险政策框架与制度现状

政策框架		制度现状
资金筹集	资金来源	雇主与雇员（包括退休人员）缴费，再加上政府财政专项补助。
	缴费水平	总缴费比例约为 15.5%（法定统一费率约为 14.6%+保险机构平均补充费率约为 1%），由雇主和雇员各缴一半。
待遇支付	总原则	法律确定最低的医疗保险福利包，各个疾病基金可在此基础之上为参保者提供更多的待遇。
	待遇内容	（1）现金待遇：自身因病得到的病假工资待遇与照看病童得到的病假工资待遇。 （2）服务待遇：内容包含综合医疗、牙科治疗、预防治疗、化验检查、助产士或医生提供的生育服务、住院服务、外科手术、康复服务、器具服务以及处方药服务等项目。
	待遇水平	（1）自付费用及比例：门诊 10 欧元/次；住院床位费 10 欧元/天；药品费用自付 10%，最低支付 5 欧元，最高支付 10 欧元；其他治疗费用均需自付 10%。 （2）自付费用封顶线：参保者自付费用限额为评估收入的 2%，慢性病患者为评估收入的 1%。 （3）超出自付费用封顶线的所有费用由医保基金支付。
管理体系	政府主管部门	卫生部、联邦保险局。
	基金筹集与分配机构	118 家疾病基金负责征收保险费并上缴到国家健康基金。国家健康基金基于发病率的风险调整方案，将资金重新分配给各个疾病基金。疾病基金可通过收取补充保费来弥补资金不足。
	基金的管理与运营机构	联邦共同委员会（Gemeinsamer Bundesausschuss，G-BA）负责制定疾病基金所需保障的医疗服务范围和服务质量标准，各疾病基金负责日常运营和年度预算，全国法定健康保险基金协会（Gemeinsamer Bundesverband der Krankenkassen，GKV-Spitzenverband）负责与医疗服务提供方签订有约束力的集体协议。

需重点强调的是与医疗保险谈判机制密切相关的医保管理体系。德国的医保管理体系大致分为三级，首先是 G-BA，由 GKV-Spitzenverband、联邦法定健康保险医师联合会（Kassenärztliche Bundesvereinigung，KBV）和德国医院协会（Deutschen Krankenhausgesell-schaft，DKG）组成，负责制定疾病基金所需保障的医疗服务范围和服务质量标准。其次，GKV-Spitzenverband 负责除各疾病基金日常运营与竞争外的所有有关社会医疗保险的事务，其中核心任务就是与医疗服务提供方的集体谈判以及制定医疗服务的支付方案。最后是遍布全国的 100 多家疾病基金，其为公法下的非营利自治组织，自负盈亏，主要负责征缴保费和日常运行，相互之间存在竞争关系。整个管理体系始终遵循和强调自治与联合自治原则，由自治协会和联合会多方共同治理，形成了一个既相互制衡又相互配合的精巧组合。

4.1.2　德国医疗服务供给体系概况

德国医疗服务供给体系的突出特征是存在明确又严格的服务部门分离情况，大致分为公共卫生服务、初级与二级门诊医疗服务（简称“门诊服务”）、医院医疗服务（传统上仅限于住院服务）、预防与康复服务以及长期护理服务。其中，门诊服务与住院服务属于传统意义上的治疗性服务，是社会医疗保险保障的重点。2016 年，德国卫生总费用达 3 565.37 亿欧元，其中，门诊服务费用为 1 788.93 亿欧元，占总费用的 50.18%；医院医疗服务费用为 925.19 亿欧元，占总费用的 25.95%。[①] 具体来看，门诊服务通常由私人诊所的医生（全科或专科医生）提供，2017 年在该领域提供服务的医生约 15 万名，其中 42% 为全科医生，58%为专科医生；住院服务则由公立医院和私立医院共同提供，医院几乎不提供任何门诊服务。医院按性质分为由政府出资建立并管理（或由大学代管）的公立医院、由教会和慈善机构管理的私立非营利医院以及由政府投资兴建并委托给私人机构经营的私立营

① 参见德国联邦统计局网站。

利医院，其中公立医院所占比重最大（约为50%），私立非营利医院次之。① 统计表明，2017年，德国共有1 942家医院，提供了近50万个床位，床位使用率达77.8%，住院病例数1 900万例。②

在严格分离的制度下，门诊医疗服务费用与医院住院医疗服务费用也来源于不同的渠道。前者完全来自法定医疗保险和私人医疗保险所缴纳的费用以及被保险人极少的自付费用；后者则采用“双渠道”筹资模式，基础设施建设费用直接由州政府通过税收提供，而运营成本则由疾病基金、私人医疗保险公司和被保险人的自付费用支付。此外，这两种医疗服务的医保支付方式也各不相同。对于门诊医疗服务费用的支付，疾病基金会通常以按人头付费的方式将费用支付给医生协会，再由医生协会按照谈判确定的统一计值点数和点数价值根据成员医生的服务量进行支付；而医院住院医疗服务费用则以总额预算结合疾病诊断组的形式进行支付，支付标准由疾病基金州协会与医院谈判后确定。在社会医疗保险制度下，参保者可自由选择医疗服务提供者，没有“守门人”制度，可不受限制地直接去各级医疗机构就诊。

由于医疗服务部门的分离，医疗保险谈判也遵循不同的规则分开进行并具有不同的特点，下面会分别对门诊医疗服务医保谈判和住院医疗服务医保谈判进行分析探讨。

4.2　德国社会医疗保险谈判机制的发展历程

德国被认为是世界上第一个建立现代法定医疗保险制度的国家。

① 李蕾，李靖宇，刘兵，等．医疗卫生服务模式与资源配置的国际比较［J］．管理评论，2017，29（3）：186-196.

② 参见德国联邦统计局网站。

法定医疗保险的出现将患者与医生之间的购买关系转化为医疗保险基金及其协会与医生及医生协会之间的购买或雇佣关系，社会医疗保险谈判机制也应运而生。德国社会医疗保险谈判机制随着国家、社会、经济和政治因素的变化以及社会医疗保险制度的发展和医疗服务体系的演变，经过了从分散化冲突型走向集中化合作型、从等级雇佣关系走向平等谈判关系、从只关注价格的分配性谈判走向完善的整合性谈判的发展历程。在整个发展历程中，自治与联合自治的特征贯穿始终。而谈判中，医疗保险基金和医生之间的冲突与妥协成为塑造德国当前医疗体系的关键。

4.2.1　萌芽期（1883—1913 年）：个人合同与雇佣关系

1883 年，《疾病保险法》在德国颁布实施，标志着现代社会医疗保险制度的出现。其中，法律规定沿用当时已有的各种疾病基金会（后来的医疗保险基金）负责管理运营医保基金，参保的雇主与雇员按照缴费比例（2∶1）任命医保基金管理委员会中的成员，政府相关部门仅在法律规定范围内设定缴费率、确定可选择的福利以及解决与医保基金章程有关的其他问题。[①] 除此之外，《疾病保险法》并没有明确疾病基金与医生之间的关系，也没有提及医疗保健专业人员的资格问题，这两个问题都留给医保基金自行决定。单个医疗保险基金有权与自愿接受合约条件的医生签订个人雇佣合同，通过签约医生向参保者提供医疗服务。联邦政府和国会的职权仅限于为自治机构制定监管框架，实际监督由州政府执行。这一制度的确立从根本上改变了当时社会上医生、患者和保险机构之间的关系，医疗保险基金和签约医生之间建立起受德国民法保护的雇佣关系，并遵循着劳动力市场的供求规

① Busse R，Blümel M. Germany：health system review［R］. Health systems in transition，2014，16（2）：53.

律。作为雇主，一方面医疗保险基金依法拥有独占社会保险医疗服务市场的权限；另一方面随着制度覆盖面的扩展①，社会保险医疗服务占整个医疗服务市场的比重不断提高，医保基金掌握着医疗服务市场的劳动力需求，十分强势。而作为劳动力供给的个人医生数量众多、竞争激烈，经济上越来越依赖与医疗保险机构签约。因此，此时医生与医保基金的地位并不平等，医保基金有权选择性地与特定的个人医生签约，单方面拟定合约条款（特别是拥有自行决定支付标准的权限），并依据基金收支情况及控制医疗成本的缘由单方面决定签约医生的总人数。

这样的不平等境况当然也引起了当时执业医生的集体抗议。为了能够更有效地体现医生的法律地位、对医保基金行使法定权利，1900年，执业医生组建了第一个德国医生工会，史称“莱比锡联盟”（Leipziger Verband），即“哈特曼联盟”（Hartmannbund）的前身。该协会宣称代表所有医生的利益，其诉求的重点为：（1）不得限制合约医生人数；（2）为争取较佳的权益，应以集体协定的方式取代医保基金与个体医生所签订的医疗服务合同；（3）以按服务项目付费的方式取代由医保基金单方议定的支付标准。② 然而，这些诉求并没有得到各个医保基金适当的回应，直接导致医生与医保基金之间的劳资纠纷愈演愈烈，医生时常上演罢工游行，使得社会医疗保险制度保障参保人医疗服务需求得到满足的目标受到威胁。此外，医保基金自身的问题也日益暴露出来，大量不同性质的医保基金的存在导致了管理、法律适用以及绩效确定上的困难，故而亟须进行全面的制度改革。

由此可见，德国在社会医疗保险建立初期，延续了社会自治传统，

---

① 社会医疗保险参保人在1883年成立之初占总人口的1/10，到1913年约占总人口的25%。

② 张道义．德国健康保险法“联邦医疗服务基本协定”的规范分析［J］．台北大学法学论坛，2002（51）：35－70.

医保基金与医生之间是以签订个人合同而建立起的受私法约束的雇佣关系，双方的大量冲突属于劳资纠纷，仅能尝试依靠分散化的简单对话解决。莱比锡联盟的成立，标志着德国医生群体第一次试图通过集体谈判和签订集体协议的形式，向医保基金谋取平等的对话权和更多的经济利益，但在当时收效甚微。

4.2.2 形成阶段（1913—1932 年）：协会层面的集体谈判

此后十几年间，莱比锡联盟迅速壮大，其成立之初只有 21 名成员，到 1913 年，全德国已有约 75%的医生加入①，使其成为组织和代表医生的一股不可忽视的力量。与此同时，医生群体与医保基金的冲突仍在不断升级，特别是 1911 年颁布的《帝国保险条例》规范了三大社会保险项目，但没有解决莱比锡联盟提出的任何诉求，最终导致 1913 年全国医生大罢诊爆发。这一事件迫使帝国政府第一次介入调停，并促成医保基金与医生代表于 1913 年 12 月 23 日签订了所谓的《柏林协定》（Berliner Abkommen）。该协定的重要措施之一是成立由医生、医保基金代表及中立人士共同组成的联合委员会，以审查诸如签约医生资格、医疗支付范围等医保医疗服务的相关内容，并拥有对双方争端的仲裁权。②《柏林协定》在整个德国社会医疗保险谈判机制的发展历程中拥有举足轻重的地位：首先，在《柏林协定》的签署过程中，医生群体首次通过集体谈判的形式，获得了在社会医疗保险医疗服务中关于签约医生资格、医疗保险支付范围和方式以及与参保人数相关的签约医生人数等事项的咨议权与议定权；其次，德国政府通

① 白裕彬．疾病保险体系对医师与医病关系的影响：德国的战前经验［J］．医学教育，2006，4（2）：214－222．

② 张道义．德国健康保险法“联邦医疗服务基本协定”的规范分析［J］．台北大学法学论坛，2002（51）：35－70．

过《柏林协定》明确了其在社会医疗保险制度中中立调解人的定位，仅在联合委员会无法达成一致时才充当最后的仲裁者；最后，《柏林协定》成立的联合委员会，起初仅是政府为应对罢工建立的机构，后演变为德国社会医疗保险谈判的重要组织基础，并始终追求着联合自治的制度精神。

《柏林协定》颁布之后，1913—1932 年，德国又先后颁布了《医生和医疗保险基金条例》《紧急法令》等多项涉及医疗保险谈判的法律。一方面，以上法律明确了医保基金的法律地位和社保管理机构的定位。法律正式将德国境内的 8 500 个各种类型的医疗保险组织统一转变为具有独立法人资格的地方疾病保险基金，并为农业人口参保者增设对应的疾病保险基金。在社保管理方面，按层级统一划归，设立保险办公室和社会保险局两级机构，机构的主席必须通过雇主和雇员的选举产生，两级机构同时负责医保相关事务及同层级的仲裁工作。另一方面，不断促进医生组织代表医生利益参与联合自治。1931 年通过的《紧急法令》，首次建立了代表医生的公法人机构——医生协会（Kassenärztlichen Vereinigungen，KV）。根据公法规定，所有医生必须加入医生协会并取得执业资格，医生协会及其联合会有代表医生与医疗保险基金进行谈判的权利，个别医生不得成为集体谈判的破坏者及谈判破裂时罢诊行为的参与者。KV 的成立，正式取代了莱比锡联盟，成为医疗保险谈判中医生群体的唯一代表，大大增加了医生的谈判筹码，被视为医生在医疗保险谈判中取得的重大集体胜利。

至此，德国医疗保险谈判初步形成了由医疗保险基金与医生协会分别代表参保者和医生进行协商的集体谈判机制，医生按照医保基金与医生协会的集体协议履行医疗工作义务，不再直接受雇于医保基金。医生与医保基金之间的关系从劳资纠纷走向服务购买谈判，并通过政府引导，走向建设性谈判。

4.2.3　破坏与恢复期（1933—1974 年）：确立谈判主体公法人身份

1933 年，纳粹党上台执政，德国进入纳粹德国时期（1933—1945 年）。随后颁布的《社会保障法》对整个社会保障制度进行了彻底重组，医疗保险制度中的自治权大量丧失，参保者、雇主和医生组织均被解散，取而代之的是所谓的"领导原则"，即所有事务与建议均集中提交给纳粹党提名的一名董事，由他做决策。德国在第二次世界大战中战败，被划分为联邦德国和民主德国，社会保障体制也因两国的政治体制不同而走向了不同的发展道路。联邦德国于 1949 年颁布的《德意志联邦共和国基本法》规定："每个人及所有行业、职业为维护和改善工作及经济条件而结社的权利受到保护。"该条为德国传统的社会保障制度的重建，特别是自治传统的恢复提供了法律保障。1951 年通过的《社会保障自治管理法》，在社会保障领域重新建立起以自我管理为基础的社会保险协会式管理体系，以参保者（雇主和雇员）共同管理为原则，选举产生代表负责管理和执行社会保障任务。1955 年，联邦德国针对医疗领域颁布了《医疗保险医生法》，重新规定了医生和社会医疗保险基金之间的关系，其中，医保基金及其联邦、地区协会被正式定位为公法人机构。① 而各地 KV 重新恢复了合法地位，正式组建的 KBV 是建立在民主基础之上的联邦自治机构。至此，德国社会医疗保险体系中的各方组织基础得以重建，医疗保险谈判中的联合自治通过公法法人代表的形式开展，各方地位更加平等，但参保人的民主参与程度和制度的透明度仍相对较低。

① 王琬．德国社会医疗保险组织体制：发展、变革与绩效［J］．社会保障研究（北京），2011（2）：134－157.

4.2.4 发展成熟阶段（1975—1990年）：医保谈判制度化

石油危机爆发成为德国乃至整个西方国家福利制度的转折点，社会福利与社会保险方面的支出增长带来的资金压力成为社会焦点问题。为解决这一问题，1977—1983年，德国出台了一系列关于控制医疗费用的法案。其中，1977年德国制定的《医疗保险费用控制法案》（Krankenversicherungs-Kostendämpfungsgesetz，KVKG），首次引入统一评估标准表（Einheitliche Bewertungsmaßstab，EBM），以表单的形式逐一列举可由社会医疗保险基金支付的医疗服务项目以及相互之间用点数体现的价值关系。EBM的编制与修改成为日后医疗保险谈判中的重要内容之一，进一步明确和规范了医疗保险谈判的内容范围。

此外，德国没有统一的国家医疗保健预算，而是各个疾病基金自负盈亏，如发生超支，疾病基金有权利自主提高保险费费率。因此，政府还多次提出稳定福利保险费费率的目标，要求各医保基金在确定医疗保险费费率时，遵循收支平衡的原则按年度调整并相应建立费率稳定机制。[①] 稳定费率的目标成为指导医保基金日后谈判的重要依据和基本原则。

在同一时期，为规范从1883年开始颁布的各种纷繁复杂的社会法律法规，建立一项清晰连贯的立法，德国在1975年将各种社会法规汇总，颁布《社会法》（Sozialgesetzbuch，SGB），奠定了当今德国社会保险制度的法律基础。其中，《社会法》第五册（SGB-V）于1989年正式生效，取代《帝国保险法》成为德国社会医疗保险的法律基础。SGB-V对社会医疗保险的基本原则、筹资、服务供给、组织结构以及监管等各方面都进行了详细的规定，其核心内容是社会医疗保险的自治管

① 劳动和社会保障部，德国技术合作公司．德国医疗保险概况［M］．北京：中国劳动社会保障出版社，2000.

理，因而对医疗保险基金及其协会组织结构、协会谈判机制、委员会组成等也都进行了清晰的界定。①

SGB-V 的颁布，标志着德国医疗保险谈判有了明确的法律依据，是依法进行的、有明确规范和程序的。但谈判内容仍停留在对每个医疗服务项目的价格之争上，是冲突型的分类谈判。

4.2.5　完善阶段（1990—2007 年）

1990 年，德国实现了两德统一。根据 1990 年 8 月 31 日签订和同年 10 月生效的《统一条约法》，新加入的五个州采纳了与联邦德国相似的社会医疗保险制度，并设立了公法形式的医生协会，医保谈判的覆盖范围进一步扩大。但两德统一也给德国医疗保障体系带来了前所未有的挑战，促使其加快了改革的步伐。在这一时期，改革的主要思路从两个方面展开：一是要建立预算管理制度；二是通过促进竞争（尽管仍受到严格管制）来控制医疗费用支出和提高医疗效率，并同时避免对公平或医疗质量带来的不利影响。

1. 建立预算管理制度

1993 年生效的《医疗卫生结构法》旨在保障法定医疗保险制度的财务可持续性，并确保缴费率的稳定。具体措施包括：（1）限制合约医生的人数；（2）建立分类支出预算制度：住院治疗支出、门诊医疗和牙科护理支出、药品支出和医疗保险公司管理费用支出；（3）将合同医生医疗服务的提供者主要分成两类：家庭医生和专科医生。其中，关于门诊和牙科医疗服务的预算通常在州内通过协会谈判制定，有时政府也会出台最高增长率，以此作为限制。医院的预算通常由疾病基金与每个医院通过谈判确定，从 2000 年起政府也会设法定限额，以此

① 王琬．德国社会医疗保险组织体制：发展、变革与绩效［J］．社会保障研究（北京），2011（2）：134－157.

作为参考。

2. 加强竞争并引入所需的配套措施

德国从1994年1月1日开始在疾病基金之间实行风险结构平衡制度，目的是为所有疾病基金创造同等的起始条件，以期能够实现更好的缴费率和建立更平衡的风险结构。随后，引入了自由参保原则。在1995年年底之前，对于投保人应参加哪一个医疗保险基金的医疗保险，法律均作出了明确的规定。但从1996年开始，所有投保人①原则上可自由选择参加任何一家医疗保险基金经办的医疗保险。② 其目的是防止垄断的形成，消除工人和雇员之间选择的差异，加强基金之间的竞争，从而使得被保险人的个人决定成为医疗保险基金存亡的重要标准。③

3. 鼓励疾病基金进行主动谈判

1989年，医疗改革法案允许疾病基金与州政府规划外的医院签订合同，并且于1997年开始探讨疾病基金和医疗服务提供者之间签订选择性合约的可能。2000年的《法定医疗保险改革法案》尝试推动整合医疗服务的谈判，促进各医疗部门之间的合作，允许一组医疗服务提供者与疾病基金签约并同时提供多种服务。此外，该法案还推动了医保谈判在医院服务中的应用。2000年，德国在医院服务支付中引入了德国版的按疾病诊断组支付的方式，并将该支付方式的收费参考增长率和基础支付标准交由医保基金和医院共同谈判决定。

4.2.6 改革阶段（2007年至今）

自2007年德国《社会医疗保险竞争加强法》（Gesetzliche Krank-

---

① 对于海员医疗保险所、联邦矿工医疗保险所和农民医疗保险所的投保人，由于其医疗保险所在组织结构方面的特殊性，他们不能自由选择其他医疗保险所办理医疗保险。

② 劳动和社会保障部，德国技术合作公司．德国医疗保险概况［M］．北京：中国劳动社会保障出版社，2000：134-135.

③ 赵立新．德国日本社会保障法研究［M］．北京：知识产权出版社，2008：125.

enversicherung-Weiterentwicklungsgesetz，GKV-WSG）颁布实施以来，德国社会医疗保险进入了一个新时代。医疗保险联邦谈判的任务执行者从先前七个特定类型的医疗保险基金联邦联合会变成了一个新成立的协会——GKV-Spitzenverband，从根本上改变了德国医疗保险基金会在联邦层面的组织结构，出现了联邦层面唯一的谈判主体。而2005年，地区医生协会也进行了合并，每州只设定一个法定的协会，明确了州级谈判的主体，州协会和联邦协会的董事会从此开始全职工作。联邦德国出现了社会保障权力向中央集中的趋势，经过艰难的推动，德国最终将分散的医疗管理体制整合起来。[①]

此外，GKV-WSG的改革措施还包括：（1）新建国家健康基金，将雇主和雇员的缴费纳入其中，再通过风险调整机制分配给各疾病基金；（2）为雇主和雇员设定全国统一的保费缴费标准；（3）全民强制参保，每位国民都有法定义务购买医疗保险；（4）允许参保者在社会医保和私人医保之间自由选择，并为私人医保制定一个最低标准的“基本医疗保险费率”，保障低收入参保者的选择权；（5）改革医保对于门诊医疗服务的支付标准和支付方式，取消总额预算，医保承担更多的费用风险；（6）允许医院提供门诊服务；（7）加强医保竞争，允许不同类型的医疗保险机构跨种类合并；（8）加强医疗服务提供者间的竞争，在医保谈判中尝试引入选择性合约，赋予各疾病基金会自由选择签约医疗服务提供者的权利，并鼓励发展管理式医疗组织；（9）对所有医疗保险机构强制引入家庭医生收费标准。

随着人口老龄化问题的加重，各疾病基金会将面临沉重的财政负担，为避免各基金会的保险费率大幅提高，德国政府于2009年启动了国家层面的“卫生基金会”。国家卫生基金会的建立，使得法定疾病基金会的独立财政权消失了，但也推动了医疗保险基金在全国的流通，

① 周弘．50国（地区）社会保障机构图解［M］．北京：中国劳动社会保障出版社，2011：6-7.

增强了疾病基金会的互济能力。国家健康基金和所有被保险人的统一缴费率于 2009 年 1 月 1 日开始实施。这一天也为每个医疗保险基金会提供了新的工具——收取补充保险费。随着全国医疗基金的建立，政府加强了对整个医疗系统的管控，这也遭到了医保自治机构的强烈反对。

而医保谈判机制仍在进一步推行和完善中，除了规范谈判主体，还通过理念的更新对谈判内容进行了改革。在谈判理念上，德国破除了之前以医疗部门作为划分标准的思想，转而寻求以病人需求为导向的跨部门的更具竞争力的解决方案。一是进一步推动整合医疗服务谈判，明确医院门诊部的服务内容；重组门诊和住院医疗服务：由各法定医疗保险基金和国家健康基金共同出资建立了创新基金，用于探索和支付新的跨部门医疗服务提供形式。2012 年《法定健康保险医疗服务结构法案》(Gesetzliche Krankenversicherung-Vertragsärzte-und Vertragszahnärztegesetz, GKV-VStG) 创建了一个新的医疗服务部门，引入了门诊专科医疗服务。从那时起，这一领域的注册合同专家医师和医院就可以在尽可能相似的条件下为定义的疾病提供服务。二是加强质量谈判，在住院医疗服务中开始采用以质量为导向的报酬方式，在谈判中设定医疗服务质量考核指标，迫使低服务质量的医疗机构退出医疗服务市场。三是改变了长久以来门诊医疗服务的支付方式。2009 年起，在计算门诊医生医疗服务费用补偿时，用固定点数价值法取代了一直采用的浮点价值法。每年固定点数价值的增长率由 GKV-Spitzenverband 与 KBV 谈判得出。

4.3 现行的谈判框架与实践情况

德国现行的医疗保险谈判机制是在《社会法》第五册和 G-BA 颁布指令的共同规范下根据医疗服务供给方分类构建的多层自治体系。

整个谈判框架叠床架屋，主要包括门诊医疗服务谈判、医院医疗服务谈判以及整合医疗服务谈判（门诊与医院服务之间的医疗服务谈判）。三类谈判又根据经济性和适用性原则，在联邦和州级层面分层进行。两层三类的谈判构成了德国医疗谈判的基本框架，共同协调和规范着医、保、患三方的关系，确保德国医疗保障系统的良好运行。此外，随着近年来市场竞争机制的引入和加强，为体现谈判的灵活性，两层三类谈判之外还存在少许特殊的个体谈判（示范性项目谈判），为整个谈判框架注入了新的元素。详细情况参见图 4-1。

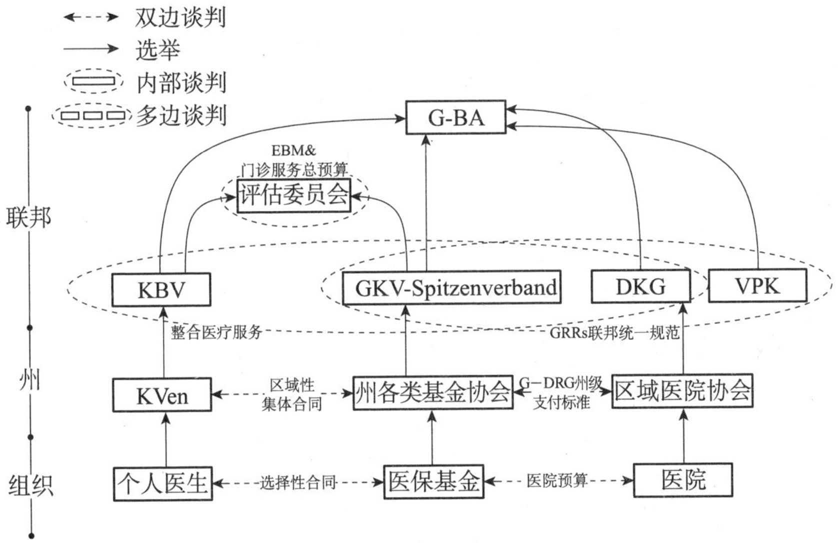

图 4-1　德国医疗保险谈判框架概览

4.3.1　门诊医疗服务医疗保险谈判

门诊医疗服务医疗保险谈判是德国医疗保险自治的重要体现之一，在《社会法》第五册和 G-BA 指令的指导下，在各级疾病基金协会和医生协会之间展开。整个门诊医疗服务的偿付采用了预算管理和点数法的支付方式，因此谈判同样沿着这两大工具的主要要素和逻辑进行。所谓的“点数法”，是指通过确定医疗服务项目、项目之间的点数关系和相应的点数价值来为每一项医疗服务定价的方法。2007 年以前，德国采用预算管理和浮动点值法，具体金额均由州级谈判确定，联邦只负责制定统一评估标准来确定服务项目和点数关系，并不涉及实际金额。然而，这样的系统却暴露了许多问题：一方面，点数数量和价值之间的权衡容易使医生陷入零和博弈，导致服务量非理性增长；另一方面，对单个医生设定医保支付预算的做法被联邦法院裁定为不合法。因此，德国在 2007 年出台了 GKV-WSG，重新调整了整个门诊服务医疗保险谈判框架，谈判权限逐渐从州级转移到联邦，服务价格的确定方法从以前的浮动点值法转变为固定点值法外加全国预算总费用谈判。下面将对新的谈判框架的运行机制和效果进行详细的阐述和分析。

1. 门诊医疗服务统一评估标准联邦谈判

门诊医疗服务统一评估标准（Einheitliche Bewertungsmaßstab，EBM）①，又被称为法定医疗保险中门诊服务收费项目的索引，用于明确法定医疗保险基金允许列支收费的门诊医疗服务行为或项目（简称“合同医疗服务”）以及相互之间用点数体现的关系。1977 年，《医疗保险费用控制法案》（Krankenversicherungsbeitragsgesetz，KVKG）首次引入 EBM，直到现在始终是联邦层面对于所有参与提供合同医疗服务的医生（简称“合同医生”）的约束基础。

（1）谈判的法律与指令。

针对 EBM 的谈判是在《社会法》和联邦共同委员会指令的共同

① 由于牙医服务的提供和谈判都具有一定的独立性，因此主要由德国牙科技师行业协会负责管理和参与谈判，但谈判流程与医疗服务相似，未免内容重复，之后谈到的 EBM 仅涉及联邦医疗服务的内容，其他内容可参见中国医疗保险研究会内部资料《德国法定医疗保险法：德国社会法第五册》第 78 页。

指导下进行的。《社会法》第五册第 87 条规定了门诊医疗服务统一评估标准谈判的谈判主体、谈判内容、谈判程序以及审查标准等内容。这为 EBM 谈判的进行提供了系统的法律支持和规范。另外，由于 EBM 谈判涉及合同医疗服务内容，因此必须遵循医疗领域联邦最高级别自治组织——G-BA 关于保障参保人充分、有目标性和经济性的医疗需求的指令。指令会明确限制或禁止不符合以上标准的服务、诊断或处方，那么 EBM 谈判也将排除这些选项。G-BA 颁布的指令具有次级法律规范的效力，对医保基金、参保人、合同医生和其他医疗服务提供者均具有约束力。

（2）谈判主体。

如上文所述，EBM 谈判的谈判主体由《社会法》明确授权为 GKV-Spitzenverband 和 KBV。其中，GKV-Spitzenverband 成立于 2008 年 7 月 1 日，总部位于柏林，是依据 GKV-WSG 设立的、受联邦卫生部监督的公法法人机构。该联合会取代了之前根据不同类型保险分设的七个法定医疗保险联邦协会，成为承担国家层面任务的法定医保基金会协会的最高代表机构，代表所有医保基金联邦协会行使共同的自我管理权限。① 作为谈判主体参与联邦层面的医保谈判（如 EBM 谈判），是 GKV-Spitzenverband 的核心职责之一，由其签订的合同和其他决定对所有保险基金会成员、医疗保险基金会的州协会和参保人具有法律效力。② GKV-Spitzenverband 是一个自我管理的伞式组织，内部由成员大会、行政委员会（监事会）和董事会三大机构组成。其中，成员大会是联合会的最高权力机关，由每个医疗保险基金会各派一位来自本机构监事会或代表大会的参保人和雇主代表加入。2017 年

① 隋学礼．互助原则还是竞争机制?：艰难的德国医疗制度改革［J］．经济社会体制比较，2012（4）：56－66.

② 参见中国医疗保险研究会内部资料《德国法定医疗保险法：德国社会法第五册》第 164 页。

70 多个医疗保险基金会选派了大约 130 名代表赴柏林参加成员大会。① 监事会则负责制定联合会的章程，监事会人员通过成员大会按照市场占有率决定的各基金会的席位选举产生，最多由 52 名成员组成并选定两名分别代表参保人和雇主的轮值主席。目前，监事会下设五个专家委员会，其中合同与医疗服务委员会为医保谈判提供专业建议。另外，监事会的成员中还将选举产生三名专职成员，组成负责联合会日常管理和对外全权代表联合会的董事会。因此，真正参与 EBM 谈判的谈判者是联合会董事会的三名专职董事，其依照法律和联合会章程的规定，与医疗服务提供方的代表机构谈判并签署合同。

谈判的另一方是 KBV，是由 17 个法定医疗保险基金会医生协会组成的伞式组织，在全国范围内组织管理门诊医疗服务，并在联邦一级代表所有合同医生和心理治疗师的利益。KBV 既是签约医生的联邦一级政治倡导团体，又负有提供合约医疗服务的义务。当涉及联邦一级的立法程序或卫生政策决定时，KBV 需要代表所有合约医生表明政治主张。同时在涉及合约医疗服务提供时，KBV 总是坐在谈判桌旁，讨论法定医疗保险基金提供的服务范围和支付给医生的费用。截至 2017 年底，KBV 官网统计显示，共有 172 647 名医生和心理治疗师成为签约医生，与 2016 年相比增加了 1.6%。KBV 的目标包括：1）致力于恢复诊断和治疗自由；2）改善合约医生的工作条件，使得医生职业更具吸引力；3）为合约医生争取合理的报酬。

以上两方为保障 EBM 谈判的顺利进行建立了一个谈判平台——评估委员会。该平台的设立遵从自我管理原则，由 GKV-Spitzenverband 和 KBV 各自任命三名代表共同组成，其中评估委员会主席由双方代表轮流担任。目前，评估委员会已成为一个常设机构，不仅负责 EBM 谈判，还需承担医疗数据收集、分析及制定各种授权州级机构决

① GKV-Spitzenverband. Self-government for the future：annual report 2017 [R]. Berlin：GKV-Spitzenverband Körperschaft des öffentlichen Rechts Reinhardtstraße 28，D-10117.

策事务的程序规范的职责，并且需要每个季度向联邦卫生部通报该季度合同医疗保障费用与服务结构的最新数据与分析报告。

（3）谈判内容。

EBM 谈判的内容主要涉及两个部分。一部分是合同医疗服务，评估委员会需定期更新所列举的医疗服务项目名称、核查对医疗服务内容的描述以及评估其是否符合医学技术水平和提供服务的范围是否具有经济合理性，并且在可能的情况下，为每一项服务标注合同医生提供此服务所需耗费的时间。此外，根据《社会法》第五册第 73 条的规定，合同医疗服务分为家庭医疗服务与专业医疗服务。由于提供两类服务的医生群体特性不同，服务内容和成本核算也区别甚大，因此评估委员会在确定合同医疗服务的谈判时需有针对性地进行分类谈判。具体而言，在德国，家庭医疗服务由全科医生、儿科医生及其他申请参与家庭医疗保障的医生提供，主要是在了解病人家庭及居住环境的基础上，为其提供常规的诊断、治疗和进一步的医学照顾，并且负责预防与康复措施的落实以及为病人建档归档的工作。而专业医疗服务则是由专科医生提供的除家庭医疗服务之外的治疗性服务。2012 年公布的 EBM 共包含了 671 项医疗服务，其中，家庭医疗服务 192 项、外科和骨科医疗服务 178 项、耳鼻喉科医疗服务 132 项以及内科医疗服务 169 项。①

另一部分是确定各项合同医疗服务之间以点数计算的报酬比值关系，这也是 EBM 谈判的重要内容。比值关系的建立依托于上一步服务项目的确定，并需进一步明确支付方式和在该支付方式下每单位各种服务的价值，依然按照家庭医疗服务和专业医疗服务两类分别核定。在为家庭医疗服务设定联邦标准时，评估委员会主要采用一揽子套餐的支付方式，按照发病率、参保人的特征（性别、年龄）以及不同健

① 朱明君．德国法定医疗保险费用支付制度［J］．中国医疗保险，2012（4）：68－70.

康状况下医疗费用的差别确定支付标准。除此之外，还有针对特别需要的特殊项目支付和为保障医疗服务质量的质量津贴。而目前，针对专业医疗服务设计的支付方式包括基本套餐、附加套餐以及与诊断相关的病例套餐，分别适用于偿付普通治疗情况下医生提供服务的费用，特定治疗情况下因服务提供机构的业绩、结构与质量特征产生的特殊服务费和巨额治疗服务费以及参保人群体治疗的超常费用。以上每个项目最终都会确定一个点数，例如 2004 年 EBM 中常用的医疗服务项目点数如下：咨询 50 点、出诊 200 点（紧急出诊 600 点）、全身检查 320 点、产前保健 1 850 点等。①

（4）谈判程序。

明确联邦标准谈判的主体和内容之后，另一个十分值得注意的就是谈判程序。谈判程序既包括谈判前期的数据与信息收集整理、研究分析，也包括谈判的进行和决议流程，以及最终谈判结果的实施和纠纷处理。关于这一点，德国《社会法》第五册有着十分完备、权责清晰的规定，这也成为德国医疗谈判的鲜明特征之一。关于谈判的前期准备，法律规定："在履行任务时，评估委员会接受研究机构的支持。"② 研究机构一般由医保最高联合会和/或医生联邦协会专门内设，或特殊情况下由联邦卫生部委托第三方。评估委员会对研究机构有选择和管理权，并会制定相应的工作章程和筹资规定。研究机构为评估委员会提供联邦标准谈判的所有相关的分析与报告，如合同医生酬劳、参保人的合同医疗服务、医疗保险基金会的合同医疗服务支出以及参加合同医疗保障的医疗服务提供方的地区分布等情况。而研究机构的报酬则来源于合同医疗保障中每一次门诊及住院治疗收取的特别津贴，

① Busse R, Riesberg A. Health care systems in transition: Germany [R]. Copenhagen, WHO Regional Office for Europe on behalf of the European Observatory on Health Systems and Policies, 2004: 180.

② 参见中国医疗保险研究会内部资料《德国法定医疗保险法：德国社会法第五册》第 87 条第 3b 款。

与医生总酬劳无关。在研究机构正式开展工作前，数据也是一个非常关键的元素。《社会法》第五册第 87 条 3f 款明确指出，保险基金会医生协会及其联邦协会和医疗保险基金会及其联邦最高联合会均需无偿提供相关数据，且医保最高联合会负有汇总数据并向研究机构免费通报的义务。同时，如有必要，评估委员会还可设立数据点或委托他人进行调查和评估，经费仍来自特别津贴。完成谈判前期的准备工作后，接下来就是评估委员会根据研究机构提供的分析和报告，组建分委会和召开工作组会议，对年度联邦统一标准进行多次协商谈判，联邦卫生部可派人列席会议。最终，谈判结果将形成一份关于联邦医疗服务统一评估标准的协定，由评估委员会所有成员投票表决。首次投票，采用全票通过制，当协定内容获得所有成员全票通过时，决议有效；若评估委员会内部未达成一致，则需要扩员后重新投票。此时，评估委员会可由至少两名成员提议，要求增加一位独立董事与两位独立成员。再次投票时，采用多数票通过原则，形成最终决议。在这一过程中，谈判完全由评估委员会成员自主进行，联邦卫生部不予干涉。但联邦卫生部具有最终决策权，评估委员会需在内部达成一致后，向联邦卫生部提交最终决议以及基于决议的咨询材料和对决议起决定性作用的缘由说明。联邦卫生部可直接接纳决议，或者在两个月内驳回决议并要求评估委员会在限期内提供补充说明材料或修改决议内容；若在限期内，联邦卫生部仍未接受决议的全部内容，则可自行委托专家制定联邦医疗服务统一评估标准，相关费用仍由医保最高联合会和医生联邦协会均摊。最终，关于联邦医疗服务统一评估标准的一致决议经过联邦卫生部的批准并通报联邦议会后，正式生效，具有合同协定的法律效力。

由于 EBM 谈判十分复杂而且调整医疗服务项目及价值的需求并不固定，因此 EBM 谈判通常根据需求不定期举行，例如 2005 年 4 月 1 日出台了修订版的 EBM 2000 Plus。随后 2008 年 1 月 1 日，EBM

2008生效，其特点是一次性付款的使用范围比 EBM 2000 Plus 更广。最新一版在2019年1月公布。①

（5）谈判的纠纷处理。

关于EBM的谈判达成一致后，对谈判双方而言，整个谈判尚未结束，还需继续商议至关重要的实施细则，特别是审查标准，以确保谈判结果能够顺利有效地实施。一般而言，审查标准包括：1）是否遵守联邦共同委员会和联邦总合同中确定的资质与质量保证；2）是否遵守法律规定的向医保基金会、医生协会提供的存档义务；3）是否选择与医生直接结算一揽子套餐等。审查标准通常与服务最终的结算挂钩。此外，德国医疗谈判还有一项重要的纠纷处理机制——仲裁。在联邦层面，医保最高联合会和医生联邦协会在联邦卫生部的监管下共同设立联邦仲裁委员会负责仲裁事务。该委员会由人数相同的医生与医保基金会代表、一位独立主席及两位独立成员组成。当成员一方提出仲裁申请时，委员会按照成员多数通过的原则处理与联邦框架合同相关的事务，仲裁结果对所有参与者适用。

2. 门诊服务总费用联邦谈判（Honorarverhandlungen）

2007年改革最大的变化就是门诊服务总费用在联邦层面展开谈判，此前这一内容的决策权被下放到州级自治机构。这样的变动是因为改革将点值法中的“浮动点值”调整为“固定点值”，而为了避免州级谈判设定的固定点值相差较大，违背改革希望平衡区域差异的初衷，于是制定联邦统一基准值的任务便落到了联邦一级自治机构肩上。此外，门诊服务总费用联邦谈判还包含了与发病率相关的总报酬以及各种预算外费用和优先项目补偿费用的谈判。

门诊服务总费用联邦谈判依然是根据法律授权在GKV-Spitzenverband和KBV之间展开，双方以共同建立评估委员会的形式每年定期

① 参见EBM网。

进行。此评估委员会由 GKV-Spitzenverband 和 KBV 各派出 7 名代表组成。如果在第一阶段谈判时，双方未能达成一致，则可由委员会中至少 2 名成员提出申请，组建临时的“扩大评估委员会”，其中除 KBV 和 GKV-Spitzenverband 的成员外，还将增加三名独立成员。双方在扩大评估委员会中，重新提交提案进行第二轮谈判，并就提案进行投票，在每年 8 月 31 日之前得出最终结果。谈判结果经联邦卫生部审议通过后具有强制性，适用于联邦所有合同医生群体和各类医疗保险基金会。

门诊服务总费用联邦谈判的首要法定原则是医疗保险基金必须承担被保险人的全部发病风险。这意味着如果因发病率提高从而导致人口中医疗服务需求增加，医疗保险必须相应提供更多的费用保障。法律还规定在调整联邦统一基准值时，应综合考虑以下因素：通货膨胀率、发病率、人口增长率、人力成本、租金以及与门诊服务日常运营相关的投资和运营成本，再加上基金储备的消耗情况以及在服务数量增加时的成本递减。另外，在谈判中还需考虑对门诊医疗服务发展有引导作用的优先项目以及对医生诉求的回应。

在这些规定和原则的指导下，最终就联邦统一基准值的调整比例、与发病率相关的费用变化、预算外总薪酬增加额以及优先项目补贴四大部分内容经过一至两轮的谈判，最终制定出一个双方一致同意的门诊服务总费用方案，在全国推行并指导州级谈判。最新的谈判结果如表 4-2 所示：

表 4-2　2018 年的门诊服务总费用实施方案（单位：百万欧元）

点数价值调整额	410（增长率：1.18%）
发病率结构的变化额	100
预算外总薪酬增加额	400
由医生开出的非医师手术助理协助费	50
总计	960（增长率 2.5%）

资料来源：作者根据 GKV-S 年度报告整理得出。

3. 门诊医疗服务指标区域谈判

在联邦层面医保谈判决定的联邦统一基准值的基础之上，各州可以根据其医疗服务体系和医疗费用的差异制定“地区点数价格”。[①]关于地区点数价格的谈判每年秋季在州一级 17 个医生协会（Kassenärztliche Vereinigung，KVen）与区域医疗保险协会之间展开，主要还是依据该地区的人口老龄化程度、与诊断相关的发病率变化以及医保基金的预算，最终确定预支多少医疗费用给医生协会。谈判结果必须在每年 10 月 31 日之前确定，如果许可区域或者地区规划范围内超过 50%的合同医生放弃法律规定的合同医生资格，或者拒绝提供合同医疗保障服务，并且监管机关在对医疗保险基金会的州协会、医疗互助基金会和保险基金会医生协会进行听证之后确定当地的合同医疗服务得不到保障，则医疗保险基金会及其协会就要履行保障任务（保障任务移交至医疗保险基金会）。

4.3.2 医院医疗服务基于按疾病诊断组支付的医疗保险谈判

在德国，医院医疗服务的管理与补偿的权力和职责历史上一直属于州或地方政府及同级利益相关方组织。政府负责医院的总体规划和基础设施建设的投入，而与日常运营费用相关的医院预算和服务价格等事项则由疾病基金协会与各个医院和医院协会谈判确定。长此以往，这种方式使得各医院的服务价格相差较大，定价缺乏公平性和透明度，增加了比较与控制医疗费用的难度。在这样的背景之下，德国在 2000 年通过《法定医疗保险改革法案》，在医院服务支付中引入德国版的按疾病诊断相关分组支付方式（German Diagnosis Related Groups，G-DRG），希望用一个更加注重医疗活动本身的支付系统取代以前以历

① 刘芳，赵斌．德国医保点数法的运行机制及启示［J］．德国研究，2016，31（4）：48-63，145-146.

史为基础的医院预算，以实现提高医院部门的效率、质量和透明度的目标。同时，在改革法案中，只概述了新支付系统的基本特征，而将发展和管理未来 G-DRG 系统的责任委托给相关的自治法人团体，只有在其无法在限期内完成任务时才由卫生部出面解决。① 因此，整个 G-DRG 系统的建立与现行的谈判机制是德国多层次多方共同参与的联合自治式医疗保险谈判的再次完整体现，下面将通过分析 G-DRG 系统不同的发展阶段及各方在其中扮演的角色来还原针对 G-DRG 系统的医疗保险谈判。

1. G-DRG 支付系统的创建及联邦参考价格设定——联邦层面谈判

疾病诊断组支付方式是一种经济的医疗病人分类系统，它根据诊断和治疗，将医院病例分为病例组，并根据治疗所需的经济支出进行支付，是对医疗成本与行为的共同控制。② 创建德国 G-DRG，首先需要解决两个问题：一是如何确定疾病分组及编码规则；二是采用何种方法设定每个疾病分组的价格。这些问题根据法律授权应在联邦层面由联邦疾病基金协会、私人医疗保险协会以及德国医院联合会共同协商解决。③ 于是，第一步是三家组织共同建立医院支付制度研究中心（Institut für das Entgeltsystem im Krankenhaus，InEK），作为谈判的技术支持机构与平台，负责建立一套适用于德国的疾病分组规则和编码规则以及将出院病人费用数据作为谈判的科学依据。其中，德国医院联合会负责开发患者分类系统并督促各医院在提供服务时使用；联

---

① Quentin W，Geissler A，Scheller-Kreinsen D，et al. DRG-type hospital payment in Germany：the G-DRG system [EB/OL]．(2023－04－13) [2024－11－30]．https：//www. alexandria. unisg. ch/server/api/core/bitstreams/546bbf52－4b0c－419a－9c2c－061b02ef0534/content.

② 赵斌．住院费用按病种付费：DRGs 与点数法：上 [EB/OL]．中国医疗保险网，2017－11－23.

③ Romeyke T，Stummer H. Interdisciplinary complex therapies in inpatient hospital treatment in Germany：evidence from Germany [J]．Journal of management and marketing in healthcare，2011，4 (4)：208－216.

邦疾病基金协会、私人医疗保险协会则负责收集患者的费用信息并发送给 InEK。经过一年多对数据的初步测试，InEK 在 2002 年编制的第一版 G-DRG 目录共包含 664 个 DRG 组合以及编码规则。以后每年 InEK 还会根据临床病例和成本数据分析并结合医院和医生专业协会的建议更新目录。截至 2010 年，G-DRG 目录中组合个数已增加到 1 200 个。

第二步则是三家组织共同协商选定设定 DRG 组合价格的方法。国际上通行的方法简单来讲有两种：直接定价法和计算费用权重法。① 最终，考虑到直接定价法操作的难度和各州之间价格较大的差异，三家组织共同选择了计算费用权重法作为 DRG 的定价方法，计算公式如下：DRG 支付标准＝DRG 费用权重×基础支付标准以及每日费用支付标准＝DRG 支付标准/平均住院天数。② 经过前两步的工作，联邦疾病基金协会、私人医疗保险协会以及德国医院联合会对 G-DRG 系统的创建已基本完成。

第三步需要进行的是关于联邦参考价格的谈判。每年，联邦疾病基金协会与德国医院联合会会对 G-DRG 的价格变动上限在联邦层面进行谈判，谈判结果对全国所有关于医院服务价格的谈判都具有约束力。具体来看，每年谈判前，双方会首先收集数据计算谈判指标：联邦疾病基金协会会根据当年保险费收入情况计算得出年平均相对变化率，而同时德国统计局会根据医院特定的通货膨胀率计算公布一个基于价格指数的定向值。当保费年平均相对变化率高于定向值时，双方无须真正谈判，只用签订合同同意采纳保费年平均相对变化率作为 G-DRG 的价格变动上限即可；而当定向值高于保费年平均相对变化率

① Schreyögg J，Stargardt T，Tiemann O，et al. Methods to determine reimbursement rates for diagnosis related groups（DRG）：a comparison of nine European countries［J］. Health care management science，2006，9（3）：215－223.

② 朱明君．德国法定医疗保险费用支付制度［J］．中国医疗保险，2012（4）：68－70.

时，双方则需根据两个指标之差进行谈判，确定一个中间指标作为 G-DRG 的价格变动上限。若双方无法就价格变动上限达成一致，则由联邦共同委员会中的医院部门的仲裁委员会进行裁决。在这个仲裁委员会中，医院和疾病基金的代表拥有平等的投票权，还有一名独立主席。若获得主席的支持，委员会可以根据其中一方的投票来执行一个决定。最终，根据前一年的价格以及谈判确定的价格变动上限，设定联邦参考价格。

经过这三步的谈判，G-DRG 的基本框架和费用上限已在联邦层面确定，可以看到这是一个完全由自治机构自主建立起来的系统，各方既相互配合推进工作，又代表各自的成员对系统提出建议、争取利益，形成了一个十分良好的联合自治模式。

2. G-DRG 州级基础支付标准的确立——州级层面谈判

关于 G-DRG 的州级层面谈判，是在联邦已经确定的框架下，由疾病基金州协会与 16 个区域医院联合会根据各州的实际情况和区域差异对指标具体数值进行的谈判。根据 DRG 支付标准的计算公式可知，其中包含两个重要指标，即 DRG 费用权重和基础支付标准。DRG 费用权重是指每个 DRG 的实际成本与德国医院所有病例的平均成本的比较，可由经验数据得出。因此，州级层面谈判的重点内容就是 G-DRG 州级基础支付标准的确定。

G-DRG 州级基础支付标准的谈判在 2005 年首次展开。在此之前，G-DRG 系统一直采用的是每个医院特定的基础支付标准，由地方谈判决定的医院预算除以医院的病例组合得出。但在实际运行中发现，各个医院的基础支付标准差异很大，绝大多数医院从 2 200 到 3 200 欧元不等，受医院所在区域和自身规模影响。① 这样的差异在引入 G-DRG

① Quentin W，Geissler A，Scheller-Kreinsen D，et al. DRG-type hospital payment in Germany：the G-DRG system［EB/OL］．（2023－04－13）［2024－11－30］．https：//www. alexandria. unisg. ch/server/api/core/bitstreams/546bbf52－4b0c－419a－9c2c－061b02ef0534/content.

系统后被认为是不公平的，因此，政府希望引导受路径依赖影响的医院从特定基础支付标准转变为州内统一的基础支付标准，并将其制定权交由州级自治组织。于是，疾病基金州协会与区域医院联合会就 G-DRG 州级基础支付标准谈判就此展开。根据《医院费用法》，谈判中需要考虑的前瞻性因素包括医院发展的预期成本、结构效率、预期生产力发展、额外数量（反映规模经济）或预期将提供的病例组合变化等。在根据这些因素的谈判中，区域医院联合会主张在投入价格不断上涨和相关成本增加的情况下提高基础支付标准，而疾病基金州协会则集中在提高生产力和增加产量的讨论上，因为这些因素都能降低所有医院服务的整体价格。最终，各个州每年都会颁布一个 G-DRG 州级基础支付标准。但在 2005—2009 年，该谈判结果只是按一定比例运用到各家医院的 DRG 基础支付标准计算中，例如 2005 年的计算为州级基础支付标准×15%＋医院特定的基础支付标准×85%，2006 年为州级基础支付标准×35%＋医院特定的基础支付标准×65%，直到 2009 年才实现州内统一。

然而，这样的州级谈判仍然存在州间费用差距过大影响公平性的问题。以 2009 年的数据来看，各州之间的支付标准从 2 777 到 3 073 欧元不等，卫生部下属研究机构认为这仍是由历史定价模式造成的。[①] 因此从 2010 年起，在 G-DRG 州级基础支付标准谈判中引入了上文提到的联邦参考价格来限制州级标准的范围。每年，在联邦层面完成对联邦参考价格的谈判后，州级自治组织双方应在参考价格浮动区间内（－1.5%～＋2.5%）进行州级基础支付标准谈判。以 2014 年的谈判结果来看，联邦谈判决定的价格变动上限为 2.81%，使得联邦参考价格为 3 157 欧元，因此参考价格浮动区间为 3 117～3 236 欧元。在此指导下的州级谈判中，16 个州里有 9 个州没有真正进行谈判，而是直

① Klein-Hitpaß U, Scheller-Kreinsen D. Policy trends and reforms in the German DRG-based hospital payment system [J]. Health policy, 2015, 119 (3): 252 - 257.

接接受了参考价格的下限标准，即 3 117 欧元，因为低于此标准的结果是不能被接受的。而在其余开展谈判的 7 个州中，基础支付标准从 3 145 到 3 325 欧元不等，大大缩小了各州之间的差异。① 这样一来，州级谈判的权限实际受到了较大的限制，整个 DRG 基础支付标准趋向全国统一。

3. G-DRG 系统下的医院预算与价格差异的确立——社团层面谈判

德国医院预算一直以来由每个疾病基金与各个医院之间经双边谈判决定。在引入 G-DRG 系统后，医院医疗服务被分成了各种程序和诊断组合并且由联邦和州级自治组织谈判确定相应的基准价格，因此当前的医院预算谈判变成了疾病基金与各医院间关于医疗服务内容、数量以及因标准数量差异引起的补偿额变化或风险分担机制的谈判。具体来讲，通常情况下，如果疾病基金的被保险人占到医院治疗患者的 5%以上，那么疾病基金会参与与该医院的集体谈判，共同协商疾病基金在该医院购买的服务数量和内容，并确定一个支付比例。例如，如果医院超出谈判确定的服务数量，将面临 65%的降价支付。相比之下，如果医院提供的服务低于预期约定的水平，医疗保险基金仍将支付预期约定金额的 20%。这样的约定有助于对实际交付的服务按照前瞻性谈判约定进行评估。

4. 小结

综上所述，德国医院服务的医保谈判是基于 G-DRG 系统的建立与发展进行的。在《法定医疗保险改革法案》和《医院费用法》两部法律的指导下，德国的医保谈判完全由疾病基金和医院的自治机构在联邦、州和社团三个层面分别展开，既有纵向的指导与限制，又有横向的合作与协商，每年还会根据支持机构的数据不断更新调整，这是整个德国医疗保险谈判机制的完美缩影。

① Klein-Hitpaß U, Scheller-Kreinsen D. Policy trends and reforms in the German DRG-based hospital payment system [J]. Health policy, 2015, 119 (3): 252-257.

4.3.3 整合医疗服务谈判

长久以来，德国医疗服务体系的门诊与住院医疗服务之间是高度分割的，各部门医疗机构之间利益不一致，缺乏沟通和协作，导致整个医疗体系运行效率低下，这一直是医疗改革中亟须解决的问题。2000年，德国出台了关于整合医疗服务的新规定，其目的在于通过疾病基金与分属不同部门的医生以个人或集体合同的形式签约，为参保者提供综合性的医疗服务，以加强门诊医生与医院之间的合作。随后在2002年又引入了疾病管理计划，旨在加强初级医疗服务与专科医疗服务、门诊治疗与住院治疗在慢性病管理中的协作，增加对慢性病患者的早期干预与跟踪沟通，使慢性病患者能获得更好的医疗服务并且降低住院治疗引发的昂贵费用。① 2004年颁布的《法定医疗保险现代化法案》通过厘清整合医疗服务中各方的职责，明确指出："整合医疗服务不仅包含跨部门的医疗服务合作，也包括在同部门中不同专业医生之间的合作。疾病基金可单独与整合医疗服务提供者谈判和签订合约，无须经过州级医生协会的批准。"在此之后，整合医疗服务谈判正式在德国全面展开。

整合医疗服务谈判在疾病基金与单个或一组医疗服务提供者（也包含医院、康复机构等）之间展开。谈判内容包括整合医疗服务的数量和预算、支付标准和方式以及质量考核指标等。所有的谈判内容需符合G-BA针对整合医疗服务颁布的联邦指令，通常按照服务充分、适当和高效的原则，确定服务内容和行为指南。疾病基金可采用选择性合约工具，根据参保者的需求、医疗服务质量，只与部分医疗服务

① 李玲，徐扬，陈秋霖．整合医疗：中国医改的战略选择［J］．中国卫生政策研究，2012，5（9）：10－16．

提供者签约。签约的医生可不再承担与州级医生协会签订的集体合同的服务内容。疾病基金每年从门诊与住院医疗服务预算中划出大约1%的资金用于支付整合医疗服务的费用，支付方式可以按服务项目，也可以按服务人次。患者自愿参与，并可根据自身需求与疾病基金、医疗服务提供者协商整合医疗服务方案。

负责记录整合医疗服务合同信息的机构的报告显示，从 2004 年起，整合医疗服务合同签订的数量不断增加，从最初的不到 1 500 份，急速上升到 2011 年的 6 340 份。75%的疾病基金（占法定医保覆盖人口的 95%）签订了整合医疗服务合同。2011 年，参与整合医疗服务的人数接近 200 万，支出总额约为 13.5 亿欧元。[①] 具体情况参见表4－3：

表 4－3　2004—2011 年整合医疗服务谈判概括：合同数量、参与者和支出

	2004	2005	2006	2007	2008	2009	2010	2011
合同数量（份）	1 480	3 450	4 880	6 070	6 400	6 260	6 370	6 340
涉及的参保人（千人）	680	2 970	3 760	3 960	NA	1 635	1 770	1 925
总支出（百万欧元）	250	500	650	770	NA	1 224	1 353	1 352

注：表中 NA 表示该年数据未能获取。

同一份报告显示，在所有签订的合同中，有 16%的合同涉及一家或多家医院（作为直接合同伙伴）；18%仅涉及医院和私人执业医师；11%涉及医院和康复设施；30%仅涉及私人执业医师；2%涉及康复机构和私人执业医师；2%涉及康复机构私人执业医师和医院；19%涉及其他医疗保健提供者。由此可见，整合医疗服务谈判的实施极大地促进了各部门各专业的医疗服务提供者的合作。

① Busse R，Blümel M. Germany：health system review［R］. Health systems in transition，2014，16（2）：198.

4.4 案例分析：2013—2018年德国门诊服务总费用联邦谈判

德国医疗保险费用联邦谈判自2009年起每年在GKV-Spitzenverband与KBV之间展开，谈判包含三大主要内容：EBM中的点数价值调整、与发病率相关的总报酬确定以及为实现年度优先目标的预算外费用变化。下文回顾2013—2018年德国医疗保险费用联邦谈判的历程与关键点，以期进一步分析联邦谈判的模式与特点。

1. 概括回顾

在2013年至2018年间，德国门诊服务总费用联邦谈判每次都在GKV-Spitzenverband与KBV之间达成了一致，导致费用增长的因素与费用增长率基本稳定，点数基准价值的增长率始终控制在2%以下，但预算外费用的金额和占比逐年增加。详细情况见表4-4。

表4-4 2013—2018年德国门诊服务总费用联邦谈判结果

年份	由点数基准价值变化带来的费用变化			由区域变化率带来的费用变化			预算外费用变化（亿欧元）	总费用变化额（亿欧元）
	变化率（%）	点数基准价值（欧分）	费用变化总额（亿欧元）	诊断相关发病率相关变化率（%）	人口老龄化带来的变化率（%）	费用变化总额（亿欧元）		
2013	1.3	10.13	3.6	1.4	0.41	0.9～3.0	1.4	NA
2014	1.4	10.271 8	4.62	NA	NA	1.0	2.64	8.26
2015	1.6	10.436 1	5.5	2.1	0.2	2.5	NA	8.0
2016	0.9	10.530 0	3.15	1.17	0.19	1.7	3.3	8.15
2017	1.18	10.654 3	4.38	0.66	−0.02	0.793	4	9.17
2018	1.58	10.822 6	5.5	NA	NA	0.7～0.8	NA	6.2

注：表中NA表示数据未获取。

2. 谈判主题的确定与变化

德国医疗保险费用联邦谈判虽说是关于医疗保险支出费用与医生薪酬的谈判，但在每年谈判之前 KBV 都会提出新的诉求，并与 GKV-Spitzenverband 一起确定当年谈判的主题。2013 年的谈判主题为心理医生的诉求，KBV 代表心理医生提出，心理医生应享有专项医疗费用补偿，谈判最终确定未来医疗保险基金需额外支付心理治疗费用。心理治疗费用的增加不再以专科医生费用补偿为代价，法定健康保险基金必须在未来支付他们为被保险人批准的任何心理治疗费用。2014 年的谈判主题为提高特殊门诊医疗服务的可得性，包括家庭护理和专科医疗服务。为此，KBV 与 GKV-Spitzenverband 进行了激烈的交锋，最终 GKV-Spitzenverband 拒绝了在未来一年内将特殊的门诊医疗费从与发病率有关的总薪酬中扣除的请求，取而代之的是提供 1.4 亿欧元的额外预算以实现该目标。2015 年的谈判主题为重新思考医生的薪酬安排，一方面，KBV 提出：(1) 获得与医院医生同等的薪酬待遇。这一年的谈判由于医疗改革的进行发生了较大的变化，“整合医疗服务的提出”，使得医院医生也可成为签约医生从而提供合约门诊医疗服务，因此导致 KBV 的医生成员有了追求同等待遇的需求。(2) 继续促进特殊的门诊医疗服务获得。另一方面，GKV-Spitzenverband 为进一步满足参保人的医疗服务需求和降低医疗费用成本，提出在非服务不足的地区也使用合格的非医生的医务助理人员。该提议遭到了 KBV 的强烈反对，但最终也获得了 1.32 亿欧元的特别预算。2016 年的诉求比较简单直接，就是要提高 EBM 中的点数价值，双方也较快达成一致。2017 年 KBV 要求将所有实验室服务排除在与发病率相关的总报酬之外。该要求遭到了 GKV-Spitzenverband 的拒绝，双方没能在评估委员会的范围内达成一致，造成了谈判的延期，最终组建了扩展评估委员会。作为费用谈判的一部分，扩展评估委员会授权 KBV 和 GKV-Spitzenverband 谈判以实现更好的控制手段。因此，KBV 不再排除实验室服务的预算外报酬。需求的背景是，没有医疗保险公司提供相应的资金，实验室服务的数量逐年大幅增加。2018 年，KBV 提出医生出诊需要更好的补偿以及为了维护数据安全及数字化实践所需的额外费用。第二个诉求得到了较好的回应，但在第一轮谈判中，GKV-Spitzenverband 拒绝了 KBV 提出的提高医生出诊费用的要求，仅将其纳入 EBM 的发展议题中。此举被 KBV 视为拖延战术，导致费用谈判休会延期，并迫使其再次组建扩大评估委员会。委员会要求 KBV 提供更多的数据证明。KBV 的副主席谈道："这是漫长而艰难的谈判，结果总是有点令人沮丧。但至少这次谈判表明，自治系统有能力采取行动——不一定总是让双方热情鼓掌，当然这是妥协的本质——但我认为，向立法者发出的信号也应该被听到。我们有一个正常运作的自治系统，保持它而不是缩小它的范围当然是有意义的。"①

综上可见，双方均认为，医保谈判是一个非常好的诉求回应机制，反应迅速，能够体现出一个运行良好的联合自治系统，不应被政府大加干预。

3. 谈判核心内容：费用的调整与变化

联邦费用谈判的核心内容为三大部分费用的确定：EBM 中的点数价值调整、与发病率相关的总报酬确定以及为实现年度优先目标的预算外费用变化。

首先，关于点数基准价值调整的谈判，本质来看是谈判双方对于影响医疗服务价格因素的数据搜集与计算，一般而言会涉及通货膨胀率、人力成本、租金、应考虑与医疗实践相关的投资和实践成本。此外，计算中还应包括经济储备的消耗以及在案例数量增加时的一般成本递减。按理来说，有客观数据支撑是比较容易达成一致的。但在每次谈判中，KBV 和 GKV-Spitzenverband 之间仍存在非常大的分歧。

① 参见 KBV 网站。

GKV-Spitzenverband 始终坚持着稳定费率的谈判原则，目标是将医生报酬的年增长率控制在 2%以下，而 KBV 综合各方面的价格因素往往会提出一个较高的增长率。例如在 2017 年的谈判中，GKV-Spitzenverband 提出沿用去年的增长率 0.9%，而 KBV 认为应为 2.43%，结果导致矛盾激化；在 2018 年的谈判中 GKV-Spitzenverband 的报价为 0.2%，而 KBV 希望将点数基准价值提高至约 4.7%，直接导致 KBV 首席执行官公开表示这是一轮令人失望的谈判，并指责医保的态度是可耻的。因为在关于点数基准价值的计算中，KBV 不仅引用增加的人事、租金等成本作为理由，还声称实施更严格的卫生条例和一般数据保护条例导致实际中产生了高额的额外支出。但从最终结果来看，关于点数基准价值调整的谈判虽在每次谈判之初最容易引发冲突，但最后往往能实现合理妥协，最近六年来看均维持一个相对平稳的、低于 GDP 增长率的增长趋势。这一方面是因为 GKV-Spitzenverband 十分重视点数基准价值增长的控制，态度十分强硬；另一方面也是因为 KBV 找到了其他获得额外报酬的途径，即不断寻求预算外补贴。由此可以看出，点数基准价值调整谈判实际上存在多项缺陷：一是并未能准确反映出医疗服务实际成本及对应价格；二是控制医疗费用增长的能力较弱、作用不强；三是点数价值谈判不涉及点数，即并不能纠正 EBM 中不正确的估值。这些缺陷导致谈判不是真正意义上的费用谈判。

其次是与发病率相关的总报酬确定。确定总报酬相当于为整个门诊医疗服务费用设定一个总预算，该预算是根据发病率与人口统计学特征（人口增长率、人口老龄化程度）等因素确定的，体现了立法者要求医疗保险基金必须承担其被保险人的全部发病风险。这意味着：如果疾病的数量增加从而导致人口中的治疗需要增加，那么健康保险必须提供相应的更多的钱。人口老龄化和诊断相关发病率的平均值是一个建议值，具体数字还需要在州一级由 KVen 和保险公司谈判得出。

这一谈判的冲突较小，双方往往能够较快达成一致，特别是由于此项预算实际上是一个软约束，后一年会根据前一年发生的实际情况进行增补。例如 2017 年的费用谈判就达成了对 2015 年与发病率相关总报酬的追加付款决议，12 个医生协会将获得 2015 年的追加付款，共计 850 万欧元。原因是与发病率相关的治疗需要在一年内比预期增加更多。根据法律规定，在这种情况下，健康保险公司有义务随后提供额外的资金补贴。当然，该项谈判也存在待解决的问题，一是结果只是一个建议值，二是各个 KVen 和保险公司的谈判能力强弱差异会造成区域之间医生薪酬所谓的“不合理的差异”。

最后是为实现年度优先目标的预算外费用变化。一开始，GKV-Spitzenverband 希望通过提供额外的资金支持，引导医疗服务提供方式的结构式改革，突出每年医疗领域的优先发展目标。但在后来的发展趋势中，预算外费用迅猛增加，占总费用支出的比例不断提高，成为 KBV 满足其报酬增加需求的重要途径。如图 4－2 所示：

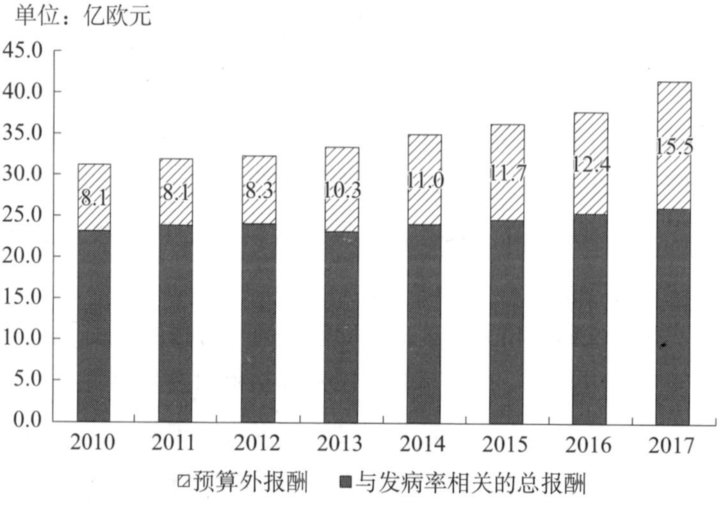

图 4－2　2010—2017 年合约医疗服务费用支出情况

因此，每年的预算外费用谈判越来越成为医疗费用谈判的重点。

其优点是能够通过激励机制使得费用使用更具有针对性，但缺点也很明显，会严重影响科学化、整体化的费用控制计划，也造成了医生群体内部利益的分化，容易引起医生群体间的矛盾。

4. 谈判的艰难程度

在 2013—2018 年的六次谈判中，组建扩大评估委员会进行两轮谈判的情况占到了一半。以 2017 年充满冲突的谈判为例，在首轮谈判中 KBV 提出三大条件：一是从 2018 年 1 月 1 日起将门诊服务点数价值提高 2.43%，这会增加大约 8.4 亿欧元的基金支出；二是与发病率相关的报酬额增加 5 亿欧元，用于资助 EBM 中统一费率评估较高的服务；三是将实验室服务的费用从与发病率相关的报酬转移到预算外总薪酬。这三项提议会使 2018 年用于合同医疗服务的基金支出增加 17 亿欧元左右。而作为回应，GKV-Spitzenverband 认为点数价值的增长是没有依据的，因为其增长率已高过了医院服务费用的增长，所以拒绝了 KBV 的这一要求，并提出 2018 年的点数价值应保持与 2017 年相同的水平。在不同的初始提议基础上，评估委员会就点数价值的谈判未能达成一致，但对于发病率结构的变化（将非医生手术援助纳入与发病率相关报酬的范围内）以及将医疗规定的援助转为与发病相关的报酬达成共识，通过了决议。第二轮谈判组成扩大评估委员会就调整点数价值的提案进行投票。在扩大评估委员会的投票中，GKV-Spitzenverband 与大多数非党派代表投票反对了 KBV 的点数价值调整方案。最终决定：从 2018 年 1 月 1 日起，点数价值提高 1.18%（大约增加 4.1 亿欧元）。由于这一结构性调整的采纳，其他关于增加报酬额的建议都被拒绝了，最终达成一个总增加额为 9.6 亿欧元的方案。

由此可见，在德国的医疗保险谈判机制下，极少会出现拒绝谈判、谈判僵局或破裂，双方始终能够在规定的时间期限内相互妥协。因为双方有一个最重要的基本共识就是维护联合自治的机制，减少政府对医疗领域的干涉。因为，德国法律规定，若通过评估委员会以及扩大评估委员会的谈判仍未能达成一致，则会由联邦卫生部单独制定相关标准并强制实施。但也有批评意见指出，全国费用谈判关注点是影响医疗价格的因素之一——点数价值（定向值）但不涉及点数，这并不能纠正 EBM 中不正确的估值。此外，定向值的调整和治疗需要的确定都基于标准化的程序，使得其并不是真正的费用谈判。

4.5 德国社会医疗保险谈判机制的特点分析

4.5.1 谈判在完备的法律与组织章程指导下进行

德国的医疗保险谈判特点之一是有完备的法律制度和组织章程规范。首先最重要的是，德国《社会法》第五册使用一整章的内容阐述了医疗保险基金会与医疗服务提供机构的关系，明确规定了联邦谈判和州级谈判的相应主体及其法律地位、谈判内容、谈判流程及最终的责任归属与纠纷处理，是整个德国医疗保险谈判的基石。不仅如此，因特定原因谈判无法进行时，法典还会直接颁布法定解决方案，例如法典详细规定了合同牙医的服务规范和报酬标准。其次，还有针对签约医生颁布的《医疗保险医生法》和针对医疗保险组织颁布的《社会保障自治管理法》。两部法律共同规定和明确了参与谈判的主体及其公法人的地位。最后，德国每次需要引入新的谈判内容时，一定是立法先行，医疗保险机构与医生组织只能在法律规定的框架内进行谈判，不能擅自增减谈判内容和项目，否则属于违反《反竞争限制法》。

除了有完善的法律体系作为保障外，谈判中涉及的具体事务也应有章可循，即必须遵循谈判主体双方组织的章程。章程详细规定了本组织参与谈判人员的选取规则、制定谈判方案的标准与期限、谈判所需技术支持机构的选取与费用分担等内容。谈判双方按照章程按部就班地进行谈判，尽可能避免组织自身的变动对谈判的影响。

完备的法律与组织章程既为德国医疗保险谈判提供了制度化的规范框架，又在一定程度上避免了外界环境变化对谈判稳定性的影响，使得谈判能够定期定时举行，为谈判双方及所有参保者提供了稳定的预期。

4.5.2　谈判主体是平等自治的公法人

德国医疗保险谈判的参与主体都是由利益相关方组成的自治机构，并被法律赋予承担社会公共责任的公法人地位。首先，德国社会医疗保险一直由坚持自我管理原则的医疗保险基金及协会共同经办管理。大部分医疗保险基金中具有决策权的管理委员会都由参保人和雇主双方按照同等数目选举出来的代表组成，唯一例外是替代性医疗保险基金的成员全部来自参保者一方，在此基础上建立起来的医保基金协会与联邦联合会同样也由各成员医保基金从参保人和雇主代表中按比例选派人员。例如，在联邦法定健康保险基金协会的成员大会中，每个医保基金可选派一名参保者代表和一名雇主代表，代表的投票权与各自医保基金的市场份额一致。此外，自治原则同样适用于医疗服务提供方组织。例如，法定医疗保险基金会医生联邦联合会就是在强制性会员资格和民主选举的代表的基础上建立的。自治的谈判主体在医保谈判中具有独特优势：一是谈判更具有代表性。在自治组织中，利益相关方拥有投票权和决策权，能够在最大程度上解决谈判中可能出现的代理问题，避免谈判目标的偏离。二是谈判更具专业性。由于谈判中会涉及大量的专业知识和数据，自治组织能够灵活吸引人才。三是谈判结果更容易执行。由于利益相关方已经通过谈判解决了冲突问题，结果是意愿一致的表达，因此在执行过程中阻碍会较小。

其次，所有医保谈判的主体都是被法律赋予公法人地位的机构。

法律规定："医保基金在捍卫成员利益的同时，在符合法律规定及其他符合其行政任务范围内拥有自治行政权并自行承担责任。"① 这又被称为"保险人自治行政原则"。同时，法律还规定每个州必须依法成立签约医生工会——公法组织，每一名与医疗保险签约的医生都必须成为其会员。每个医生工会都有义务确保其每一位成员充分了解在签约医疗保险计划下的工作要求和收入标准，并由其下设的检查委员会负责对医生的行为进行监督管理，特别是处方有效性和经济合理性。② 具有公法地位的谈判主体同样好处颇多：一是主体资格明确，不存在代表性和合法性的争议。二是从法律上保障了双方的平等地位，既不存在行政管理关系，又不是单纯的商业合作关系，在很大程度上，避免了因权力压迫或市场势力不均衡导致的不公平谈判的出现。三是公法人性质使得谈判主体双方的目标更加多元化。除了捍卫各自成员的经济利益外，还需考虑社会责任和公众权益的保障，使得德国医保基金和医生工会能够始终以公法人机构的方式参与到医保谈判中，而不会因为市场竞争和份额的分散而影响到谈判的目标、决策和效率。

4.5.3 谈判过程是以联合自治为基础的非零和博弈

谈判本质上是多方利益博弈的行为，德国医疗保险谈判也不例外。而从整个德国医保谈判的过程来看，虽然各方也会因利益或目标冲突而暂定或延后谈判，但大多数时候双方都以寻求共识、相互合作的原则进行谈判并最终经过妥协达成一致，其原因在于德国医保谈判的理念基础是联合自治。首先从形式上来看，谈判通常以双方共同组建的

---

① 劳动和社会保障部，德国技术合作公司．德国医疗保险概况［M］．北京：中国劳动社会保障出版社，2000：136.

② Coppini M A, Illuminati F. Relations between social security institutions and the medical profession [J]. International social security review, 1968, 21 (2): 198-287.

评估委员会或共同委员会为平台进行。这样的平台是一个常设机构，除了谈判时举行会议外，平常还共同负责与谈判相关的数据资料的收集处理，使得委员会中的成员在平日就有许多交流沟通的机会，并通过长期合作建立了信任关系。这使得谈判各方在遭遇矛盾冲突时，更倾向于妥协合作。其次更为重要的是谈判各方都有在医保治理中维持联合自治机制的愿望，将其视为抵制政府干预的有力武器。因为根据法律规定，在各项医保谈判中，如果最终没能达成一致，德国卫生部门有权单方面出台相关政策和标准。这样的结果是谈判主体各方都不想看到的。所以，从一开始，参与谈判的各方就将达成共识与合作作为谈判原则，秉持愿意谈判和相互谅解的态度展开谈判。同时在谈判产生分歧时，往往会选择共同组成扩大评估委员会或仲裁机构裁决，而不愿将决策权交由政府部门。最后，整个德国医保谈判可被视为一个长期合作的博弈。谈判主体各方都是公法人性质机构，维护社会医疗保险制度的稳定性和可持续性是双方的共同目标。因此，在每一次的谈判中，虽然双方针对具体事项和利益意见不能完全达成一致，但也不急于一次求成，而更倾向于保持良好合作关系，在往后的谈判中逐步推进、相互妥协。

4.5.4　医保谈判受公法保护，谈判主体没有罢工权

在许多国家的医疗保险谈判中，作为谈判主体之一的医疗服务提供者协会通常拥有号召和组织其成员进行罢工的法定权力。罢工权既可以在谈判期间当作警示手段，又可以在谈判结果不满意时作为最后威胁，迫使医保方作出妥协。但在德国的医疗保险谈判中，医疗服务提供者却没有罢工权。这是由于所有的医生协会及联合会或医院联盟都是公法人性质的机构，没有组织罢工的权力。这是在德国医疗保险谈判机制建立起初，谈判各方相互妥协达成的共识，即以公法人的平

等地位换取医生的罢工权，以维护整个医疗系统的稳定。而在这样的机制中，谈判主体的权利是受到公法保护的。德国《社会法院法》对于所有涉及法定医疗保险事务的公法性争议均提供了相应的法律保护。医疗保险方和医疗服务提供方（也包括所有的依据公法法人形式组织设立的协会或联合会）就法定医疗保险事务发生争议，根据《社会法院法》第 51 条第 2 款的规定可诉诸社会法院。同样，因医疗保险方和医疗服务提供方共同委员会的某一决定引起争议（比如因为仲裁机构的仲裁意见），或因为医疗保险基金或其联合会作出的某一决定或合同条款引起争议，也可由社会法院法官进行裁判。①

这样的谈判保障机制有效地维护了医疗系统的稳定运行，避免了罢工对满足参保者医疗服务需求的影响和对社会经济造成的破坏，同时也能促进谈判各方长期合作和信任关系的建立。

4.5.5 政府在谈判中是中立协调者

德国政府对社会医疗保险的行政管理主要是宏观政策制定和监督，通过联邦卫生部和联邦社会保险局实现。在政策制定方面，德国政府将联合自治原则贯彻到底，许多关于医保制度本身的政策都交由跨部门组成的联邦共同委员会全权决定，如合约医疗服务的内容、G-DRG 的引入等，这在大多数国家都属于卫生部门或社保部门的职责。而在监督方面，法律对德国政府干预医疗事务有诸多明显的限制，政府只能在法律规定的范围内行使监督权和最后裁决权。而由于联合自治的存在，参与谈判的各方对政府实际存在一种共同抵抗的合作关系，所以最后裁决权实际上很少被应用。此外，当谈判出现纠纷时，各方可诉诸社会法院解决，而无需政府的干预。

---

① 劳动和社会保障部，德国技术合作公司．德国医疗保险概况［M］．北京：中国劳动社会保障出版社，2000.

但在分析德国医疗保险谈判近年来的改革措施中也发现了政府干预的不断加强。政府尝试进一步为各谈判主体设定明确的谈判边界和规则，让其在这些框架下进行谈判，并对可能出现的冲突和问题加以监控和调整。①

① 刘芳，赵斌．德国医保点数法的运行机制及启示［J］．德国研究，2016，31（4）：48－63，145－146.

第5章 市场竞争型谈判：荷兰社会医疗保险谈判机制

荷兰是一个由国王领导但行政权属于议会和政府的单一制国家，其本土人口总数约为1 744万。荷兰人口健康水平良好，世界卫生组织2016年的数据显示，荷兰居民出生时平均期望寿命达80.4岁，女性平均期望寿命更高，达83.1岁。不仅如此，在同年测算中荷兰居民出生时平均健康预期寿命为81.8岁，在欧洲属于领先水平。① 这当然与其完善的社会医疗保障制度和医疗服务体系密不可分。

① 参见世界卫生组织网站。

5.1 荷兰医疗保险计划与医疗服务供给体系概况

5.1.1 荷兰社会医疗保险制度概况

荷兰的社会医疗保险制度始建于1941年，虽然在此之前政府就出台过《疾病法》（Ziektewet）来干预医疗保险市场，但直到1941年由于德国的入侵才建立起第一个强制性医疗保险制度。制度选用了当时德国的模式，强制收入低于一定水平的雇员参与，由雇主和雇员等比例共同缴费，为雇员及其家属提供统一的实物形式的医保待遇。而其余人群的保障则分为两类：一是未就业人员，可自愿选择参保；二是收入高于法定标准的，只能通过购买私人医疗保险获得保障。因此，荷兰当时的医疗保险市场被分割为三大块：社会医疗保险、自愿医疗保险和私人医疗保险，这样的结构一直延续多年。在此基础之上，1966年荷兰颁布新的《疾病基金法》（Ziekenfondswet，ZFW）尝试建立一个覆盖全民的强制性大病医疗保险制度，但在1968年被缩减待遇范围的《特殊医疗费用法》（Algemene Wet Bijzondere Ziektekosten，AWBZ）取代。在随后几十年中，荷兰政府一直希望将分割的医保制度逐步统一并增加医疗保健领域的竞争性，为此先后在1986年、1987年、1992年颁布《促进医疗保险获得法》（Wet op de Toegankelijkheid van Ziektekostenverzekeringen，WTZ）、德克计划（Dekker Plan）和西蒙斯计划（Simons Plan），但并未实现目标。直到2006年《医疗保险法》（Zorgverzekeringswet，ZVW）实施，才彻底改变了荷兰延续了半个多世纪的医保制度安排，取消了公私医保计划的区别，要求每位荷兰公民必须从保险公司购买基本医疗保险，首次建立起全民统一的法定基本医疗保险制度。此外，这次改革最重要的是将医保和医疗服务均交由私人公司提供，并在保险公司和医疗机构两大市场中引入“有管理的竞争”机制，并赋予参保者更多的自由选择权。改革试图在政府的调控下，促进保险人之间的竞争，也刺激医疗服务供给者在价格、服务质量等方面的竞争，最终达到控制医疗费用、提高医疗质量等目的。① 2015年，AWBZ也被统一纳入Zvw制度体系下，形成了一个覆盖整个治疗医疗服务领域的医疗保险制度安排。

目前，在Zvw计划下，所有居民（以及缴纳荷兰所得税的非居民）必须从私人保险公司购买社会医疗保险。截至2014年底，仅有3万人未参保，覆盖率超过99.8%。② 荷兰每年医疗保健支出约占GDP的10.8%，其中大约60%的医疗预算被分配给根据Zvw提供的服务。③ 荷兰统计局数据显示，2021年，Zvw医保计划共支出335.39亿欧元，占整个治疗医疗服务费用支出的81.58%。④ 其政策框架与制度现状参见表5-1。其中需重点关注的是与谈判机制密切相关的医保管理体系，它是在“有管理的竞争”原则的指导下，由政府、私人医疗保险公司与医疗服务提供者组织共同治理的系统。中央政府全面负责制定卫生保健优先事项，必要时引入立法变更以及监测准入、质量和成本，特别是由荷兰卫生、福利和体育部（Volksgezondheid，Welzijn en Sport，VWS）负责确定提供给荷兰所有居民的基本医疗保险套餐的内容和规模。此外，荷兰医疗保健局（Nederlandse Zorgautoriteit，NZa）负责协调和管理保险公司与医疗服务提供者的谈判与互动，并为部分医疗服务制定管制价格或最高参考价格。私人保险公司负责医疗保险的日常管理和运营，2014年，市场上有26家医疗保险公司，其中，四大公司的市场份额在13%到32%之间，共同覆盖了90%的

① Bartholomée Y，Maarse H. Health insurance reform in the Netherlands [J]. Eurohealth，2006，12 (2)：7-9.

② Wammes J，Jeurissen P，Westert G，et al. International profiles of health care systems：the Dutch health care system [R]. New York：Commonwealth Fund，2017.

③ Volksgezondheid，Welzijn en Sport. Healthcare in the Netherlands [R]. 2018.

④ 参见荷兰统计局网站。

医疗保险市场，只有一家是营利性质的。此外，保险公司也组建了代表自身利益的伞式组织——荷兰医疗保险公司联盟（Zorgverzekeraars Nederland，ZN）。

表 5-1　荷兰医疗保险（Zvw）的政策框架与制度现状

政策框架		制度现状
资金筹集	资金来源及占比	与收入相关的雇主缴费、与保险公司定价相关的固定金额的个人缴费以及国家为 18 岁以下的居民缴纳的保险费（税收）。其中，前两者占总收入的 72%左右，后者约占 13%。
	缴费水平	1. 与收入相关的雇主缴费：受雇者由雇主缴纳其工资总额的 7%，缴费基数上限为 58 311 欧元/年。 2. 与保险公司定价相关的固定金额的个人缴费：缴费额因保险公司的不同而有所差异，从 990 欧元至 1 300 欧元不等，2021 年基本医保待遇套餐的平均价格是 1 473 欧元/年。 3. 国家为 18 岁以下的居民缴纳的保费，同样采用定额保费的方式，从税收中转移给国家医保基金。
基本医保待遇包	总体原则	荷兰卫生、福利和体育部负责确定提供给荷兰所有居民的基本医疗保险套餐的内容和规模。
	待遇内容	全科医生、专科医生和产科医生提供的医疗服务、住院服务、各类治疗师服务、家庭护理、精神保健和药品费用以及其他与就医相关的车费和食宿费。
	待遇水平	1. 起付线：385 欧元/年（除全科医生医疗服务、产妇护理和 18 岁以下儿童医疗服务外）。 2. 初级医疗保健服务是免费的。 3. 药品采用参考价的正面清单制度，清单外的药品费用由参保者自付。
管理体系	政府主管部门	荷兰卫生、福利和体育部以及荷兰医疗保健局
	基金筹集与分配机构	雇主缴费由税务局征收并上缴给国家医疗保险基金用于风险调节，个人缴费直接支付给保险公司，国家税收同样转移给国家医疗保险基金。
	基金管理与运营机构	30 家左右的私人医疗保险公司及伞式组织荷兰医疗保险联盟

5.1.2 荷兰医疗服务供给体系概况

荷兰医疗服务体系由预防保健、初级医疗服务、二级医疗服务以及长期护理四大部分组成。其中，医疗保险法以治疗性医疗服务为主要保障内容，大致包含初级和二级医疗服务，支出占到卫生总费用的50%左右。荷兰的初级保健机构种类繁多，包括全科医生、理疗师、药剂师、心理学家和助产士等。而全科医生通过完善的“守门人”制度在当中发挥着最为关键的作用。在过去十几年里，全科医生数量不断增加，在2016年达到11 490人①，但全科医疗费用支出占比一直比较稳定，仅为医疗总费用的5.6%左右，却解决了96%的患者的就诊需求。② 二级医疗服务是指那些只有从初级医疗服务提供者处转诊才能获得的医疗服务形式，主要由医院和心理保健提供者提供。医院有住院部、门诊部以及24小时急诊室。2017年，荷兰共有58家综合医院、8家大学医院、18家专科医院以及138家心理治疗医院。③ 由于竞争机制的引入，医院数量较十年前大幅减少。所有医院都是非营利性机构，绝大多数采用基金会的形式运营。此外，在荷兰，绝大多数专科医生都在医院内工作，负责提供门诊和住院服务。2016年，荷兰共有19 385名专科医生，其中大约60%的专科医生是自雇者，按专科类型与医院签订服务合同以建立合作伙伴关系；另一些则为医院的雇员，通常工作于大学医院或儿科专科。④

针对这样的医疗服务体系，社会医疗保险制度相应地制定了多样化的支付方式。对于初级医疗服务，特别是全科医生服务采用了混合

① 参见荷兰统计局网站。

② Schäfer W，Kroneman M，Boerma W，et al. Netherlands：health system review [R]. Health systems in transition，2010，12 (1)：1-228.

③④ 同①.

型支付方式，核心费用（约占 75%）采用按人头支付与按服务项目支付相结合的方式，其余费用通过保险公司与全科医生谈判签订个人合同确定，一般包括一次性支付和按绩效支付的方式。医院医疗服务则全部采用按诊断-治疗组合支付（Diagnose Betreffende Clusters，DBCs）方式（包含专科医生的费用），关于 DBCs 的价格，一部分由政府主管部门确定，一部分通过利益相关方谈判确定。

综上可发现，荷兰医疗服务供给体系具有十分突出的两大特点：一是全部由私人部门提供；二是初级医疗服务主要由全科医生提供，并建立起完善且严格的“守门人”制度。而医疗服务价格的形成机制则是政府管制与医保谈判相结合。

5.2　荷兰社会医疗保险谈判机制的发展历程

5.2.1　自由竞争时期（1941 年以前）

荷兰的医疗保险最早在 19 世纪初由慈善机构、医生团体和其他个人建立的互助基金提供。后随着工业资本主义的兴起，为满足无产阶级工人的医疗需求、防范疾病带来的经济风险，大量由工会建立的疾病基金应运而生。而当时，因宗教或意识形态盛行的慈善事业形成的自由非干预传统限制了医疗保健和医疗保险有关领域中政府的行动。[①] 同样的传统也影响着荷兰的医疗服务供给领域，由于普遍倡导个人自主性与主动性，医疗服务通常由私人医生或医疗机构提供。专科医生通过与医院签订服务合同以企业家的形式在医院工作，而全科医生通常独立执业。

直到 20 世纪初期，这一自由非干预传统才开始有所改变，政府逐

① Schäfer W，Kroneman M，Boerma W，et al. Netherlands：health system review [R]. Health systems in transition，2010，12 (1)：16.

渐参与解决社会问题。零散的自愿安排逐渐被强制性健康计划所取代。1913年通过的《疾病法》标志着政府的介入和完全自治的互助基金的结束。然而，由于政治冲突，直到1930年立法才得以生效实施。最终，该法案只为患者提供固定的疾病津贴，不包含医疗费用的报销。但政府的干预还是带来了其他方面的影响，例如一系列的"集权运动"，大量的疾病基金开始合并重组。1930年，在斯海尔托亨博斯主教区合并重组建立的中央医疗保险公司（Centraal Ziektefonds，CZ），从当时的大约7 500名参保者发展到如今拥有360万名参保者的荷兰最大的非营利性医疗保险公司。

这一时期，互助基金或疾病基金均为私人机构，而医疗服务提供者也是私人执业的个人或医院，医疗服务价格在市场竞争中自发形成。并且由于私人保险机构害怕丧失对保险市场的控制力，而医疗服务提供者也担心影响执业自由和收入水平，两者联合起来共同抵制国家建立社会医疗保险制度。

5.2.2 "碎片化"医保谈判形成期（1941—1970年）

1941年，荷兰在德国占领者的压力下，通过《疾病基金法令》（Ziekenfondsen besluit），被迫建立强制的社会医疗保险制度。法令通过现有的疾病基金为收入低于规定水平的受薪劳动者及其家属提供强制保险，其余国民可自愿参保。保险由雇主和雇员按照等比例缴纳保费，为参保者提供统一的实物形式的医疗福利，包括门诊服务和住院专科服务。同时，采用"收支两条线"的模式，各疾病基金只负责保费的征缴，不承担财务风险。征缴来的保费全部由国家疾病基金委员会管理并负责支付参保者的医保待遇。① 该保险在当时覆盖了占总人

① 刘德浩．荷兰"有管理的竞争"医疗保险制度改革及启示［J］．理论月刊，2016（1）：180－188.

口 2/3 的低收入人群。①

同时，该法令初步塑造了荷兰医疗保险谈判的基本框架和原则，并在之后 1966 年颁布的《疾病基金法》和 1968 年实施的《特殊医疗费用法》中得到了沿用。其具体规定如下：（1）医疗保险方与医疗服务提供者必须通过谈判自行就提供的医疗服务和这些服务的费用达成一致；（2）谈判既可以在单个医疗保险机构与个人医生之间进行，也可以在双方的代表协会之间展开，结果分别签订个人合同或集体合同；（3）所有的谈判结果需要递送给全国疾病基金委员会②申请批准；（4）荷兰卫生部门拥有对疾病基金理事会批准的任何费用提案的最终否决权，和单方面制定新的费用方案的法定权力。③ 在参与谈判的双方中，医疗保险方即疾病基金，由地区机构而非行业团体管理，并受到政府监督；医疗服务提供者大致包括仍维持着自雇佣者传统的全科医生和专科医生及其对应的代表协会。全国疾病基金理事会是一个由雇主和雇员组织、各疾病基金、医疗服务提供者组织和政府的多名代表共同组建的机构，在医保谈判中发挥着重要的决策作用。而卫生部门虽拥有批准或否定谈判结果的权力，但是这样的措施只能作为最后的手段发挥作用，且会被谈判各方认为是对他们的地位和责任的侵犯，所以很少使用。

此外，由于当时的社会医疗保险制度仅强制覆盖了部分人口，还有大约 1/3 的民众需要购买私人健康保险获得保障。对于这一部分患者的医疗费用存在着不同的制度安排。每年，私人医疗保险公司都会根据疾病基金患者费用的增长来调整他们的费用，但价格的年度增长

① Schäfer W，Kroneman M，Boerma W，et al. Netherlands：health system review [R]. Health systems in transition，2010，12（1）：1－228.

② 疾病基金理事会是一个由雇主和雇员组织、疾病基金、医疗服务提供者组织和政府代表组成的法定机构。

③ Lieverdink H，Maarse H. Negotiating fees for medical specialists in the Netherlands [J]. Health policy，1995，31（2）：84.

率在一定程度上受到《价格法》（Prijzenwet）的限制。以专科医生医疗保险谈判为例，每年先由疾病基金与个别专科医生或专科医生协会进行谈判，形成官方统一的医疗项目收费表，涵盖了大约 8 000 个不同项目的收费标准，而私人医疗保险公司则从中选取了大约 5 000 个项目与专科医生再次谈判确定价格。① 一般来说，私人医疗保险公司支付的价格会稍高于社会医疗保险。

综上可见，荷兰医疗保险制度在建立时就已经构建了框架清晰、制度化的谈判机制，采用二元分割并按医疗服务类型分别由医疗保险方和医疗服务提供方进行个人或集体谈判，政府较少干预。当然，这样的谈判机制也存在着明显的问题，一方面由于制度分割，不同参保者对医疗服务支付的价格不同，影响公平性；另一方面由于缺乏明确具体的实施方案，谈判呈现“碎片化”现象，既影响谈判的效率，又造成医疗保险机构与医疗服务提供者之间冲突不断。

5.2.3 全国层面集体谈判机制的出现（1970—1986 年）

直到 20 世纪 70 年代石油危机爆发，为应对医疗费用快速上涨造成的资金压力，荷兰政府不得不改变其之前对医疗政策“自由放任”的态度，更多地参与到医疗领域的政策制定和管理中来。② 1974 年，荷兰政府颁布《医疗保健结构报告》（Structuurnota Gezondheidszorg），其中政府以若干理由批评了现有的体制安排，特别是“碎片化”的医保制度安排。报告建议，所有关于费用的决策——包括 20 世纪 60 年代中期增加的医院医疗服务费用——必须纳入一个单一的法律

① Lieverdink H，Maarse H. Negotiating fees for medical specialists in the Netherlands [R]. Health policy，1995，31（2）：84.

② Schäfer W，Kroneman M，Boerma W，et al. Netherlands：health system review [R]. Health systems in transition，2010，12（1）：1-228.

框架。此外，报告提出政府（卫生主管部门）应在决策过程中拥有更正式的权力，因为一个强有力的主管部门被认为是实现更有效的医疗成本控制的必要条件。这最终导致了 1982 年《医疗费用法》（Wet TariEven Gezondheidszorg，WTG）的出台，推动了荷兰医疗保险谈判机制的重大变革。

一方面，针对医院医疗服务，实行政府定价与医保谈判确定数量相结合的方式。政府通过立法设立中央医疗费用管理局（Centraal Organn Tarieven Gezondheidszorg，COTG），替代之前的全国疾病基金委员会，统一负责所有医疗费用相关事务。该管理局是一个准独立（半政府性质）的机构，内设的执行委员会由 18 人组成，其中 1/3 的成员（含独立主席）由卫生主管部门任命，雇主和雇员协会各指派两名成员代表，剩下的代表则由医疗保险方和医疗服务提供方指派。该管理局负责代表政府在宏观层面制定医疗服务的价格。在全国统一的医疗服务价格的指导下，医保方（疾病基金和私人保险公司）与医院在微观层面谈判确定医疗服务数量。

另一方面，针对专科医生医疗服务，首先，法律要求应尽量采用集体谈判机制，由疾病基金协会与专科医生协会签订集体合同，减少个体谈判带来的碎片化和高成本。这些协会包括全国专科医生协会（Landelijke Specialisten Vereniging，LSV）、荷兰疾病基金协会（Vereniging van Nederlandse Ziekenfondsen，VNZ）、全国私人健康保险协会（Kontukrorgaan Landelijke Organisatie van Ziektekostenverzekeraars，KLOZ）以及公务员健康保险协会（Kontakt-kommissie Publiekrechtelijke Ziektekostenregelingen voor Ambtenaren，KPZ）等。其次，提高谈判层级，由上述协会在全国层面进行谈判，并推动全国统一的医疗服务收费标准的制定。再次，通过 COTG 对谈判进行监督管理，其主要任务是依照法律规定和卫生主管部门批准的指导方案，对疾病基金协会与医疗服务提供方签订的所有合同和费用方案进行审查和批准。如果谈判双方不能达成协议，谈判各方可以单方面要求COTG作出决定。如果COTG不同意合同方案，则可以自行决定费用标准。最后，建立上诉机制，赋予所有协会及医生个人向COTG及贸易与工业法庭上诉的权利。

这部《医疗费用法》的颁布极大地推动了荷兰医疗保险谈判的集中化，一方面建立起协会层面的集体谈判机制，另一方面明确医保谈判在全国层面展开并设立专门的中央医疗费用管理局进行监督管理。同时在此过程中，政府对医疗保险谈判的干预明显加强，不仅指派官员代表加入中央医疗费用管理局，还对专科医生提出“合理收入”的概念。与此同时，患者开始自我组织，创建了荷兰患者与消费者联合会，成为一个日益重要的变革推动者。然而，当时建立的医保谈判机制也存在一些问题：一是法律没有规定明确的代表协会，导致在之后的谈判中主体认证资格模糊不清；二是谈判只关注了专科医生群体，其他医疗服务提供者仍然采用政府管制价格和少量碎片化谈判。

5.2.4 医保谈判机制改革准备期（1987—2006年）

进入20世纪90年代，由于医疗费用持续上涨及医疗系统效率低等问题，荷兰全社会掀起了一股市场化改革的风潮，在1987年和1992年先后颁布了著名的德克计划和西蒙斯计划，希望通过建立统一的全民医保制度并在保险人、医疗服务提供者之间引入竞争机制，提高医疗保险系统和医疗服务体系的效率。虽然结构性的改革最终并未实现，但这一时期整个医疗卫生体系都更加注重对效率的追求，并为后续的改革蓄积能量、铺平道路。具体推行的改革措施如下：(1) 从1992年起，法律不再强制疾病基金与所有私人执业医生签约。(2) 1993年荷兰在医保基金中引入风险调节金制度，并在此基础上推行预付费制度。疾病基金不再受地域限制，可以在全国范围内经营，但须承担相应的财务风险。(3) 1996年，被保险人被赋予自由选择疾病基金的权利，但在实践中人们几乎没有使用过该项权利；促进疾病基金与私人保险公司的参保者采用统一的医疗服务收费标准。(4) 1998年，为降低医疗机构的准入门槛，为参保者提供质优价廉的医疗服务，荷兰通过颁布法律允许建立独立医疗中心。

经过推行以上准备措施，荷兰在2000年重新开启了医改讨论，议题集中在如何将市场机制引入医保和医疗服务领域中。并且，次年发表的以"需求问题"命名的医改白皮书指出，"医疗服务的供给不能满足患者的需求"是荷兰现行医疗保健体系的主要缺陷，其体现在患者的自由选择权受限、医疗服务供给效率低和等待时间过长等。而这些问题被认为主要是由人口老龄化加剧、各类医疗服务提供者缺乏协调合作以及两元分割的医疗保险市场造成的。这些讨论最终推动了荷兰在2006年进行全面改革。

5.2.5　"有管理的竞争"下的医保谈判（2006年至今）

在经历了20多年的反复论证和精心筹备之后，荷兰医疗系统在2006年迎来了全面的改革，新的《医疗保险法》正式生效。整个改革坚持"有管理的竞争"的原则，一方面引入更多的市场竞争机制，激励整个医疗保健体系更加高效地运行，以控制日益增长的医疗保健支出；另一方面加强政府对市场的监控，通过制定"游戏规则"并监督市场参与者的行为，维护公共利益。改革同时在医疗保险市场和医疗服务市场分别展开，具体的改革措施如下文所述。

在医疗保险市场，改革的具体内容包括：(1) 每一位荷兰公民（包括临时居住者）都必须参加基本医疗保险；(2) 所有保险公司必须接受每一位申请人的参保申请且不得区别对待，所提供的保险计划必须覆盖法定的基本服务包；(3) 保险公司为吸引参保者，可在一定范围内调整保险费金额（标准保费的10%）；（4）国民可自由选择保险公司及保险产品，并且有权每年进行一次更换；（5）政府负责制定基本医疗保险包，为低收入人群或家庭参保提供税收补贴，并建立起由雇主缴费的医疗保险基金用于平滑不同保险人之间的风险。

而在医疗服务市场中，改革特别针对的是服务购买过程：（1）保险公司被赋予积极的医疗服务购买者角色，可就医疗服务的价格、数量、质量等与医疗服务提供者进行谈判；（2）保险公司有权选择性地与医疗服务提供方签约；（3）对各类医疗服务提供者的支付方式进行了调整。其中，全科医生从公私保险二元的付费方式转变为统一采用按人头收费加收取额外咨询费的混合支付方式，而具体收费标准根据服务内容由荷兰医疗服务管理局（NZa）制定或由全科医生与保险公司谈判确定。而针对医院和专科医生的支付方式，则正从固定预算结合按服务项目付费转变为按诊断-治疗组合支付。

改革通过对医疗保险与医疗服务两大市场的重大调整彻底重塑了荷兰医疗保险谈判机制。一是改变了谈判主体的性质，将原疾病基金的法律地位从公共行政机构转变为私人保险公司，与医疗服务提供者形成了平等的商业关系。二是扩大并统一了医疗保险谈判的覆盖范围。在改革前，疾病基金及其协会只能代表中、低收入群体的参保者与医疗服务提供方进行谈判，而代表高收入群体的私人保险公司则遵循另一套谈判逻辑。而现在，私人保险公司代表所有参保者进行谈判。三是引入选择性合约，保险公司不再有义务与所有医疗服务提供者签约，而是可以根据医疗服务价格和质量的情况择优选用。四是允许组建管理型医疗服务组织，为消费者提供定期选择，使其选择的不仅是保险公司，而且是“综合医疗筹资与递送组织”。①

① Van De Ven W P M M，Beck K，Buchner F，et al. Risk adjustment and risk selection on the sickness fund insurance market in five European countries [J]. Health policy，2003，65 (1)：75－98.

总的来说，这一次的改革尝试践行“有管理的竞争”原则，使医疗保险公司成为积极又谨慎的医疗服务购买者，通过建立良好的医保谈判机制，为参保者购买质优价廉的医疗服务，构建公平、可持续和高质量的医疗体系。然而，荷兰的医保改革还是正在进行时，一方面仍在陆续推出新的改革措施，例如 2009 年取消了营养师的价格管制，2011 年起政府允许药店和助产士自行定价等；另一方面，改革可能也会经历反复和调整，例如 2012 年荷兰恢复了更为传统的按医疗部门签订支出预算协议的做法。卫生主管部门重新开展与医疗服务提供者、保险公司和患者的伞式组织达成更传统的基于共识的协议，以控制开支。但通过引入市场竞争，以“需求驱动”医保体系更好运行的初衷始终未变。

5.3　现行的谈判框架与实践情况

荷兰现行的医疗保险谈判框架确立于 2006 年全面改革之后，是在“有管理的竞争”原则指导下进行的个体层面商业谈判。具体而言，依照《医疗保险法》和《医疗服务市场监管法》（Wet Marktordening Gezondheidszorg，WMG）的规定，每家医疗保险公司可根据自身医疗服务的购买需求自由地与各类医疗服务提供者进行单独谈判，就医疗服务的价格、数量和服务质量要求签订个体合同。整个过程受到荷兰医疗保健局与消费者和市场管理局（Authority for Consumers & Markets，ACM）的监督与管理，确保医保谈判双方参与的公平性、医疗服务购买过程的透明化以及谈判结果能够满足参保者的基本医疗保险需求。个体自由谈判是荷兰医疗保险谈判的重要特色，目前已经进行的谈判包括医保公司与全科医生谈判（全科医生医疗保险谈判）、医保公司与医院的谈判（DBCs 支付标准谈判）以及医保公司与其他医疗服务提供者（如护士、心理治疗师、药剂师等）的谈判，详情参见图5-1。此外，由于2006年改革后的几年里，荷兰的医疗费用上涨未能得到持续有效的控制，再加上2008年金融危机的爆发，使得控费问题更加紧迫。2012年，荷兰恢复传统的按医疗部门进行医疗服务支出预算的谈判，由荷兰卫生、福利和体育部与医疗服务提供者、保险公司及患者的伞式组织达成更传统的基于共识的协议。因此，当前的荷兰医疗保险谈判从单纯的个体谈判回归到在部门医疗服务支出协议指导下的个体谈判，而之后的发展趋势还有待观察。

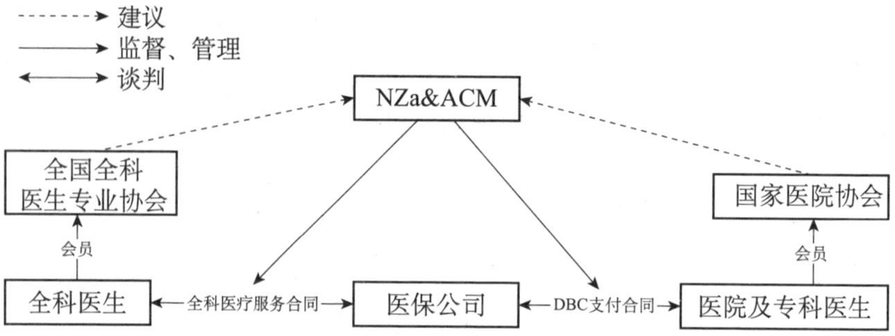

图5-1 荷兰医疗保险谈判框架概览

5.3.1 全科医生医保谈判

发挥着“守门人”功能的全科医生制度是荷兰医疗保健系统的重要组成部分和特色之一。全科医生一直是初级医疗服务最主要的提供者，其执业形式可分为私人执业和受雇执业，两类全科医生的薪酬谈判与支付各不相同。因此本书将以私人执业全科医生医保谈判为研究重点，以点带面地剖析荷兰整个初级医疗服务领域医保谈判的情况。

1. 谈判主体

全科医生医疗保险谈判是一个双边谈判，一方是医疗保险方，另一方则为全科医生本人。法律赋予所有的医疗保险公司和全科医生均享有自由参与谈判的权利。

其中，荷兰的医疗保险方全部为私营的保险公司或互助社。所有的保险公司或互助社根据私法运营，接受与所有荷兰商业企业相同的法规约束。此外，还必须遵守《保险业监督法》（Wet Toezicht Verzekeringen，WTV）和荷兰竞争管理局的规定。尽管法律允许保险公司营利并向股东支付报酬，但目前荷兰医疗保险市场仍由非营利性机构主导。2014 年，荷兰共有 26 家提供法定基本医疗保险的保险公司，只有 1 家为营利性机构（Achmea），并且它们分属于 9 个集团公司。其中，最大的四家公司分别为 UVIT、CZ、Menzis 和 Achmea，各自的市场占有率从 13%到 32%不等，共占据了整个市场份额的 90%左右。① 由于市场势力相差悬殊再加上节约谈判成本的考虑，实践中并不是所有的医保公司都会参加谈判，而仅由在全国或特定地区占有市场主导地位的医保公司参与，其他公司则选择接受已签署的协议。

作为参与谈判的另一方，全科医生本人可通过电话或面谈的方式直接参与谈判。截至 2015 年，荷兰有超过 11 600 名全科医生，其中私人执业的全科医生占比达 84%。按照法律规定，这将近 1 万名的全科医生都可以自由与医保公司进行谈判。但在实际操作过程中，却遇到了较大麻烦。一方面，由于人数众多，医保公司往往采用标准合同或框架性合同与其进行谈判，全科医生无法修改合同具体内容，只能选择签订或拒绝；另一方面，根据全国全科医生专业协会（Landelijke Huisartsen Vereniging，LHV）的调查，全科医生普遍感觉在签约过程中没有被认真对待，对合同签订情况十分不满。② 因此，近年来关于全科医生医疗保险谈判主体的争议不断，全科医生希望能够组成团队以集体谈判的形式参与到谈判中以提高其市场势力，但至今为止荷兰 ACM 不允许这样做，原因是个体谈判可增强全科医生之间应有的竞争。2011 年，ACM 还因 LHV 干预谈判的行为提出了 700 万欧元的

---

① 参见荷兰医疗保健局网站。

② 参见 LHV 网站。

罚款，虽最终因未能提供充足的证据表明该协会通过限制竞争损害了医疗服务质量而遭到了法院的否决，但也进一步表明了政府希望运用个体谈判促使全科医生相互竞争的态度。

当然，除了直接参与谈判的主体外，全科医生医疗保险谈判还涉及政府监管部门——NZa 以及全科医生的代表组织——LHV。NZa 是医疗保健市场的主要管理者，其职责为动态调节医疗服务提供者与医保公司之间的市场势力，防止两者势力相差过大，引发不公平。同时，NZa 还负责为全科医生医疗保险谈判制定规则和指导方案，保障谈判主体双方的有效参与，并对谈判结果进行审核。LHV 是全科医生全国层面的代表组织，其宗旨是尽最大可能维护全科医生的利益，在全科医生医疗保险谈判中，一方面不断向 NZa 提供调查数据和改进建议，另一方面则直接参与到与保险公司制定标准合同的过程中，负责为按项目付费部分的全科医生服务制定最高参考价格。

2. 谈判原则

荷兰全科医生医疗保险谈判的进行遵循四大基本原则：自由选择原则、充足性原则、竞争性原则、透明性原则。首先，自由选择原则是整个荷兰医疗保险谈判的重要原则之一，在全科医生谈判领域的运用，主要表现为医保公司与全科医生双方均可以自由选择谈判对象，医保公司可选择与哪些全科医生签约，而全科医生也可以选择与一家或多家医保公司签约；当然，第一原则也受到第二原则的制约。充足性原则是指医保公司有义务为参保者提供充足的法定的基本医疗待遇。因此，在与全科医生的谈判中，医保公司几乎不会将选择性合约作为谈判工具，而是尽量与大多数全科医生达成一致，保障参保人能够方便快捷地就医。第三个原则则颇具争议。荷兰政府的初衷是想通过谈判促进医保公司之间和全科医生之间的共同竞争，以提高医疗服务的效率和质量。但在竞争性原则的运用过程中，医保公司通过合并或代表谈判，主动削弱了竞争的影响；而全科医生则由于自身之间的相互竞争，在与医保公司的谈判中处于弱势地位，影响了谈判的公平性。

最后是透明性原则，要求双方在谈判的整个过程中尽可能地做到信息的公开披露和结果的告知说明。

3. 谈判内容及过程

从 2015 年起，全科医生医疗保险谈判共包含三大部分内容。第一部分是全科医生的基本服务（占费用总额的 75%左右），即首次诊疗与转诊服务。该部分服务采用按人头支付与按服务项目支付相结合的支付方式。按人头支付适用于参保者登记注册全科医生的费用，收费标准和服务数量由 NZa 根据患者的年龄和身体状况分类制定，不在自由谈判范围之内。按服务项目支付适用于参保者每一次来全科医生处就诊或接受家庭出诊的费用。NZa 会为这些项目制定最高参考收费标准，而具体收费价格和数量则通过医保公司与全科医生谈判决定。第二部分是针对全科医生提供的整合医疗服务的收费（占费用总额的 13%左右）。整合医疗服务在 2010 年引入，针对慢性病患者的医疗服务，采用捆绑支付的方式，由参与服务的多名全科医生与医保公司谈判确定每一名慢性病患者的固定费用标准及服务数量。这一固定费用包含慢性病人每次的诊疗费用，但不涉及人头费的支付。第三部分是全科医生参与医疗服务现代化和创新活动的资金补贴（占费用总额的 10%左右）。这些活动具体包括引入实习护士、门诊小手术治疗、心电图诊断等。该部分活动采用按绩效支付的方式，具体标准由每一名全科医生与医保公司单独协商确定。采用考核质量指标的绩效工资支付方式，全科诊所每年可从中获得 10 000～15 000 欧元的额外收入。[①]

全科医生通常会选择一家医疗保险公司作为首选公司进行谈判。医疗保险公司每年会根据参保情况和服务需求制定一份年度预算以及介绍相应的各项服务价格与数量情况。当全科医生联系保险公司时，保险公司会告知全科医生该预算并由双方进行讨论，在达成一致后签

① Grol R. Quality development in health care in the Netherlands [R]. The Commonwealth Fund. 2006.

订合同。此后，全科医生可将签订的合同内容和标准告知其他医保公司并要求统一采纳该合同。其他保险公司可以选择采纳或重新谈判。在实际情况中，通常是较大的保险公司负责与全科医生谈判，而小的保险公司则接纳谈判结果。

4. 谈判结果及问题

每年每位全科医生平均会收到 14 份合同，其中 93%会签署。2006 年全科医生按注册人数获得费用的标准为 47.3 欧元/人，诊疗费为 8.43 欧元/次。[①] 根据 LHV 对其会员医生的调查，在 2015 年的全科医生医疗保险谈判中，全科医生对合同内容、合同签订过程以及与医疗保险公司的联系都非常不满。超过 3/4 的全科医生透露，在他们与医疗保险公司的谈判中，没有真正的对话与全科医生想为他的病人提供的医疗服务有关。此外，92%的受访者表示没有拒绝签署合同的权利，即使不同意也不行。全科医生对保险公司单方面决定合同感到沮丧和不公平。对此，LHV 已要求 NZa 采取行动，消除全科医生和医疗保险公司之间谈判地位的不平等，并通过对全科医生医疗服务合同订立更为明确的规制，保障全科医生在谈判中的有效参与。

5.3.2　医院及专科医生医疗服务基于诊断-治疗组合支付的谈判

2005 年初，荷兰在医院及专科医生医疗服务的补偿中引入了诊断-治疗组合支付计划，取代了之前固定预算结合按服务项目收费的支付方式。DBCs 是受 DRG 概念的启发而发展起来的，是以患者需求为中心构成的一个新的分类系统。DBCs 的引入旨在通过保险公司与医

① Oostenbrink J B, Rutten F F H. Cost assessment and price setting in the Dutch healthcare system: a contribution to work package 6 of the EU funded research project HealthBASKET: approaches for cost/price assessment in practice [R]. Berlin: Techische Universität Berlin, 2017.

院之间进行关于医疗服务价格和质量的谈判，加强医院成本核算能力和医疗过程透明度，帮助参保者获得物有所值的医院医疗服务。[①] 同时，DBCs 也被认为是“有管理的竞争”原则在医院领域落实的基础，有助于提高医院的效率。目前，医院所有的医疗服务均采用了 DBCs，但根据服务的复杂程度、重要性以及容易造成市场失灵的程度等指标，又被分成 A、B 两个部分。其中，DBC-a 部分的服务，仍由荷兰医疗保健局设定全国统一的收费标准，并沿用之前的预算管理模式，因此各医院间不存在价格竞争；只有剩余的 DBC-b 部分允许由保险公司与医院自由谈判，通常是明确的和相对简单的常规手术服务，如白内障、腹股沟疝、静脉曲张、全髋关节和全膝关节置换等。[②] 2005 年建立之初，DBC-b 部分仅占所有医院及专科医生医疗服务价值的 10%，包含 1 246 个组合，随后，占比逐年上升，在 2008 年和 2009 年分别增长到 20%和 34%。[③] 截至 2012 年，DBC-b 部分已覆盖了 70%的医院及专科医生医疗服务，使得自由谈判成为该领域的主要定价方式。[④] 如此逐步实行自由谈判，是“有管理的竞争”原则的再次体现，一则是为了防止 DBCs 谈判初期医院支出与以前的预算出现较大偏差；二则让保险公司和医院有时间渐渐适应其谈判伙伴的角色；三则也是在医院及专科医生服务中逐步引入价格竞争。

1. 谈判过程

具体来看，DBC-b 谈判是在单个医保公司与医院之间自由进行关于 DBC-b 的预算、服务价格与数量的双边谈判。首先，关于预算的谈判，实际并不是 DBC-b 谈判的初衷，但受制于医院整体仍沿用总额预

① Muiser J. The new Dutch health insurance scheme: challenges and opportunities for better performance in health financing [J]. WHO discussion paper, 2007 (3): 11.

② Tan S S, Van Ineveld M, Redekop K, et al. Structural reforms and hospital payment in the Netherlands [J]. Euro observer, 2010, 12 (3): 7-9.

③④ Kroneman M, Boerma W, Van Den Berg M, et al. Netherlands: health system review [R]. Health systems in transition, 2016, 18 (2): 86.

算管理，因此保险公司在与医院谈判时需要首先协商决定总额预算在DBC-a和DBC-b之间的划分，从而保证谈判结果不会超过总额要求。下一步，双方才开始进行关于DBC-b中各个组合的价格与数量的谈判。在法律上，医保公司被允许就DBC-b部分中的所有组合与医院进行谈判，但在实践中为了降低交易成本，双方并不会这样做。它们通常会根据组合的市场份额和市场结构筛选一些“重点组合”进行双边价格谈判，而其他组合则主要采纳NZa制定的平均价格或平均价格上涨率。此外，医疗保险公司可能会对不同的医院采用不同的DBCs价格。同样，医院可能会与不同的医疗保险公司就同一个DBCs协商不同的价格。最后，在确定组合价格后，保险公司还需要和医院针对医疗服务最大数量以及如果实际医疗服务量超过合同约定时的处理办法进行商议。最终签订合同后，DBC-b部分发生的任何赤字或收入都是医院的责任。

此外，医保公司可运用改革赋予的工具之一——选择性合同，自由选择谈判的医院及与医院谈判的DBCs组合，促使医院提供优质价廉的医疗服务获取合同。由于选择性合同的运用，医院可能不能获得合约，医院必须为DBC-b所有组合设定非签约价格，适用于接受非合同DBCs治疗的患者。医院有义务公布这些收费标准。如果此费率高于患者的保险人与其签约医院协商的费率，则允许保险人就差额向患者收取费用。而如果保险人未与医院成功签约，并且被保险人接受此类非合同DBCs的护理，这可能会给患者带来经济后果。2007年，有3%的DBCs项目按照该标准收取。关于相关方确定协议的频率和条款，目前的做法是建议每年确定价格和数量，但如果情况需要，任何一方都可以要求重新开始谈判。以下几种情况均可能导致重新谈判，如等待名单的时间过长、公众对特定健康问题的关注增加或引进新的昂贵药物或医疗设备。

需要指出的是，DBC-b谈判的顺利进行，还需要得到相关机构的支持。其一，上文提到的 NZa 根据每个医院的实际成本制定平均价格作为参考；其二，专门设立的 DBCs 信息中心，负责维护整个 DBCs 系统，从每个医院收集相关数据，创建新的 DBCs 组合及修正已有的 DBCs 组合，并告知用户及回应其疑问。

2. 谈判效果

目前，DBCs 对于医院医疗费用的控制效果尚不明确。2008 年，医院服务费用支出超过总预算 5.12 亿欧元，2009 年超支 5.49 亿欧元。而从医院医疗服务价格来看，根据 NZa 的官方数据（见表 5－2），DBC-b 的医疗服务价格水平增长幅度低于由政府管制价格和数量的 DBC-a 部分，甚至在 DBC-b 部分中有一些组合的价格实际上下降了。此外，NZa 还指出："在 2005—2007 年之间，DBC-b 的服务总量平均每年增长 4.2%，略低于 DBC-a 部分年均增长率 5.2%的情况。"因此表明医院并没有通过增加服务量来抵消 DBC-b 部分较低的价格上涨率，没有出现明显的"供方诱导需求"的情况。

表 5－2　2006—2009 年荷兰医院服务平均价格变化情况

	相对前一年的平均价格增长率（%）			
	2006 年	2007 年	2008 年	2009 年
预算调整前 DBC-a 部分	1.5	2.5	3.8	2.9
预算调整后 DBC-a 部分	0.4	1.3	2.3	2.6
DBC-b 部分（2005 年起，占总支出 10%的 17 种疾病）	0.0	2.1	1.1	1.5
DBC-b 部分（2008 年起，占总支出 20%的 44 种疾病）	—	—	—	1.4

注：预算调整是指政府会根据每年预算实施情况来调整次年医院的收入，如果超支医院则面临着调低服务定价的惩罚。

资料来源：Schut F T，Van De Ven W P M M. Effects of purchaser competition in the Dutch health system：is the glass half full or half empty? [J] . Health economics，policy and law，2011，6 (1)：109－123.

然而，对医疗保险公司和医院的调查表明，不同医疗保险公司对医院的价格影响力差异很大。与市场份额相对较小的保险公司相比，市场份额较大的保险公司通常能够通过谈判获得更低的价格。[①] 表 5-3 显示了 4 家医疗保险公司在 2007 年 DBC-b 谈判中 7 个 DBCs 组合的价格差异及与 2004 年价格情况的对比。首先，可以发现医保公司与医院的谈判在特定情况下有利于医疗服务价格的控制。因为表中显示，2007 年，7 个 DBCs 组合的最低谈判价格均低于 2004 年政府管制的价格，最高降幅甚至超过了 40%（如扁桃体切除术）。但同时，不同医疗保险公司对同一个 DBCs 的谈判获得价格通常差异很大。例如表 5-3 中 2007 年髋关节置换术的价格最低为 7 603 欧元而最高则达 11 370 欧元，相差接近一半。因此，是否能够通过谈判来降低医疗服务价格、控制医疗支出，很大程度上依赖于医保公司自身的市场势力。此外，还有研究表明："谈判价格的较大偏差只发生在少数 DBCs，更复杂和慢性的 DBCs 似乎对市场竞争不太敏感。"

表 5-3 四家医疗保险公司的 DBCs 谈判价格情况对比（单位：欧元）

	2004 年	2007 年 (Min)	2007 年 (Max)	2007 年 (Mean)	价格增长率 (%)
髋关节置换术	8 571	7 603	11 370	9 097	6.3
膝关节置换术	10 228	9 097	13 000	10 746	5.1
腹股沟疝修补术	2 163	1 529	3 088	2 254	4.2
糖尿病	409	385	1 027	483	18.1
扁桃体切除术	740	433	1 498	800	8.1
白内障	1 317	1 044	1 599	1 381	4.8
椎间盘突出症	3 046	2 413	5 778	3 308	8.6

资料来源：Tan S S, Van Ineveld M, Redekop K, et al. Structural reforms and hospital payment in the Netherlands [J]. Euro observer, 2010, 12 (3): 7-9.

① Krabbe-Alkemade Y J F M, Groot T L C M, Lindeboom M. Competition in the Dutch hospital sector: an analysis of health care volume and cost [J]. The European journal of health economics, 2017, 18 (2): 139-153.

此外，目前医疗保险谈判对医院医疗服务质量带来的影响尚不明确。提高医疗服务质量是医保谈判的目标之一。改革后，在荷兰医疗保险谈判中，医疗服务质量扮演着越来越重要的角色。据2009年NZa对医院的一项调查发现："在医保谈判中，大约有三分之二的医院与医疗保险公司就质量问题达成协议，近90%的医院与医疗保险公司就报告质量指标达成协议。"进一步分析表明，虽然大多数合同安排都涉及提高质量的举措，但所使用的大多数质量指标都与医疗服务的结构和过程有关，尽管一些医疗保险公司在选择性地进行合同订立时也使用了成果指标。医院护理质量指标的使用——尤其是与结果相关的指标——仍处于初级阶段，但医疗改革是其发展的一个重要方面。

3. 存在的问题

值得注意的是谈判也暴露出相当多的问题。一是大量的DBCs组合导致谈判和最终确定合同变得复杂，交易成本过高。到2009年3月，医院和保险公司之间的2009年合同均未敲定。该领域的所有参与者都致力于对DBCs系统进行一次重大修订，将DBCs的数量减少到3 000个，这将简化谈判和签约过程。二是在现阶段的DBC-b谈判中，专科医生的收费标准仍是由NZa制定而非谈判确定的。2006年，专科医生的收费标准是根据每小时固定费率（140欧元）和每DBCs组合的标准时间计算得出的。① NZa指出这样做是为了避免专科医生滥用其市场势力去获取更高的报酬，但预计未来将取消管制，推动专科医生报酬标准充分市场化。三是沿用以前的预算管理，在国家医院协会（Nederlandse Vereniging van Ziekenhuizen，NVZ）看来，这一行动违反了DBC-b采用开放式预算的原则。

① Hasaart F. Incentives in the diagnosis treatment combination payment system for specialist medical care：a study about behavioral responses of medical specialists and hospitals in the Netherlands [D]. Maastricht University，2011.

5.4 案例分析

5.4.1 1989年专科医生医疗服务五方谈判

自20世纪70年代初以来，专科医生医疗服务费用成为医疗保健成本控制计划中的明显目标之一。政府和医疗保险公司，特别是疾病基金协会，为有效控制专科医生医疗支出投入了大量的精力，而专科医生们却感到十分不公平和不满，从而引发了双方激烈的冲突，导致当时的疾病基金协会与专科医生之间关于医疗服务收费标准的谈判无法进行。在这样的背景之下，荷兰在1980年出台了《医疗费用法令》（Wet Tarieven Gezondheidzorg，WTG）并设立中央医疗费用管理局（Centrale Organisatie voor de Tarieweiding in de Gezondheidszorg，COTG），目标在于增强政府干预医疗保险谈判的正式权力，和引入更多的谈判方以起到相互制约、相互平衡的作用。根据法律规定："医疗保险公司应与专科医生通过谈判签订专科医生医疗服务收费标准合同。谈判既可以在单个保险公司与个人医生之间进行并签订个体合同，也可以是代表协会之间进行并签订集体合同。所有合同均需经过COTG的批准，方能生效。"

1989年专科医生医疗服务五方谈判（简称"五方谈判"）正是在WTG的指导下进行的一次突破性的多方谈判。谈判参与者包括全国专科医生协会、荷兰疾病基金协会、全国私人健康保险协会、公务员健康保险协会以及国家医院委员会（Nederlandse Zorgautoriteit，NZ）。另外，虽然政府没有正式参与谈判进程，但各方为了获得COTG和卫生主管部门对最后谈判结果的支持和批准，经常在非正式的谈论中咨询政府相关人员。NZ的参与是意义非凡的，这是它们第一次可以坐在谈判桌前讨论专科医生的费用问题，也意味着今后专科医生的收费和支出会与医院的费用情况紧密相连。

经历了紧张有序的多日谈判，五方谈判取得了很多令人瞩目的成果。突破之一是专科医生接受了建立医疗服务支出目标即总额预算的建议，并同意将当年的支出总额当作下一年的目标预算。这对于政府和保险公司来说是至关重要的胜利，为有效控制专科医疗服务总支出开辟了新的道路。其次是疾病基金与私人健康保险公司就统一专科医疗服务的内容界定和收费标准达成了一致意见。这标志着双方合作关系的建立，它们是专科医生医疗服务谈判中的同盟方。另一个重要决定是根据相关资源利用情况对每项医疗服务的价值进行修订，导致收费标准的变动。这项决定意义深远，有利于降低专科医生之间的收入不平等状况，但也引发了专科医生内部不同专业医生群体之间的冲突。

综上可见，五方谈判是利益分歧各方之间的微妙妥协，同时也是为解决冲突、实现共同利益而达成的协议。谈判参与各方的目标既有一致也有冲突，五方谈判很好地利用这一点达成了一揽子交易，因为参与谈判的各方都充分意识到自身处于“全或无”的孤注一掷的状态。五方谈判把各方的利益捆绑到了一起，使得任何一方都很难在不危及达成这个协议的前提下改变其中某些组成部分。此外，参与谈判的各方还有一个一致目标，就是签订协议，至少暂时结束它们不和谐的关系、改善气氛，以便以后的谈判顺利开展。

5.4.2　2015 年荷兰按诊断-治疗组合支付标准谈判

2015 年前，医保公司与医院和专科医生是分开谈判的。对于每个 DBCs，应确定专科医生所花费的标准时间和每小时费率，这些标准由 NZa 制定。所有专科医生的资费是平等的，是根据卫生主管部门在与医学专家协会协商后于 2004 年设立的规范性小时资费委员会的研究得出的。而从2015年开始，医院与医保公司可就自由谈判的部分即DBC-b进行谈判，其中包含了支付给专科医生的费用，然后医院再和独立执业的专科医生就其提供医疗服务的价格进行谈判。同时，医院必须公布一份自由谈判部分所有DBCs的“未签约收费标准表”。如果患者在该医院接受的治疗是其保险公司没有签约的，则适用这些价格。如果此价格高于其保险公司签约医院提供相同服务的价格，则患者需要自己承担超额部分。卫生主管部门希望独立执业的专科医生能成为医院的雇员。然而专科医生联盟对67家医院的专科医生的调查问卷显示，只有5%的人考虑此项提议。在其他医院，专科医生主要选择联合成立一个专科医生公司来与医院谈判确定他们的报酬，而另外一小部分医生则考虑成为医院的股东。这一新情况引发了一场关于独立执业专科医生是否仍可以被视为“企业家”的讨论。由于几乎没有任何可靠的、双方一致认可的质量指标可用，因此质量在谈判中仍然只是一个次要的角色。

5.5 荷兰社会医疗保险谈判机制的特点分析

5.5.1 公法和私法共同指导下的谈判

2006年新的医疗保险制度在荷兰建立之初，就有许多关于其法律性质的讨论，到底是公法下的具有私人特征的制度还是私法下的具有公法特征的制度。最终在荷兰政府部门的力推之下，欧盟委员会审查后同意荷兰采用由政府部门规定基本医疗服务包和法定强制参保资格的由私人保险公司提供保障的医疗保险制度，又被称为“私人社会医疗保险制度”。

因此，荷兰社会医疗保险谈判机制也同样具有公法和私法共同指导的特征。一方面，NZa根据《医疗保险法》代表政府制定谈判规则和督促谈判结果必须符合满足参保者基本医疗需求的要求，并且有权动态调节医疗服务提供者与医保公司之间的市场势力，防止两者势力相差过大，引发不公平。另一方面，根据私法运营的医疗保险公司受到与荷兰所有商业企业相同的监管。医保公司和医疗服务提供者都需遵守荷兰 ACM 的规定，公平竞争、防止垄断。例如，ACM 就曾禁止全科医生在医保谈判中采用集体谈判的模式。因此，在医疗保险谈判中的各方必须兼顾公私利益，并且保证为参保者提供物超所值的医疗服务。

5.5.2　采用个体谈判模式

荷兰社会医疗保险谈判机制的另一突出特点就是采用个体层面的个体谈判，这与大多数国家通常采用的协会层面的集体谈判有所不同。个体谈判是指每一家医保公司、医院和每一名医疗卫生专业人员都有权代表自己参与谈判，而谈判结果也仅适用于签约双方当事人。在个体谈判模式下，医保方与医疗服务提供方实质上是双向选择，医保方既可以选择与哪些医疗服务提供方签约，也可以选择与不同的医疗服务提供方签订不同价格和数量的医疗服务购买合同。反之亦然，医疗服务提供方也可选择在不同价格水平下与多家医保公司签约。在这样的谈判模式下，医疗服务的定价更接近市场定价机制，受到市场供需关系而非行政关系的影响更多。

但荷兰医保谈判的个体谈判模式也暴露出许多问题，一方面是交易成本过高，医保公司需要制定多种不同的方案同时与多个医疗服务者进行谈判。这在不影响医保公司日常工作的前提下，对医保公司的谈判支持工作和谈判能力与技巧都提出了非常高的要求。而且针对同种医疗服务，谈判内容同质性较高，没有必要与每一名医疗卫生专业人员重复谈判，因此医保公司用标准化合同取代了一对一谈判，但这也极大地降低了个体谈判的意义。另一方面，个体谈判模式容易造成赢者通吃的局面。市场份额较小的医保公司在医保谈判中通常没有独立议价的能力，需要依赖大的医保公司代表其谈判，成为合约的接受者。这也进一步破坏了个体谈判促进竞争的初衷。

5.5.3 允许采用选择性合约作为谈判工具

荷兰在2006年改革中，为医疗保险谈判引入了新的工具——选择性合约，目的在于通过医疗保险谈判加强医疗服务提供方在价格和质量上的竞争。具体而言，选择性合约是指医疗保险方可自由选择是否与医疗服务提供方签订合同，或者医疗保险方发起签约而医疗服务提供方可自由选择是否加入，当然这一决定需要根据服务提供方提供的医疗服务质量和成本作出。① 理论上，由医保方主导的选择性合约可以在获得价格折扣的同时，保证签约服务方提供高质量的服务，因为医保方可将服务数量或质量目标纳入合约，并以拒绝下次签约为威胁。②

目前，在荷兰医保谈判实践中，选择性合约首次在2009年被一家医疗保险公司明确用于与医院和专科医生的谈判中，但并不涉及全科医生医疗服务。这是因为考虑短期内全科医生数量相对固定，若采用选择性合约将部分全科医生排除在外，可能会损害参保者享受门诊医疗服务的可及性和多样化。此外，各家保险公司使用选择性合约的动力也有所不足，原因在于参保者假设所有医院在有效性和安全性方面的服务质量是平等的，关于服务质量的公众辩论主要集中在等待时间

---

① 方燕．医疗市场、医疗组织与激励动机研究［M］．北京：经济管理出版社，2018.

② Robinson J C. Payment mechanisms，nonprice incentives，and organizational innovation in health care［J］．Inquiry：a journal of medical care organization，provision and financing，1993，30（3）：328－333.

和就诊时间等主题上。因此，保险公司没有动机追求高质量服务，故而这可能无法通过提高高质量服务表现者的报酬来收回投资。① 于是 2011 年，VWS 再次发出倡导，希望保险公司能更好地使用选择性合约工具，通过与医院的谈判和合作逐步迫使低效率和低质量服务的医院退出医疗服务市场。但也有理论指出，支付者在价格协商中的主要影响力是选择性合约的威胁，但他们对这个工具的使用受到了限制，这些限制来自医院的合并以及消费者在选择服务提供者时不愿意受到限制。②

5.5.4　消费者需求驱动型的医疗保险谈判

在荷兰社会医疗保险制度下，为了加强市场竞争，参保者被赋予自由选择医保公司和医疗服务提供者的权利。特别是在医疗保险市场中，所有的提供者都是私人公司，遵循一般商业逻辑将参保者当作消费者来对待。参保者作为医保消费者可以每年自由更换参保公司，使得各家医保公司必须通过深入了解消费者的需求（消费偏好），为其提供物美价廉、符合其意愿的商品（保单），提高消费者的满意度，从而获得消费者的长期青睐。2006 年颁布的新医疗保险法保留了原强制疾病基金法中的规定，即医疗保险公司必须确保被保险人对其有适当程度的影响力，而更加详细的规定则留给了各个医疗保险公司的章程。绝大多数医疗保险公司的章程由被保险人组成的会员董事会商议制定，会员董事会的成员由多种方式选出，有的是由全体被保险人投票产生，有的是自我推荐获得席位，有的是先前的成员推荐新的人选，等等。

① Tan S S，Van Ineveld M，Redekop K，et al. Structural reforms and hospital payment in the Netherlands [J] . Euro observer，2010，12 (3)：7 - 9.

② 富兰德，古德曼，斯坦诺. 卫生经济学 [M]. 6 版. 北京：中国人民大学出版社，2011：459.

值得注意的是，荷兰医保公司的会员董事会与德国、法国不同的是，成员都是代表个人的，没有代表是从工会或雇主协会选举产生的。这样的安排主要是为了反映出被保险人多样化的需求，而工会或雇主协会等游说团体则通过其他渠道发挥他们的影响。在2006年新医疗保险法通过之后，一些先前的疾病基金和一些私人保险公司选择改变其法律形式，成为有限责任公司。其中大部分公司是没有股东的非营利性组织，也有少数营利性保险公司存在。绝大多数保险公司都保留了会员董事会，但其职能范围有所缩小，也不再是最高执行机构。少数取消会员董事会的公司建立了“咨询小组”或“建议平台”作为沟通工具。

因此，在医疗保险谈判中，医保公司的谈判政策和策略会更多受到消费者的需求和意愿的影响。具体来说，首先会制定谈判政策邀请参保者和患者组织加入讨论。例如，荷兰最大的医保公司CZ每年都会邀请多个参保者和患者组织参与制定谈判方案。其次，在谈判策略选择上，由于参保者消费需求和习惯的多样性，医保公司在谈判中往往会倾向于尽可能多地与多种类型的医疗服务提供者签约。同时，由于大部分参保者都是价格敏感型的消费者，因此在谈判中医保公司会更加注重购买那些性价比高的服务。再次，在消费者需求驱动型的医保谈判中，医保公司通常会建立完善的谈判结果和执行情况反馈机制。一方面，医保公司会在官网上公布谈判的具体结果，使潜在的消费者第一时间了解到新一年保单的情况；另一方面，医保公司还会在谈判结果执行过程中通过满意度调查、小组讨论和一对一访谈等方式，了解参保者对签约的医疗服务提供者是否满意，以便获取经验指导下一次谈判。最后，荷兰成立了卫生保健消费者全国保护伞组织，负责收集和处理患者的诉求。

从以上情况可以看出，在消费者需求驱动型的医疗保险谈判中，有着较好的激励机制促使医保公司在最大程度上维护参保者的利益，在一定程度上有效地解决了双方之间的代理问题。但同时也需注意，同上文提到的参保者对医疗服务质量的认知偏差问题相同，这样的谈判往往更注重价格上的讨价还价，而提高服务质量的动机不足。

5.5.5　"有管理的竞争"原则下的谈判

上述谈到的多项荷兰医保谈判的特点都是竞争机制的具体应用，但荷兰医保谈判并不是完全自由的市场竞争，为避免潜在的市场失灵，荷兰政府一直在医保谈判中遵循着"有管理的竞争"原则。这一原则是指所有行动者都以相对的自主性进行谈判，但都受监管框架的约束。除政府监管外，行动者还通过监督彼此的绩效表现来实现法律要求，并报告越轨行为。其中，政府负责制定规则，维护公共利益（质量、可及性与医疗服务的可负担性）；医保公司应该像企业家一样行事，为参保者购买物有所值的医疗服务；医疗服务提供者应该对医疗服务的质量和有效性承担更多的责任；而参保者作为消费者和患者必须学会保护自己的权利和利益。"有管理的竞争"假设激励措施，如增加消费者选择权和选择性签约权，能鼓励保险公司和医疗服务提供者高效行事，即在以价值换取金钱的基础上进行有效竞争（以最低价格获得最高质量）。但只有当参与者有效行动并获得正确的激励措施时，整个医疗体系才能发挥作用。

具体来说，在医保谈判中，政府委托自治管理机构 NZa 作为管理者监督谈判的平等有效性并控制潜在的市场失灵。首先，NZa 负责制定医保谈判的底线：一是确定基本医疗福利包，这是谈判必须包括的基本内容；二是为部分服务制定指导价格，当谈判双方无法达成一致或者没有具体参考标准时，则可选择执行指导价格；三是制定谈判规则，例如是否允许全科医生进行集体谈判或者医保机构是否可采用标准化合同等。其次，NZa 监督行动者遵守《医疗保险法》和《医疗服务市场监管法》。再次，NZa 还身兼动态调节医疗服务提供者与医保公司之间的市场势力的重任，当行动者（无论是医疗保险公司还是医疗保健提供者）阻碍医疗保健市场的公平竞争时，NZa 会干预限制，防止谈判中的两者势力相差过大，引发不公平。最后，NZa 还负责监督谈判结果的实施情况，确保谈判结果能保障参保人医疗服务的可及性与可获得性，并接受谈判主体各方的意见反馈。任何一方若感受到不公平对待或有对谈判的改善建议均可通过代表协会向 NZa 提出建议。

第 6 章　法德荷三国社会医疗保险谈判机制比较、成因分析与经验总结

6.1　法德荷三国社会医疗保险谈判机制整体情况比较

在正式开始分析比较之前，本书按照谈判基本要素对法德荷三国社会医疗保险谈判机制的整体情况进行了综合回顾。如表 6 - 1 所示，三国医保谈判机制各具特色。

表 6 - 1　法德荷三国社会医疗保险谈判机制情况概览

	法国	德国	荷兰
谈判主体	公法法人：全国医疗保险基金联盟、全国补充医疗保险基金联盟、各医学专业具有代表性的全国工会以及医疗卫生专业人员全国总工会	公法法人：法定医疗保险基金及州协会与联邦联合会、法定医疗保险基金医生州协会与联邦联合会、医院区域协会与联邦联盟	私法法人：私人保险公司、全科医生、医院

续表

	法国	德国	荷兰
谈判层级	全国层面（中央层面）	多层面（联邦、州级以及个体）	个体层面
谈判模式	集体谈判	以集体谈判为主，辅之以个体谈判	个体谈判
谈判内容	私人执业医疗卫生专业人员提供的所有医疗服务的收费标准、支付方式及额外费用，私人执业医疗卫生专业人员的工作条件、权利与义务，优先项目	门诊医疗服务统一评估标准及固定点值与预算，门诊医疗服务地区点值价格及预算，医院医疗服务的 G-DRG 基础支付标准与预算	全科医生医疗服务收费标准、服务数量、慢性病项目和优化医疗服务项目，医院及专科医生医疗服务中部分 DBCs 的支付标准
谈判目标（焦点）	控费、预算分配	提高医疗服务质量和效率	医疗服务价格
谈判频率	每四年或五年	每年（或季度）	每年或任何有需要时

从谈判主体来看，法国、德国主要是由具有公法法人地位的协会和联合会代表相关利益方参与谈判，而荷兰则由当事人自身或私法法人性质的公司直接参与。与此相对应的是，在谈判模式选择上，法国、德国多采用集体谈判模式，而荷兰则为个体谈判模式。

从谈判层面来看，法国最为集中，谈判仅限于在中央层面展开，地方层面更多的是行政管理关系，负责执行谈判结果；德国的谈判层级则十分丰富，从联邦到州级以及个体层面都有相应的谈判安排，构成了一个完整的谈判体系。上一层级的谈判对下一层级的谈判起规范和指导作用，下一层级的谈判只能在规定的框架和指标下进行。这样的设计既保证了整个谈判的稳定性与可控性，又为根据区域具体情况调整保留了灵活性；荷兰医保谈判的层级则更为简单，统一在个体层面展开，更加接近市场机制，充满竞争性和灵活性。

从谈判内容来看，德国和荷兰的门诊和住院医疗服务均被纳入其中，表明了医保谈判机制已经是唯一或者主要的医疗服务管理和定价方式。当然相对而言，德国的谈判内容覆盖更广，因为荷兰的住院医疗服务仍有一部分由政府主管部门定价。而法国的医保谈判内容则较窄，只涉及私人执业医疗卫生专业人员提供的所有医疗服务，医院和专科医生的服务决策权仍保留在政府主管部门手中。而且在私人执业医疗卫生专业人员中，特别是在医生群体中，大约还有 1/4 的医生不受谈判签订公约的约束。

从谈判目标来看，三国医保机构也各有侧重，法国医保谈判是在总额预算制下进行的，其主要目标就是与医疗卫生专业人员一起协商在预算范围内能够提供的医疗服务的支付标准，重点在于控制医疗费用增长。而在德国，由于各基金会具有竞争关系但无保费定价权，因此只能通过与医疗卫生服务提供者签订提高服务质量和效率的合同，为居民制定个性化的医疗保险方案、创新医疗保险产品，提高疾病基金的非价格竞争力，所以谈判会更加注重服务效率和质量。荷兰医保公司的竞争则更多集中在价格层面，因为参保者相对于服务质量而言对保单价格因素更为敏感，为更多地吸引民众参保，医保公司会在与医疗服务提供方的谈判中着重强调价格折扣。

从谈判频率来看，各国其实每年都会就医疗服务预算与支付标准等指标，结合上一年的执行情况以及今年预测的人口、患病率等因素进行重新谈判。但法国的国家公约谈判每四至五年才举行一次，其余时候都是通过附录增补的形式进行参数式调整，不涉及公约中的其他规定。德国和荷兰则相对灵活，德国每年（门诊）或每季度（医院）都会进行医保谈判，而荷兰是在每年一次的基础之上，如果医保公司和医疗服务提供者双方有需要可随时重启谈判，保障了医保谈判的灵活性和结果的适应性。

6.2 公共治理理论视角下法德荷三国社会医疗保险谈判机制比较与分类

公共治理理论，简单来说，主要是研究政府-市场-社会三者关系的理论。传统上更多将政府-市场-社会三者视为不同的行动主体，研究三者的职能范围或边界，让其在参与公共事务治理中各自发挥其比较优势。但深入考察可以发现，这三个主体的行动背后对应着不同的治理机制，相互之间并不是替代关系而是既具有一定的运行自主性又具有互补嵌入性。[①] 三种机制嵌入和协同方式不同，整个公共治理体系就会呈现出不同的特征和绩效水平。而法德荷三国医保谈判机制在构建和运行中，正是通过对这三种机制的选择性运用及相互协同作用，才呈现出不同的特征和运行规律，因此这也成为比较法德荷三国医保谈判机制的新视角。

6.2.1 公共治理理论视角下医保谈判机制的再认识

在公共治理理论视角下，医疗保险谈判机制是医保治理的重要机制安排之一，其强调多方主体参与，而各参与主体背后对应着不同的治理机制。因此，医保谈判机制构建看似是对各方谈判主体的行动安排，实则是各国对医保治理范式的选择。这些治理机制包括行政机制、市场机制与社团机制，被各有侧重地运用在医保谈判中，构成了各国医保谈判机制的不同面貌。其中，行政机制的基本特征是“命令与控制”，又被视为“自上而下的治理模式”，集中体现在政府所实施的干

① 顾昕．新时代新医改公共治理的范式转型：从政府与市场的二元对立到政府-市场-社会的互动协同［J］．武汉科技大学学报（社会科学版），2018，20（6）：589－600.

预、规制、法律和政治行动之中。市场机制，则是基于市场主体间的自愿交易，基本特征是选择与竞争，常常伴随着合约的订立。社团机制，则通常发生在由相互密切关联的个体组成的非营利组织、专业协会、联盟等之间，基本特征是承诺与遵守。[①] 由此，考察法德荷三国的医保谈判机制，其共同规律在于：一是医保谈判机制是三种机制相互作用的结果，三者并不是此消彼长的关系，而是在自主运行的基础之上具有互补互促的功能。例如，法国医保谈判机制就是行政机制与社团机制共同作用的结果，其他两国也是大同小异。二是在医保谈判中，谈判主体不一定只适用于唯一的治理机制。例如，政府在谈判中也可采用市场机制行事，成为购买者或赞助者；私人医保公司或社团组织也可能在内部呈现出行政机制行事的特征。三是法德荷三国通过对这三种机制的选择性运用及相互协同作用，使得医保谈判机制呈现出不同的特征和运行规律。

6.2.2　法德荷三国医保谈判中三种治理机制的比较

经过对医保谈判机制的再认识后，接下来本节将对三种治理机制在法德荷三国的医保谈判中的运用进行比较。回顾三国的医保谈判机制的构建与运行，在行政机制的运用上，法国更加注重通过政府去引导其他谈判主体的谈判行为，并且采用自上而下的模式制定谈判目标和谈判策略；德国则仅在社团协调机制失灵时才会使用行政机制进行弥补或矫正；荷兰在医保谈判中运用行政机制，则更多体现在通过制定谈判框架和规则构建公平、规范的市场环境，促进市场机制在谈判中的有效运用。从市场机制的运行来看，法国在医保谈判中较少运用市场机制；而德国更多将市场机制作为促进身为谈判主体的自治社团

① 顾昕．治理嵌入性与创新政策的多样性：国家-市场-社会关系的再认识［J］．公共行政评论，2017，10（6）：6－32，209.

提高效率的手段；只有荷兰将市场机制视为医保谈判的重点机制，强调市场主体在医保谈判中的选择与竞争，通过平等谈判和自由签约实现自身利益最大化，从竞争中获得优厚的市场回报。最后，社团机制常被视为构建医保谈判机制的核心机制，但事实上也并未被所有国家着重采用。在法国，社团机制主要用于组建医疗卫生专业人员代表组织，并且被用于强调代表不同专业医生的特殊利益，并不是一个较好的协调机制；而德国的医保谈判则主要采用社团机制的运行逻辑，强调由各利益相关方组成协会或联盟，在谈判中秉承寻找共识、长期合作的理念，各自对协会或联盟的成员负责，形成较为良性的互动关系；而荷兰仅将社团机制作为在医保谈判中进行意见反馈的辅助机制。详细内容可参见表 6－2。

表 6－2　三种治理机制在法德荷三国医保谈判中的作用

	行政机制	市场机制	社团机制
法国	自上而下制定谈判目标，政府引导谈判主体的谈判行动	较少发挥作用	组建医疗卫生专业人员代表组织，强调不同专业医生的特殊利益
德国	弥补或矫正谈判中的协调失灵	促进自治社团提高效率	多方参与，联合自治，协调各方利益冲突，强调合作
荷兰	制定谈判框架和规则，维护公平竞争的环境	平等谈判，自由签约，为谈判主体提供优厚的回报	反馈意见

6.2.3　法德荷三国医保谈判机制比较分类与特征分析

根据上述治理机制在医保谈判中不同程度的运用和协作关系，本书将医保谈判机制分为三大理想类型：政府引领型医保谈判、社团协作型医保谈判和市场竞争型医保谈判。法国、德国和荷兰可依次作为以上三种理想类型的代表，但并不唯一和固定，只是为了在理论上更易明显区分和进行特征分析，详见表6－3。

表6－3　公共治理理论视角下法德荷三国医保谈判机制比较

	谈判类型	治理取向	关系特征	目标定位	谈判工具
法国	政府引领型	以行政机制为主，辅之以社团机制	对抗型	全国层面统一的谈判结果	利益分化与财政补贴
德国	社团协作型	以社团机制为主，辅之以行政机制和市场机制	合作型	社团层面更具有适应性的谈判结果	协商、联合自治、长期合作
荷兰	市场竞争型	以市场机制为主，辅之以行政机制	竞争型（选择型）	个体层面更有竞争力的谈判结果	联合垄断与选择性合约

以法国为例的政府引领型医保谈判的治理取向以行政机制为主，辅之以社团机制。在此类型下，医保谈判的主体双方易呈现出对抗型的关系特征，因为行政机制多采用“命令与控制”的行事方式，主体双方缺乏平等的沟通与协商意识。谈判目标倾向于追求全国统一的谈判结果和政策实施，以便适应行政机构上传下达的工作方式。而在谈判中，若遇到无法达成一致的情况，政府倾向于对谈判主体进行利益分化，部分辅之以财政补贴的利益引诱去实现既定的行政目的。

以德国为例的社团协作型医保谈判的治理取向是以社团机制为主，辅之以行政机制和市场机制，可以说是较好地协调了三个机制之间的嵌入性。在此类型下，医保谈判中的各方谈判主体的关系特征表现为合作型，由于各方都是自治组织，并不希望政府干预其自治的权力，所以倾向于通过平等协商构建长期合作关系。各方的谈判目标既可以是全国统一的，也可以是协会层面的，这取决于谈判结果适用的人群，具有灵活性。此外，谈判通常在联合自治理念的指导下，秉承“承诺与遵守”的行事风格，以共同建立固定的谈判平台。

以荷兰为例的市场竞争型医保谈判的治理取向是以市场机制为主、辅之以行政机制。在此类型下，谈判主体各方是具有竞争性和选择性的关系，不具有固定或稳定的合作关系。这就决定了其谈判的目标定位是个体层面有竞争力的谈判结果，而不是满足行政目的或者形成长期合作关系。在医保谈判进行的过程中，各方既可以选择进行联合或合并形成垄断获取谈判优势，也可以采用选择性合约，从自身利益最大化的原则出发在市场上寻找最适合的商业伙伴。

6.3 委托-代理理论视角下法德荷三国社会医疗保险谈判机制比较

信息不对称是医疗保险谈判机制产生的内部动因。由于医疗服务的特殊性，医疗体系的各主体之间普遍存在信息不对称现象，也可称为委托-代理问题。绝大多数社会医疗保险谈判都是在作为代理人的谈判主体之间进行的，这也构成其重要特征之一。因此，是否满足委托人的需求，解决相关代理问题，成为衡量该国医保谈判机制运行情况的标志之一。对此，本节引入委托-代理理论的视角，通过构建一个三重委托-代理分析框架，对法德荷三国医保谈判机制的运行进行比较研究。三重委托-代理分析框架包含：（1）参保者与医保方之间；（2）医保方与医疗服务提供方之间；（3）政府与医保方之间。根据三重分析框架，比较法德荷三国如何通过医保谈判机制的设计解决由委托人与代理人之间的信息不对称、委托人之间的利益分歧以及委托人与代理人之间的利益冲突等因素造成的代理问题。

6.3.1 医保谈判中参保者与医保方之间关系比较

在社会医疗保险谈判中，参保人是谈判的委托人，通过委托医保方作为代理人，与医疗服务提供方进行谈判。法德荷三国同样采用了代理谈判的模式，以发挥医保方相对于个体参保者拥有的明显“团购”优势、更多的专业知识和信息以及节省交易成本的优势，但同时也面临着共同的代理问题。

三国参保者与医保方在医保谈判中的代理问题主要体现为：一是信息不对称带来的谈判目标偏差与信任问题。信息不对称可能在委托代理双方之间双向存在。当委托人掌握相对多的信息时，代理人可能不知道如何在谈判中恰当地代表委托人的利益，例如医保方不能或没有动力完全精确了解参保人的需求，就可能使得医保谈判目标偏离参保人的委托；但更普遍的情况是代理人拥有相对多的信息，这些信息可能来自代理人的专业知识或代理人在谈判中获得的重要信息，而委托人并不知晓，就容易使得委托人和代理人之间产生信任问题，例如参保人会对医保谈判结果中的价格或服务产生不解或不满，质疑医保方的谈判能力。二是委托人与代理人之间的利益冲突引发的医保谈判目标与行为的冲突，这在医保谈判中十分常见。最明显的例子就是医保方与参保人就如何花费医保费用和购买什么样的医疗服务之间的不同诉求。医保方，作为参保人的代理人，希望在谈判中以适度的费用为参保人购买或提供必需的或基本水平的医疗服务（以自身财务平衡为首要利益）；而参保人则希望通过支付较低的保险费用获得最大范围的医疗服务和经济补偿（以满足自身医疗需求为首要利益）。这样的利益冲突使得在医保谈判中如果没有合理的激励机制的设定，则很难确保委托人的利益在谈判中获得充分的保障。三是委托人内部利益诉求多元造成的代理人在谈判中动力机制的混乱。医疗保险参保人是一个十分分散、异质性高的群体，其利益诉求十分多元。简单来说，医保参保者可分为健康的参保者和已患病的参保者，后者又可按患病类型不同进行进一步划分。这些不同的群体对医疗服务的需求不同，因此在医保谈判中提出的代理需求也各异。如果不能达成一定共识，医保方作为代理人便会因为谈判目标和策略不明而陷于困境。

首先，在面对同样的代理问题时，法德荷三国在医保谈判中设计了不同的委托机制，即参保者是否有权自由选择参保机构以及参保机构在医保谈判中能多大程度反映参保者的需求和偏好。在法国，医保参保者按照就业状态和行业类型分类参保，由属地化的医保基金进行管理，没有自由选择参保机构的权利。因此，参保者与医保方的委托-代理关系是法定而固定的。而参与谈判的医保机构均是由法律或议会授权自上而下设立的公共机构，与医疗主管部门通过签订行政合同形成特约关系，以提供良好的公共服务为目的，在合同范围内具有自主决策权和独立承担谈判带来的财务责任。这也导致法国医保方在谈判中，最重要的目标是实现与政府主管部门签订目标与管理协议，采取向上负责的态度，解决医保谈判中的代理问题，谈判目标和行为非常容易偏离委托人的诉求。在德国，法律允许参保者自由选择医保方。但德国的医保制度有悠久的分地区、分行业参保和管理的历史，已有的六类疾病基金在筹资、运营和支付上都存在较大差异，再加上不同的参保门槛和参保者已形成的参保习惯，实践中参保者很少会变更参保机构。此外，德国采用以协会层面进行的集体谈判，每个医保机构在谈判中的影响力取决于其市场份额。因此，参保者较难通过自由选择权对医保方处理代理问题产生明显影响，但德国的医保方是公法下的准公共机构，由雇主和雇员共同自治管理，是非独立代理人，作为局内人，可以在一定程度上削弱代理问题的影响。而在荷兰，所有的医保机构都是私人保险公司，参保者完全可以像购买普通商品一样自由选择社会医疗保险服务，更多地被视为消费者而对待。仅 2006 年，即荷兰实施自由选择的第一年，就有 18%的参保者选择更换了保险公司，随后几年有所下降，2007 年为 4.4%，2008 年为 3.6%，更换保险公司的人数在 2014 年增加到 7.0%，在 2015 年增加到 7.3%。① 可见，

① Kroneman M，Boerma W，Van Den Berg M，et al. Netherlands：health system review [R]. Health systems in transition，2016，18 (2)：49.

在荷兰，参保者可以选择与医保方形成自由的委托-代理关系，在不满意时可更换代理人。这样的设计使得在医保谈判中，保险公司更加重视参保者的诉求，并更愿意通过信息公开获得参保者的理解和信任。

其次，法德荷三国在医保谈判中解决医保谈判代理问题的具体措施有明显不同，详细情况可参见表 6－4。

表 6－4　法德荷三国解决医保方在医保谈判中代理问题的措施比较

国别	解决医保谈判中代理问题的措施				
	信息公开	参保者参与谈判议题讨论	参保者拥有谈判决策权	谈判结果反馈机制	谈判结果申诉机制
法国	√	×	×	×	×
德国	√	√	√	×	√
荷兰	√	√	×	√	√

具体来说，在法国医保谈判中，由于固定的委托-代理关系的存在，医保方对于代理问题的回应较少，主要措施仅为由政府主动为民众开发健康信息网站，通过网站公布医院服务质量数据、法国药品市场情况以及签约医生的收费标准等。民众只能通过网站了解信息，减少与医保方的信息不对称问题，但实施效果并不理想。德国由于自治的传统，在医保谈判中更注重参保者的参与。除了疾病基金会员有权投票选择代表参与医保谈判之外，德国还通过立法赋予参保者听证权、参与权和共同决策权。当联邦法定医疗保险基金协会决定谈判议程时，参保者和患者代表有权旁听和发表意见。而在荷兰医保谈判中，竞争性的代理关系使得医保公司更愿意倾听参保者的诉求。绝大多数保险公司都成立了会员董事会、“咨询小组”或“建议平台”作为与参保者的沟通工具。在确定谈判议题时，邀请参保者和患者组织加入讨论，减少信息不对称带来的目标偏差并获得参保者的信赖；在谈判策略选

择上考虑参保者消费需求和习惯的多样性，尽可能缓解参保者内部的利益冲突；在谈判结果执行过程中建立满意度调查、小组讨论和一对一访谈等参保者反馈机制，建立长期稳定的互动机制。此外，参保者可以通过诉讼，申请法院对疾病基金和医疗服务提供者之间签订的关于限制购买医疗服务数量的合同是否妨碍被保险人实现法定权利进行裁决。

最后，医保谈判中的医保方是否最终较好地满足了参保者的需求，还可以从谈判目标的设定和排序中一探究竟，参见表 6-5。之所以会出现这样的区别，还是因为双方的委托-代理关系不同，信息不对称和利益冲突引发的代理问题带来的影响不同。法国医保方要完成行政合同设定的预算目标，所以其谈判的首要目标一定是医疗费用的控制，所有的措施都必须满足一个前提，就是不得超过该部门的医疗费用预算。因此，法国的谈判更加看重价格因素，而容易忽视质量或患者体验的提升。德国医保方则更加注重医疗服务质量，次之是费用控制，因为德国医保方之间存在竞争关系但法律不允许进行价格竞争，故而医疗服务质量就被放在了首位。而荷兰医保谈判的首要目标是提高参保者满意度，这源于其消费者驱动型的医保市场机构安排，参保者可以自由选择谈判代理人，因此作为代理人的医保方更倾向于满足参保者的需求。

表 6-5　法德荷三国医保方在医保谈判中的主要目标设定情况比较

	医保方在医保谈判中的主要目标设定		
	医疗费用控制	医疗质量追求	参保者满意度
法国	+++	++	+
德国	+	+++	++
荷兰	++	+	+++

注：+++代表首要目标，++代表次要目标，+代表第三位的目标。

综上，从是否满足参保者需求的角度来审视法德荷三国医保谈判机制的运行情况，可以看出代理问题仍普遍存在于医保谈判之中，德国、荷兰在医保谈判中为参保者提供了多个纠正这一问题的渠道，而法国医保谈判机制中却普遍缺乏纠正渠道，这很大程度上是因为法国构成委托-代理关系的机制不同。而德国和荷兰相比，德国更注重对参保者的赋权，让参保者直接参与到医保谈判中来，最大程度地避免了代理问题的产生；而荷兰更注重将参保者当作消费者，注意倾听其需求但没有决策权，因此医保谈判中能否减少代理问题还取决于参保者的市场势力。最后，从三国医保方在谈判中主要目标设置的先后顺序亦可窥见其运行情况。

6.3.2　医保谈判中医保方与医疗服务提供方之间的关系比较

第二重委托-代理关系发生在医保方与医疗服务提供方之间。这一次医保方是委托人，通过医保谈判，作为代理人的医疗服务提供方能否在保障质量的前提下，以合理的价格水平向参保者提供适当的医疗服务组合，成为衡量医保谈判机制运行情况的标准之一。

两者之间的代理问题在医保谈判中体现为：一是信息不对称导致的医疗服务成本难以估算以及医疗服务质量难以在谈判中设定合理考核指标的问题，从而影响到医保谈判的有效性。在医保谈判中，成本的计算是对医保方的挑战，如果缺乏成本信息，很难确定合理的医疗服务价格，从而难以进行有效的医保谈判。关于医疗服务质量的考核，也面临着相同的问题，医疗服务结果信息的缺乏或不确定性，导致指标设定困难，从而很少有关于服务质量的谈判。二是双方利益冲突带来的代理问题。在执行阶段，谈判签订的服务合约，使得医保方与医疗服务提供方形成契约关系，其中医保方成为委托人，而医疗服务提供方以医保方代理人的身份为参保者提供医疗服务，但医保方和医疗服务提供方在完成合约任务时存在着明显不一致的目标。医保方的目标是在维持基金可持续的前提下为参保者购买质优价廉的医疗服务，而医疗服务提供方则是追求自身利益的最大化，这既包括经济利益，又有声誉价值的考虑。而由于信息不对称带来的优势，医疗服务提供方可能会通过“诱导需求”或“医患合谋”，损害委托人的利益。

为解决这一系列的代理问题，法德荷三国在医保谈判机制中有不同的政策设计并呈现出不同的运行效果。首先是医保方获取信息的方法和能力比较，法国采用的是建立全国性的医院信息系统，跟踪医院的临床数据和卫生服务成本，包括诊断、医疗案例的流程、住院时间和患者特征等。同时，法国还将公民个人信息系统、诊所门诊数据管理系统以及医疗服务机构管理系统连接起来，打造一个全方位的全面综合的医保系统数据库，使得医保方在谈判中拥有一定的信息支撑和优势。德国则是立法允许谈判各方接受研究机构的支持。医保方往往自设研究机构或委托第三方研究机构提供谈判所需的所有分析报告，并且要求保险基金会医生协会及其联邦协会和医疗保险基金会及其联邦最高联合会均需无偿提供相关数据，且医保最高联合会负有汇总数据并向研究机构免费通报的义务。而荷兰的医保公司主要将参保者的报销信息以及政府主管部门公布的相关医疗服务成本信息作为谈判的依据，因此各个公司之间获取信息的能力相差较大，且与法国、德国相比缺乏系统性和全面性。

其次是谈判结果执行阶段双方利益冲突的解决情况的比较，这主要是比较法德荷三国医保谈判中激励手段和监管措施的运用。法国在签订国家公约时赋予了医生较大的自主权，医生可自由选择加入对定价有不同要求的部门提供医疗服务，法国以此来获取医生对公约的支持和执行。此外，公约还为医生提供了个人绩效合同谈判服务，签约的医生在达到规定的考核指标后，可获得额外的报酬奖励，这一措施也正向激励医生更好地执行国家公约的内容。德国的医保谈判则实际上将执行的职责转移给了法定医疗保险医生协会和医院协会，医保方只负责将谈判达成的费用拨付给医生协会，由医生协会具体去监督管理医生的医疗行为并支付费用。这样做的好处是将资金风险转移给了医生协会，并且医生协会不但具有专业性而且拥有医生执业资格的认证权，因此能够更好地监督医生的医疗行为，也容易与医生达成一致。在荷兰，解决双方利益冲突的方式则更多采用微观管理的形式，医保公司通过对医生的处方与医院医疗服务的抽查来进行监督管理。

最后是关于谈判工具的不同认知和选择的比较，选择不同的谈判工具，同样会改变医保方与医疗服务提供方之间的委托-代理关系。在医疗保险谈判中，一般常用的谈判工具还包括设立管理型医疗服务组织和使用选择性合约。但在对谈判工具的认知和选择上，法德荷三国存在着较大的不同。针对设立管理型医疗服务组织，在法国，法律赋予医保方设立医疗服务中心的权利，而医生工会特别反对此举，因为这会极大地削弱工会在医疗服务提供者中的影响力。因此，这常被医保方当作威胁医生工会签订国家公约的工具。到目前为止，管理型医疗服务组织在法国并不常见。而在荷兰，设立管理型医疗服务组织被认为是保险公司与医疗服务提供方的另一种合作方式。2006 年改革后，法律允许保险公司与医疗服务提供方组建管理型医疗服务组织，为消费者提供定期选择，使其选择的不仅是保险公司，而且是“综合医疗筹资与递送组织”。① 而对选择性合约的使用，三国也呈现出不同的谨慎程度。一般来说，为了保障医疗服务的可及性和可获得性，医疗保险谈判往往采用普遍性合约，因为按照法律规定，任何愿意接受医疗保险计划条款和在计划的地理服务区域内执业的医生或其他医疗

---

① Van De Ven W P M M, Beck K, Buchner F, et al. Risk adjustment and risk selection on the sickness fund insurance market in five European countries [J]. Health policy, 2003, 65 (1): 75-98.

服务提供者，都可以申请并且必须被接受进入医疗保险计划的网络。①德国在历史上很长一段时间里与所有医生签订的合同对参加社会医疗保险的保险人来说都是强制性的。2003年，医保基金在与专科医生谈判时尝试引入选择性合约，结果遭到了医生的普遍抵制，宣告失败。目前，德国仅在整合医疗服务领域可以使用选择性合约，且参保者可自愿选择是否参与。而在荷兰，合约的签订是可以选择的。选择性合约不一定是限制任何特定医生的进入，但医疗保险对患者到非合约医生处就医产生的医疗费用的报销比例会有所降低。选择性合约也可被认为是医保基金对医生的一种行政管理手段。②

6.3.3 医保谈判中政府与医疗保险方之间的关系比较

在医疗保险谈判中，政府与医保方同样存在着委托-代理关系，本节比较的是政府如何管理才能使医保方在医保谈判中做好代理人。法德荷三国都十分重视政府作为医疗卫生系统管理者对医保谈判的作用，但政府在医保谈判中实际扮演的角色和采取的措施却又有很大不同。

首先，从设定谈判目标来看，法国通过议会每年制定医疗保险支出预算，并通过政府主管部门与国家医疗保险基金联盟签订行政合同的方式将预算目标嵌入医保谈判之中。同时，政府主管部门会根据全国医疗卫生领域的发展情况，与国家医疗保险基金联盟协商设定国家公约谈判中的优先项目目标。医保机构倾向于依赖政府的力量，常常通过政府修改相关法律规定或谈判规则而获得谈判优势。而在德国，医保谈判目标是由联邦法定医疗保险基金协会根据每年医保基金收支情况并在听取医生联合会诉求的基础上设定的，政府主管部门并不参

①② Gaynor M, Mark T. Physician contracting with health plans: a survey of the literature [M] //The economics of health care in Asia-Pacific countries. Cheltenham: Edward Elgar Publishing, 2002: 33 - 62.

与其中。谈判中涉及的最低医疗保险福利包也交由跨部门组成的自治的联邦共同委员会全权决定。而荷兰医保谈判采用个体自由谈判模式，谈判目标由医保公司根据当年的经营策略和在听取参保者的建议之后设定，同样没有政府主管部门的参与，但政府还是会通过出台行政指令规定，自由设定的谈判目标必须要满足参保者的基本医疗服务需求，即基本医保待遇包。

其次，从政府在医保谈判中的参与度来看，法国政府直接参与谈判，政府主管部门拥有任命负责谈判的国家医疗保险基金联盟主席的权力，并且时常根据谈判进展的情况更改签约或执行的规则，帮助国家医疗保险基金联盟实现谈判目标。而德国政府在医保谈判中则尽量保持中立协调者的角色，除了通过立法制定基本的谈判规则外，并不直接参与谈判，仅在谈判双方召开扩大评估委员会后仍无法达成一致时，才发挥制定相应标准的兜底作用。荷兰政府在医保谈判中的角色则比较多元，一方面秉持着“尽量远离谈判”的态度，使整个谈判过程仅在医保公司与医疗服务提供者之间进行；另一方面又坚持“有管理的竞争”原则，在医保主管部门下设立了自治的荷兰医疗保健局，作为医疗保健市场的管理者，动态调节医疗服务提供者与医保公司之间的市场势力，防止两者势力相差过大，引发不公平。同时，荷兰政府还负责制定某些医疗服务的参考价格及与医保公司一起制定标准化合同等。

最后，从谈判结果的审核和执行来看，法国医保主管部门一直拥有对谈判签订的合约的最终审批权。2004 年以前，其可以对合约的具体条款和设定标准提出异议并让双方重新谈判，而 2004 年之后，审批权仅涉及合约是否符合法律的相关规定。荷兰的医疗保健局同样对谈判结果具有审查权力，并且法律规定其需要对每一家医保公司签订的合同进行审查和批准。德国医保主管部门则不具备此项权力。详细情况可参见表 6－6。

表 6-6　法德荷三国政府参与医保谈判的情况比较

	谈判目标设定			谈判过程参与			谈判结果审核
	基本目标	预算目标	优先目标	直接参与	间接调节	最终兜底	
法国	√	√	√	√	×	√	√
德国	×	×	×	×	×	√	×
荷兰	√	×	×	×	√	√	√

综上所述，可以看到在医保谈判中，法国政府为了保障医保方能成为其良好的代理人，采用了更多行政管理的手段甚至直接干预医保谈判的进程，使得整个医保谈判行政色彩较浓而自由谈判机制相对弱化，但也能促使医保方更多地服从政府设定的公共利益。德国政府则完全相反，在整个医保谈判过程中尽量保持不干预的中立角色，最大程度发挥自治组织在谈判中的功能和优势。荷兰政府则处于法国和德国的中间位置，一方面寄希望于市场机制在谈判中发挥主导作用，另一方面又通过加强政府的管理合理引导医保谈判的进行。

6.3.4　小结

利用三重委托-代理分析框架，对法德荷三国医保谈判机制的运行进行比较研究发现：法国医疗保险谈判机制较好地实现了政府对医保制度的规划和目标，利用政府强势的行政管理权力获取谈判所需信息及对医疗服务提供方谈判结果的实施进行监管，参保者在医保谈判中的影响力微乎其微；德国的医保谈判机制较好地回应了参保者的需求，通过与医疗服务提供者保持长期良好的合作关系降低医保谈判中可能出现的代理问题，并且德国的医保谈判不太会受到政府主管部门的干预；荷兰的医保谈判同样十分重视参保者的诉求，并通过竞争机制和选择性合约工具激励医疗服务提供者解决代理问题，而政府在医保谈判中发挥监管和平衡各方谈判主体的重要作用。

6.4　法德荷三国社会医疗保险谈判机制的成因分析

法国、德国和荷兰三国社会医疗保险制度的建立可以说来自同一个源头——德国俾斯麦模式。德国最早建立社会医疗保险制度，随后由于入侵或占领，荷兰、法国先后被迫或主动学习了这一制度安排。在同根同源的社会医疗保险制度的安排下，三国发展出了各不相同的医疗保险谈判机制。可见，医保谈判机制的建立和发展会受多重因素的影响，同时也是各国不同制度环境发展出的独特历史轨迹的反映。一方面，医疗保险谈判机制作为医疗保险管理的一部分，也属于公共管理的范畴，其发展和改革必然受到各国国家结构、行政体制以及治理文化的影响。各国采取不一样的改革措施，最终形成了不一样的改革轨迹。另一方面，由于医疗保险谈判的谈判主体和对象具有特殊性和复杂性，谈判环境由政治交换域、经济交易域、社会交换域共同构成，形成一个复杂的多重关联博弈。因此，在医保谈判中，谈判主体需要在不同领域之间协调策略，而最终的策略组合又会受到经济交易域之外的其他领域中流行的决策规则的影响，更受到嵌入的制度环境的影响。

6.4.1　不同的国家结构、行政管理体制与行政文化

法德荷三国虽均属欧洲资本主义国家，但三国在国家结构和行政管理体制与行政文化上存在较大差异，这直接影响到了三国在医保制度及谈判机制上的选择。国家结构是指在一个国家内整体与局部之间、中央与地方之间的关系，可以简单分为单一制和复合制，而单一制又根据中央与地方的权力分配情况分为中央集权型和地方分权型。法德荷三国的国家结构正好落在了不同的类型里。法国是典型的中央集权

型单一制国家，国家权力集中在中央政府，与此对应的是，法国采用大卫生部体制，集卫生事业规划与发展、医疗保险、药品监督以及医疗救助等职能于一身，在医疗卫生体系的改革和建设中拥有很大的行政权力。而地方卫生局实际上是卫生部的派出机构，所有公务员均由卫生部任用，工资费用一部分来自政府财政拨款，一部分来自医疗保险基金。① 这就使得绝大部分的事务决策权都集中在中央，而地方只具有执行权。同样的结构也沿用到了医保谈判的框架中，即谈判只发生在中央层面，地方机构只负责执行最终的谈判结果。而德国则采取联邦复合制国家结构，由 16 个联邦州构成，中央权力由地方让与，因此联邦州在对内事务上有较大的决策权。传统上，德国医疗体系中，决策权在联邦与州之间共享，并且将许多权力委托给自治机构。而在医疗保险谈判中，在过去很长一段时间里，联邦层面的谈判和签约内容只涉及基本原则的决定，各方的州级协会根据各州的实际情况进行谈判并签订区域性集体合同，具有很大的谈判空间。但随着人口老龄化问题的加重，各州医保基金会面临沉重的财政负担，为增强基金会之间的互济性，德国在联邦层面设立了统一的国家卫生基金，用于风险调解，从而使得社会保障权力向中央集中。经过艰难的谈判，德国最终将分散的医疗管理体制整合起来。② 但医保谈判依然是多层次进行的，联邦和州分权制衡。荷兰则属于第三种类型——地方分权型单一制国家。其中央政府与地方政府之间的权力划分介于法国和德国之间，但其仍具有单一制国家的本质特征，即一切权力属于中央，地方权力的取得需要经过中央授权。因此，在荷兰医疗保险谈判中，尽管政府尽量采取不直接参与只远程监督的方式，但谈判的基本原则和目标以及对谈判各方势力的平衡责任仍由中央层面的机构承担。

---

① 聂春雷，姚建红，冯光，等．法国的卫生服务和医疗保险体系［J］．中国卫生经济，2005，24（5）：67-68.

② 周弘．50 国（地区）社会保障机构图解［M］．北京：中国劳动社会保障出版社，2011：6-7.

除整体的国家结构之外，一国的行政管理体制与行政文化则更加直接、深刻地作用于医保谈判机制的塑造。法国采用多数主义政体，表现为赢者通吃，一个政党如果赢得超过50%的选票便可以控制议会和行政机关，而在行政文化上倾向于等级制和技术专家治国理念。这样的管理体制与文化使得法国的医保谈判更加重视倾听社会精英（如政府官员、技术专家）而不是公众的意见，同时赢者通吃的多数主义缺乏协商精神，使得当谈判发生冲突时，各方容易敌视谈判，采取罢工等不合作方式。而德国则奉行联盟主义的行政管理体制与行政文化。德国的行政体制以纵横严格分权为基本原则构建而成。纵向分权是指在欧盟与联邦之间以及联邦与州级之间各自独立负责对应的行政事务，不存在上下级直属关系。横向分权是指在众多公共事务中，政治决策采用多中心决策机制，在由大量不同的利益相关自治机构构成的多级体制中共同参与完成。而医疗卫生领域政策的决定同样采用多级决定体制，不同层级的医保基金、协会和联盟在医保政策领域作出的决定是相互影响的，没有单独的机构拥有对某一层级医保事务的唯一或最终决定权。这样的权力分配和决策机制使得德国医保政策在实施前就达成了普遍共识，执行成本较低，但缺点也十分明显，即多中心决策带来的大量利益团体的纠葛与矛盾冲突，使得决策成本异常高昂。而德国医保谈判机制正是效仿这样纵横划分多级决策的体系建立的。医保谈判在联邦、州级和个人层面分别展开，同时上一层级的谈判结果只是为下一层级的谈判划定了范围，而并不直接决定其内容，下一层级谈判仍有较大自主决策权。最终执行的谈判结果由多级机构共同决策产生。而这种联盟主义行政文化更加强调各级机构的自治与合作。荷兰的行政管理体制与行政文化是协商联合主义的体现，更加强调平等、开放与共识。① 当各方出现分歧时，首要的冲突解决机制是协商。

① 程迈．在社会分裂中求得政治稳定：李帕特协商联合民主理论评述［J］．环球法律评论，2011，32（2）：110－128.

在协商中，尊重多样化，在此基础上尽量寻求共识。因此，在荷兰医保谈判中，各方对谈判持开放包容态度，在谈判中尽可能满足各方利益，若无法达成一致则愿意进行多轮谈判。

6.4.2 不同的社会文化基础

医疗保险谈判，是一个涉及多方利益相关方互动的复杂机制。制度理论认为，每个行动者在面临类似问题时采取的不同策略和行动，不仅受到政治、经济因素的影响，更是社会文化的最终体现。一方面，社会文化影响着人们对社会保障制度的认识与期望；另一方面，只有形成文化认同，才能对医疗保险谈判机制的构建和选择达成真正的共识，最终形成稳定的模式。

1. 法国——国家主义与行会主义并存

自1789年资产阶级大革命以来，“自由、平等、博爱”便构成了法国社会的基本文化价值取向，其中，对权利平等的追求深刻影响了法国社会福利制度的选择。大革命的传统使法国人视平等高于一切，以高福利为特征的法国社会模式强调的是社会公平，法国人一直以这种“法式社会主义”为豪，把社会福利制度视作一种“社会既得”，是法国社会文明、平等的体现。① 同时，法国民众十分排斥英美模式的自由主义，认为应该更公平地分配社会财富而不是以牺牲某些人的利益来换取发展。因此，在医疗保障领域，绝大部分的法国人认可国家干预医保问题的合法性，倾向于依赖行政手段而不是市场机制来实现医疗福利的平等。除了对平等的诉求外，法国的社会保障制度还先后受到俾斯麦和贝弗里奇关于福利国家的不同逻辑的影响，因此呈现出

① 周弘．30国（地区）社会保障制度报告［M］．北京：中国劳动社会保障出版社，2011：59.

明显的混合性特点。[①] 在埃斯平-安德森的《福利资本主义的三个世界》一书中，法国被划分为保守主义类型的社会福利国家，但随着近几年制度的不断改革，国家在社会保障领域的立法不断加强，再加上税收在整个社会保障收入中的比例不断提高，法国的社会保障制度越来越呈现出国家主义的特征。法国还有深厚的行会主义文化传统，其社会结构以职业分层为特征，因此也形成了传统意义上“碎片化”的社会保障制度安排。这种行会主义强调个人独一无二的职业身份，以及捍卫职业群体的社会地位，同时在社会福利的分配上倾向于维护职业群体的“特权”。行会主义致力于通过创造分化和分层的社会秩序来维护职业身份，并通过承认、争取和捍卫“特权”来增强从业人员的归属感。[②]

在国家主义与行会主义的共同作用下，法国的医疗保险谈判机制也呈现出政府、医保基金与医疗卫生专业人员工会三足鼎立的态势。一个强有力的政府，首先通过议会制定医疗支出预算总额，将医保谈判限定在满足预算的框架内；其次通过横向和纵向的不断集权，将医保谈判牢牢地集中在中央层面，并且谈判的结果，包括医疗服务支付标准、支付方式等都在全国统一执行，回应了民众对平等的诉求。此外，政府通过在医保基金委员会中任命总干事和其他两名成员，控制着医保基金的决策权。行会主义在医疗领域的影响体现在医疗工团主义的发展之上。秉持着医疗工团主义的医疗卫生专业人员群体一直是社会医疗保障制度建立的反对者，直到最终妥协，形成了一种尊重自由医学原则的强制性医疗保险模式。而这种抵制和反抗并没有停止，而是逐渐被带入医疗保险谈判中。首先，所有医疗卫生专业人员群体按医学专业的不同组建了大量的工会并在医保谈判中提出诉求、捍卫

① 于蓓．法国是个什么样的福利国家？[J]．法国研究，2013（4）：1－6，47.

② 田珊珊．社会文化视角下法国社会保障制度“碎片化”特征解析 [J]．社会保障评论，2017（2）：151－159.

权利，从而获得成员的认同感和归属感。因此，法国医疗保险谈判是按照医学专业分类进行的，医保基金需要同全科医生、专科医生、护士、助产士、理疗师等多个医学专业的工会分别谈判，形成医保谈判中的“条形”格局。此外，这些工会在为成员谋求薪资福利的同时，还成为成员职业身份的象征，更被用来捍卫职业特权与荣誉感。例如，在法国医疗保险谈判中，“第二部门”医生群体的出现便是专业技术强、水平高的专科医生为自己谋取的特权。医保谈判赋予“第二部门”医生自由定价的特权，并设置了进入门槛，以区别于普通医生（“第一部门”医生），体现出强烈的职业优越感。这同样使得法国医保谈判呈现出“块状”分裂的形态。总的来说，受行会主义的影响，法国医生通过分散化的谈判捍卫自身的经济权利，而医生工会在按专业分类后基本也会受制于市场约束。

2. 德国——社团主义下的自治与联合自治传统

社团主义又称法团主义或合作主义，发端于近代欧洲，由德国学者卡尔·施密特（Carl Schmitt）在20世纪70年代最早进行理论化的研究，是一种描述国家与社会合作关系的理论。而这种思想和文化一直根植于德国社会的民族性中，表现为民族精神中的平等思想、自觉意识以及遵守纪律等共同价值观。还有学者指出：“强调‘附属性’的社会天主教，强调‘公司’作为国家‘道德根基’的黑格尔有机论，以及强调协会民主的民主社会主义都是德国社团主义的文化根基。”①而社团主义的基本观点认为，国家和利益集团是一种合作关系，通过相互承认合法性资格和权利，在认知利益差异的基础上寻求合作的可能。② 社团主义强调的是国家与社会之间一种合作与制约相结合、独立与依赖并存的互动关系。具体而言，在社团主义思想的指导下，政府认可一个利益团体作为某一领域唯一的利益代表（如医保基金全国

---

① 青木昌彦．比较制度分析［M］．上海：上海远东出版社，2001：167.

② 彭萍萍．欧盟利益集团与政策制定［M］．北京：中央编译出版社，2012：32－35.

联盟），而获得政府承认的利益团体则负责对该领域的所有利益诉求进行整合和传达，并通过成员资格等方式对利益团体进行约束，从而为利益团体建立制度化的渠道。因此，在某一领域，利益代表团体的数量是限定的，彼此之间基本不存在竞争关系。德国的医疗保险谈判机制便是基于社团主义的逻辑构建起来的。国家通过立法承认医保基金和医生的州协会与联邦联合会的合法性和唯一代表性，使双方各自代表团体成员参与到相应层级的医保谈判中，建立起平等的谈判关系。双方能够始终以公法人机构的形式参与到医保谈判中，而不会因为市场竞争和份额的分散影响到谈判的目标、决策和效率，有效保护了弱势利益集团的利益诉求及实现机制，触犯某一方利益的极端解决方案在这样的合作关系中是难以通过的。

除受法团主义影响外，德国医疗保险谈判机制还是自治与联合自治传统影响下的产物。自治是德国社会共识的核心要素，它在社会各个层面（如地方一级、专业组织、社会保险和学术界等）都有根深蒂固的传统。① 德国现今的自治概念可溯源到19世纪初的地方自治，基本思想在于加强人民对国家公共事务的参与，吸收利益相关兼职人员的知识与经验，以期达到提高行政效率的目的。此时，重点强调的是地区性的人员参与。然后，由于行政事务不断增多，引发自治概念有所演变，可被解释为原属于国家任务范围内的行政事务，交由具有法律权利能力的公法社团来执行。再后来，自治脱离了区域性、行政性的范围，被普遍应用于其他领域，被视为普遍的分权化原则。目前，自治的概念逐渐脱离了形式化走向一个法律层面的定义，即重点在于公共事务在组织上由一个独立于国家之外的主体来执行。② 综上对自治概念在德国演变的梳理可以看到，德国自治理念的本质要素是“参

① GKV-Spitzenverband. Self-government for the future: annual report 2017 [R]. Berlin: GKV-Spitzenverband Körperschaft des öffentlichen Rechts Reinhardtstraße 28, D-10117.

② 李玉君．德国健康保险组织体制之探讨［J］．欧美研究，1999，30（3）：41－88.

与”的思想和“独立自主”的原则。而德国的社会医疗保险制度正是在这样的自治理念下建立起来的，采用了雇主与雇员共同缴费，并共同组建独立于国家行政机关之外的管理机构，负责医疗保险事务的决策与执行，国家只负有监督其是否逾越法律所赋予的界限的职责。这样的自治结构有诸多好处，但在医疗保险谈判中则因分散而多元，造成交易成本过高。于是，在此基础之上，德国医保基金以地域为界限，逐级向上，由同类型的多家医保基金组成州级协会和联邦联合会，负责会员委托的共同任务的处理。而医疗服务提供方的组织也沿着相同的自治原则进行组建，在医保谈判机制中形成了协会之间、联合会之间的就不同事务缔结合约的谈判框架。这样的谈判行为受到另一个德国传统理念的影响，即联合自治（或称共同自治）。上述法团主义关注的是国家与利益团体的关系，自治原则指导的是利益团体自身的管理与运营，而“联合自治”则是作用于利益团体与利益团体之间的原则和理念。具体来说，联合自治是指各方通过谈判协商机制达成协议，解决权利、义务及财务等问题，实现分工合作，而无需政府的干预。在德国医保谈判机制中，这种联合自治的理念还有另一种表现形式，就是建立联合委员会。一方面，德国成立了 G-BA 作为联合自治的最高决策机构，出台各利益团体（医保基金、医生、牙医、医院等）需共同遵守的指令，在谈判中平衡各方利益；另一方面，各谈判方还分别组建了共同委员会，作为一个长期、稳定的谈判平台。

3. 荷兰——围垦模式：实用主义与协商主义

对于荷兰的文化传统，特别是关于社会福利的认识方面，学界始终存在着较大的分歧和争论。一方面，按照社会福利支出占 GDP 比例的指标，荷兰属于高福利国家，接近北欧国家的水平，被认为属于“社会民主主义”模式；另一方面，荷兰强调“共识”的民主模式以及发达的所谓“公民社会”，各利益团体或私人机构在公共事务或社会福利提供中与政府密切合作，因此又常被划分为保守主义（或社团主义）模式。此外，由于荷兰在社会福利领域市场化改革中倾向于引入竞争机制，由私人机构提供福利，又被看作转向自由主义模式。但上述划分都没有体现出荷兰文化传统的本质，可以说只是某一个阶段荷兰人的权宜之选而已。

众所周知，荷兰是低洼之国，有超过一半的国土在海平面之下，这使得荷兰人世代被迫与水患抗争。在这样的背景下，荷兰人渐渐发展出一种小型的社会组织与互动的模式——围垦模式。围垦，又称圩田，是一块块由堤坝包围起来防治水患的土地。由于抽水需要购买风车，而风车在当时又十分昂贵，所以各块土地的所有者不得不共同集资、协作使用风车来改良土地状况。由此，各块土地成为治水系统中的一个单位，而各位合作者共同生活劳作的地区逐步发展成小型社区。在这样的社区中，为了加强合作关系，协调风车的使用和维修，土地所有者们又自主建立了围垦管理委员会，该委员会成为最早的民间协作组织。① 这样的合作模式被逐步推广到荷兰人民生活和生产的方方面面，形成了一种独具特色的荷兰式生产、经营和管理模式，并塑造了荷兰民众的思维与认知方式。围垦模式以自利和实用为出发点，通过采用协商合作的模式，以实现共同受益的目的。在协商合作中，难免会有冲突，需要各方妥协让步，但人们崇尚的是循序渐进地达成一致意见，而非独断专行或听信权威。于是，围垦模式经过长时间的演变和发展，最终形成了一个“个人主义与实用主义相结合，兼容并蓄，并且总体上让每一个人受益的协商文化”。② 此外，荷兰还曾被誉为“海上马车夫”，曾是西欧经济领先发展的典范，以发达的商业贸易与繁荣的商品经济闻名于世。作为欧洲的门户，荷兰具有浓厚的商业精

---

① 张晓红．荷兰：圩田上的后现代乐园［J］．深圳大学学报（人文社会科学版），2009，26（3）：5-10.

② 佛克马，格里曾豪特．欧洲视野中的荷兰文化：1650—2000 年：阐释历史［M］．王浩，张晓红，谢永祥，译．桂林：广西师范大学出版社，2007：35.

神传统，既重诺守信又灵活开放，所以在社会政策领域同样秉持实用主义精神和灵活性，往往在改革中敢为人先，但也不惧调整转向。综上因素，可将典型的荷兰文化传统总结为具有集实用主义、协商主义和个体幸福观为一体的开放灵活的文化，这种文化在很大程度上表现为包容、模糊和“两可”的特性。

这样的特性同样影响并体现在了荷兰医疗保险谈判机制的构建上。首先，荷兰在医疗保障体制的选择上没有明确的价值倾向，而是更加注重制度的实用性，倾向于选择高效率的制度模式。因此，无论是之前公私分割的制度安排，还是现在由私人保险公司提供社会医疗保险，实则都是希望激励整个医疗保健体系更加高效地运行，以控制日益增长的医疗保健支出，并更好地满足参保者的医疗服务需求。其次，在医保谈判上，既依赖于具有商业精神的私人保险公司通过竞争实现效率的提高，又强调各方的协商合作，通过循序渐进的谈判达成一致意见，而非政府独断或双方对抗。再次，医保谈判以个体形式进行，希望人们从自利的角度出发，为个人福利作出负责任的选择。保险公司将参保者视为消费者，尽可能为其提供多样化的服务以及透明的信息。但消费者也需要对自己的选择负责，发挥主观能动性，积极查找和比对医保公司的产品，并尽可能地给出有价值的反馈建议。整个医保体系，正是要靠着消费者自身的努力和筛选去推动医保方和医疗服务提供方的改进。最后，荷兰医保谈判机制同样是循序渐进地推行与灵活改革相结合。例如在医院服务谈判领域，并不是一蹴而就地将所有DBCs组合交由医保和医院谈判，而是小步渐进地每年推广10%～15%的组合，给双方留足准备的时间。此外，在2012年因控制医疗费用效果不好，荷兰又恢复了更为传统的按医疗部门签订的支出预算协议。所有医保谈判必须在符合预算的基础上进行，体现了荷兰“船小好调头”的灵活性。

6.4.3　不同市场结构——市场势力比较

市场势力是指一个组织对另一个组织拥有的控制力或施加影响的程度。市场势力理论研究的是组织为何会拥有市场势力、如何运用市场势力以及其带来的影响或结果，而不仅仅关注组织对价格的影响力。该理论认为，拥有较强市场势力的组织在谈判中具有较多的筹码，从而使谈判结果对自己更为有利。在医保谈判中，可以明显发现谈判主体的市场势力比谈判技巧更为重要。因此，下文基于市场势力理论对法德荷三国医疗保险谈判中涉及的保、医、患三方的市场势力进行对比，以期在一定程度上解释三国医保谈判机制的形成原因及其对谈判结果带来的影响。

1. 社会医疗保险机构市场势力比较

社会医疗保险机构的市场势力取决于社会医保制度的覆盖面、支出占总医疗费用的比例以及医保机构参与谈判的组织形式，其从根本上决定了与医疗服务提供方谈判的影响力和优劣势地位。

从社会医疗保险覆盖面来看，三个国家都存在着相同的趋势，可以说社会医疗保险谈判发展的过程就是社会医保方通过不断扩大覆盖面，增强自身市场势力的过程。三国制度在建立初期往往只优先覆盖了产业工人或收入低于一定标准的人群。此时，社会医保方只是医疗服务市场中的众多购买者之一，议价能力较弱且时常遭到医生的反抗。而随着制度的不断拓展，目前三个国家都先后推行了全民医疗保险制度，使得社会医保方成为医疗费用的主要支付者，也就是医疗服务市场中最大的买家，市场势力得到极大提升。其中，法国在 2000 年 1 月 1 日正式实行全民医疗制度，截至 2018 年，实际覆盖人数达 5 500 万左右，占总人口的 85%。德国医疗保险市场也在过去几十年的时间里沿用二元市场制，收入在一定比例以下的强制参加保险；收入达到标准以上的则可自由选择。社会医疗保险的覆盖率一直稳定在 80%左右。荷兰医疗保险改革后不再区分公私医疗保险，参保率接近 100%。因此，就覆盖面而言，三个国家的社会医保方均是具有强势市场势力的谈判者，对医疗服务市场的影响力和支配力毋庸置疑。

然而，虽具有相同的制度目标，但在三个国家之间社会医保方的市场势力仍存在显著差异，影响着三国医疗保险谈判的实践情况。差异之一，是三国社会医保机构医疗服务购买量占整个医疗服务市场的比例，具体可由社会医疗保险支出占总医疗费用的比例直观反映。从法国建立全民医疗制度以来，社会医疗保险支出占总医疗费用的比例一直保持在 75%～80%之间，并呈现缓慢下降的趋势，数据显示，占比从 2000 年的 78.86%略微降低到 2015 年的 76.57%。① 这是因为除全民均享的基本医疗保险之外，法国还有 6 500 多家医疗互助保险公司、私营保险机构和互助基金为居民提供补充医疗保险。这些数量巨大的补充医疗保险机构每年承担着约 15%的医疗费用支出。因此，在法国，社会医疗保险机构并不是市场上唯一的大型医疗服务购买者，在谈判时还需将补充医疗保险机构纳入其中。于是，在最重要的国家公约谈判中，法国采用了三方谈判机制，由 UNCAM、UNOCAM 和医生工会共同谈判签订合同。相较而言，德国的社会医疗保险机构则具有更大的市场优势。从 2000 年至今，德国社会医疗保险支出占总医疗费用的比例一直保持在 78%以上，并呈现逐年上升的趋势，在 2010 年和 2015 年分别达到了 83.42%和 84.29%，同时患者自付比例分别为 13.91%和 12.69%。足见德国社会医疗保险机构在医疗服务购买市场中的垄断地位和唯一性，并形成 GKV-Spitzenverband 和 KBV 两方谈判的模式。而荷兰社会医保机构的情况则较为特殊。在 2006 年改革之前，只有收入水平低于法定标准的人群才被强制参与社会医疗保险，

① 参见 OECD iLibrary 网站。

因此在 2000 年和 2005 年，荷兰社会医疗保险支出占总医疗费用的比例仅为 66.35%和 67.26%，市场势力相对其他两个国家处于较为劣势的地位。改革后，荷兰将社会医疗保险全部交由私人医疗保险公司承办，虽社会医保支出占比大幅提高，在 2010 年和 2015 年分别增长到 82.54%和 81.04%，但市场势力分散，目前谈判权由四家全国性的私人保险公司掌控，未能形成唯一的具有垄断优势的医疗服务购买者。这样的市场势力分布同样塑造了荷兰特殊的多方谈判模式。①

此外，上述两个指标反映了三国社会医保机构负责购买医疗服务的总量，但社会医保机构内部也存在着不同的势力分布情况，并进一步影响着医保机构在谈判中的势力发挥。接下来从社会医疗保险机构的数量及代表组织的角度入手分析，深入阐释三国社会医保机构的市场势力对医保谈判的影响。在无竞争的市场中，医保机构数量越多证明服务总量越大，即市场势力越强。法国区别于其他两个国家，其医疗保险机构之间不存在市场竞争。② 法国由 UNCAM 在国家层面代表所有社会医疗保险机构进行谈判。这样权力集中并带有科层制特点的谈判结构，赋予了 UNCAM 垄断性的市场势力，使其在谈判中不仅处于强势地位，还常常表现出不妥协的态度，导致法国医疗保险谈判常常面临失败或公开对抗。而德荷两国则在社会医疗保险中引入市场竞争机制，各个机构之间形成合作与竞争共存的关系。从理论上讲，在竞争市场中，医保机构数量越多，市场势力越分散，诉求也越多元化，因此医疗服务提供者越容易讨价还价。具体来看，德国的疾病基金一直是按照行业类型分类设立的，

① 参见 OECD iLibrary 网站。

② Bellanger M M，Mossé P R. The search for the Holy Grail：combining decentralised planning and contracting mechanisms in the French health care system［J］. Health economics，2005，14（S1）：119－132.

且在早期对参保有严格限制，因此在20世纪90年代有1 200多家。而从1993年改革引入竞争机制以来，疾病基金的数量持续减少，从2000年的420家合并重组为2015年的124家，参保人的医疗需求也更为集中。但竞争关系使得这仅剩的124家疾病基金之间出现了一些分歧和矛盾。为解决各家疾病基金之间的矛盾，德国取消了分行业设立的7家联邦医保联合会，将联邦谈判权统一交到了GKV-Spitzenverband手中，但区域医疗保险协会仍拥有州级医保谈判权。这样分层次谈判的优势在于，区域医保协会能够根据各区域实际情况提供精确的数据支撑，使得谈判结果更合理。而且联邦谈判结果是参考性指标，在州级谈判中仍可进行调整，减少了一锤定音的冲突，谈判过程更加缓和。但与此同时，由于谈判势力分散，各地谈判能力有较大差异，造成了区域间的“不合理的差异”。在荷兰，医保经办医疗服务推行“有管理的竞争”，全民医疗保险交由全国大约30家私人保险公司经办。起初，所有的私人保险公司都试图作为独立的购买者与医疗服务提供者进行谈判，导致市场势力非常分散，在谈判中处于弱势地位，且谈判成本极高。为了解决这一问题，目前的做法是由占到了全国88%保险市场的4家大型医疗保险公司各自与医疗服务提供者协会进行谈判，而其他小的医疗保险公司只能选择接受这4家保险公司谈判的结果。这样的谈判结构安排，虽集中了私人医保公司的势力，但同时也忽略了小型医保公司的诉求。此外，荷兰在1995年建立的荷兰医疗保险联盟是由各大医疗保险公司共同组成的伞式组织，目前已有10家左右的保险公司入会，荷兰医疗保险联盟也成为医疗保险谈判中的重要利益相关方。

总结来看，法德荷三国均建立了全民医保制度，使得社会医保机构成为医疗服务的最大购买者。而其中，德国社会医保机构负责购买的医疗服务占比最大，并且组建了联邦统一的代表组织进行谈判，所以市场势力最强，谈判也最为顺利；法国和荷兰的情况则各有特点。

法国虽设立了全国性的社会医保谈判组织，但一方面受官僚体制的影响，政府谈判态度强硬且不愿妥协，导致医保谈判冲突不断，另一方面法国补充医疗保险发达，这也会对社会医保的谈判产生掣肘。而荷兰的医保机构在医保谈判中的势力较为分散，远不及德国和法国的机构具有市场影响力。

2. 医疗服务提供者市场势力比较

根据市场势力理论，医疗服务提供者的市场势力同样会影响其在谈判中的地位、行为和谈判结果。比较不同国家医疗服务提供者的市场势力，能够更好地认识其医保谈判的运行机制和形成原因。下文将采用医疗服务提供者的市场稀缺程度、医师的组织化程度及代表协会的数量等指标，比较法德荷三国的医疗服务提供者市场势力，从供方角度阐释医保谈判。

从经济学的角度来看，普遍认为医疗服务市场是一种垄断性的竞争市场。医疗服务提供者的市场稀缺程度，决定着其在医疗保险谈判中的影响力及谈判的成败与效果。由于在三个国家中，医生和医院与医保机构是分开进行谈判的，所以下文会逐一进行比较。

医生的市场稀缺度一般可以由每千人口医生数进行衡量。法德荷三国历年的情况如表 6－7 所示：

表 6－7　法德荷三国每千人口医生数历年情况比较（单位：人）

国别	每千人口医生数			
	2000 年	2005 年	2010 年	2015 年
法国	3.02	3.34	3.27	3.35
德国	3.25	3.40	3.71	4.19
荷兰	2.44	2.65	2.96	3.50
U28	2.91	—	—	3.57

注：由于数据收集的原因，法国和荷兰的数据中除了本书研究的执业医生之外，还包括了少量医疗管理人员、医疗教育者和研究人员（大约占其中的 5%～10%）。

资料来源：OECD iLibrary 网站。

从表 6－7 中可以看出，法德荷三国每千人口医生数在过去的 15

年总体呈上涨趋势（少数年份下降）。但比较而言，德国医生的市场稀缺度一直在三国中最低，且明显高于 U28 的平均水平，再加上相互之间存在自由竞争关系，这使得医生组织在谈判中更容易妥协，倾向于接受医疗保险机构提出的谈判条件和标准。处于市场稀缺度中等的是法国，原因之一是政府一直严格控制着执业医生和医学生数量，使得其维持在每千人口医生数 3.30 人左右的水平上，基本接近 U28 平均水平。理论上，法国的医生在三国医保谈判中应拥有中等的市场势力，但在实践中，由于补充医疗保险的存在，法国医生特别是有一定声誉和技术水平的医生在谈判中十分强势。这最终导致法国医保医生谈判被划分为两大部分，即“第一部门”医生和“第二部门”医生分别采用不同的谈判内容和标准。这也被视为医保机构在谈判中的巨大让步，并造成了日后医疗费用控制的困难和制度性不公。最后是荷兰，据表 6 - 7 显示，荷兰医生的市场稀缺度一直非常高，每千人口医生数一直低于 U28 平均水平，更远低于德国。因此，医生及其协会在医保谈判中始终拥有较大的话语权，医生的平均收入也在欧洲国家中名列前茅。① 在 2006 年前，荷兰医疗费用持续上涨，政府只能通过加强干预和引导医保机构重组来争取与医生及其协会进行顺利的谈判；在 2006 年改革后，荷兰医生数量有了显著增加，在 2015 年每千人口医生数达 3.50 人，超过了法国同年的水平，再加上改革赋予医保公司签订选择性合约的权利，可能导致荷兰医生群体的市场势力有所下降。

医生的市场稀缺度代表该国医生在医保谈判中可能拥有的市场势力，但如何运用这样的市场势力也在很大程度上影响着最终的谈判结果。有学者提出，医生的组织化程度会通过信息收集、谈判技巧及组织信誉等方面影响医生市场势力的运用，而衡量组织化程度的标准之

① Kok L, Boyle S, Lammers M, et al. Remuneration of medical specialists: drivers of the differences between six European countries [J]. Health policy, 2015, 119 (9): 1188 - 1196.

一就是该国医生成为某一个或多个医生协会会员的比例。[①] 有着深厚工会文化的法国，以反对建立法定医疗保险制度为目标，早在 1927 年就建立了第一个全国性工会组织——CSMF。随后医疗工会主义在法国盛行，各种医生代表组织如雨后春笋般成立。官方数据显示，在 1984 年，法国 85 000 名私人执业医生中，就有超过 32 000 名医生是某个医疗工会的会员，其中仅 CSMF 就拥有至少 17 000 名医生会员。[②] 但法律规定："只有成员人数超过医生总人数的 10%或代表某一特定专业（如全科医生）成员人数占该专业医生总人数的 30%以上的医生工会才有权参与医疗保险谈判。"因此，在 2016—2021 年国家公约谈判中符合资格的医生工会共有 7 家之多，包括 CSMF、FMF、MG France、SML、FML、BLOC 和 UC。由此可见，法国医生的组织化程度非常高，且一名医生可以加入多个工会，通过多样的渠道维护自身权益。此外，受医疗工会主义的影响，法国的医生组织（工会）对医生专业利益的辩护更具有政治性，而非以中立技术问题为基础的非政治性活动，故而医生组织是谈判中不可忽视的重要力量。[③] 值得一提的是，法国医生组织具有不可忽视的场外行动能力，他们利用罢工、游行等方式直接表达利益诉求，进而影响医保谈判结果。但另一方面，法国医生工会作为谈判主体的市场势力又十分分裂，既有专业利益上的冲突（全科医生与专科医生之间），又有代际间的利益分歧，甚至在意识形态上存在分裂。这些因素增加了医生组织之间合作的困难性，严重削弱了高度组织化的法国医生群体在医保谈判中的影响力。总而言之，法国医生群体就像一个大家庭，虽然内部充满争吵、冲突

① Rochaix L, Wilsford D. State autonomy, policy paralysis: paradoxes of institutions and culture in the French health care system [J]. Journal of health politics policy and law, 2005, 30 (1-2): 97-119.

②③ Wilsford D. Doctors and the state: the politics of health care in France and the United States [M]. Durham: Duke University Press, 1991.

和分歧，但他们总是会在必要时联合在一起。① 相较于法国自发多样的医生组织化，德国医生组织的建立则更加规范化、法制化。早在1900年，德国执业医生就组建了第一个德国医生工会，史称“莱比锡联盟”，到1913年成员人数已占全德国医生总人数的75%以上。② 而之后德国出台法律规定：“每个州必须依法成立签约医生协会——公法组织，而每一名与医疗保险签约的医生都必须成为其会员。州级工会有权代表其会员与各州的疾病基金协会就服务费用补偿和支付方式展开谈判。”③ 随后又在1955年，组建了KBV代表全国所有执业医生与医保基金在全国层面进行谈判。因此，从理论上讲，德国医生的组织化程度是最高的，入会率几乎可达百分之百，并且各个医生协会按地域设置，各负其责，不存在竞争关系，因此市场势力更为集中，在医保谈判中更能发挥合力。最后，在荷兰，除了拥有代表所有医生的荷兰皇家医学协会，大多数医生群体都按专业成立了各自的医疗协会，如专科医生协会、全国全科医生协会、职业医学学会、疗养院医生和社会老年医生专业协会以及保险医学协会等，这些协会的目的都是维护特定医生群体的利益。由此可见，荷兰医生的组织化程度同样很高，虽也按照专业类型进行了分设，但又同时受荷兰皇家医学协会的管理，各组织紧密联系且合作较多。2006年的改革也体现出荷兰医生的强势地位，其中全科医生采用混合的支付方式，而非沿用之前社会医保的按人头支付的方式，就是全科医生协会与政府主管部门及各保险公司积极谈判的结果。

由此可见，三国都有相当成熟和完善的医疗服务提供者组织体系，

---

① Wilsford D. Doctors and the state: the politics of health care in France and the United States [M]. Durham: Duke University Press, 1991.

② 白裕彬. 疾病保险体系对医师与医病关系的影响：德国的战前经验 [J]. 医学教育，2006，4 (2)：214－222.

③ Coppini M A, Illuminati F. Relations between social security institution and the medical profession [J]. International social security review, 1968, 21 (2): 198－287.

这也是三国的医保谈判机制能够正常运行的组织保障。

6.5　法德荷三国社会医疗保险谈判机制的经验总结

6.5.1　通过立法建立稳定完善的医保谈判机制

法德荷三国的社会医疗保险制度与谈判机制都经历了从萌芽到冲突磨合最终走向规范化、制度化的过程。在社会医保制度建立的初期，各国医保机构迫于医保制度规定向参保人提供实物福利的规则，被动地与医疗服务提供方进行接触、购买医疗服务，这样的互动具有较强的随机性和随意性，造成医保谈判目标不清、主体之间关系不明、内容和标准随意性强而科学性不足以及谈判结果执行困难等严重问题。面临这样共同的谈判困境，三国经过多方协商和经验总结，纷纷先后选择通过立法的方式建立稳定和完善的医保谈判机制。

首先，立法过程本身就是多方利益相关方进行表达和博弈以及立法者进行利益平衡和整合的过程。换言之，立法可以将各方的冲突前置，在进行谈判之前就达成一些基本共识，有利于正式谈判的顺利开展。以法国为例，在制定《社会保障法令》中关于医疗保险制度的规范之前，就由政府主导，由医保机构、医生组织和政府共同组成三方委员会，就医保谈判的标准和内容事先达成一致，例如医生拒绝接受医疗保险基金提出的建立全国统一的固定收费标准和第三方支付方式，因此在最终法律规定的医保计划中采用了折中的无政府介入的地区相关利益者自主谈判模式。① 德国、荷兰的医保谈判在发展过程中也同

① Wilsford D. Doctors and the state：the politics of health care in France and the United States［M］. Durham：Duke University Press，1991.

样经历过这种前置立法谈判。

其次，立法是对医保谈判实践的归纳和固化，形成较为稳定的谈判机制，明确谈判各方的权责利，并对未来的谈判形成稳定的预期。三国的社会保障法或医疗保险法都对建立医疗保险谈判机制作出了明确规定。以德国为例，《社会法》第五册专门用第四章整章的内容来规范医疗保险基金会与医疗服务提供机构之间的关系，在总则中设定医保基金与医疗服务提供机构谈判的基本目标是向参保者提供充分有针对性、专业质量与经济性并重的医疗保障，基本原则是保持保险费率的稳定性。在此前提下，法典还分节规定了谈判主体及法律关系，同时详细叙述了各主体之间应签订合同的内容及具体程序，还用单独一节规定了谈判中的纠纷处理。在这样详尽的法律指导下，德国医保谈判的每一步都有章可循，各方权责明晰，使得谈判能够顺利进行。

最后，立法也是调整医保谈判机制的主要手段。医保谈判并不是一个独立的事物，它受到整个医疗系统乃至国情民生的影响，因此经过一段时间的运行后也需要不断调整。除了为了应对冲突作出的被动调整外，各国还常常通过立法主动优化医保谈判机制。以荷兰为例，2006 年颁布的《医疗保险法》因为确定了合并公私医疗保险制度并交由私人保险机构承办，所以同时赋予了私人保险机构作为医保谈判中谈判主体的权利。又如法德两国政府都希望能够通过发展整合医疗服务来提高医疗服务效率，因此均在立法中引入了新的谈判内容。

6.5.2 医保谈判机制注重保障利益相关方参与

医疗保险谈判中的利益相关方，是指能够影响谈判目标的实现，或受到谈判结果影响的人或组织，大致包括政府部门、医保方、医疗服务提供方和患者等。除了这些利益相关方之间存在合作和博弈之外，各方内部也会出现不同的利益诉求，进而影响医保谈判。政府中有多个与医保谈判相关的部门，如社会保障局、卫生部以及财政部等，对医保谈判的目标侧重会有所不同。又如在医保方中，缴费者也存在雇主和雇员的区分。而医疗服务提供方更是一个利益十分多元的主体，不仅存在医院和医疗卫生专业人员之别，而且在医疗卫生专业人员内部各学科之间也存在竞争和冲突的关系。各方是否有渠道和能力参与到医保谈判中来往往影响着谈判的效力与公平性。

尽可能多地让利益相关方参与是法德荷医保谈判机制的另一大共同特征。三国的医保谈判，虽然谈判主体、层级和整体框架都有所不同，但始终尝试提供更多的渠道让利益相关方能够参与其中。就法国而言，一是采用民主选举制选取具有代表性的医生组织参与谈判，医生既可以通过投票表达自身诉求，也可以自由组建新的医生组织来直接代表自身利益；二是引入补充医疗保险的代表组织加入谈判，为医保方增加了新的视角，也提供了更多的数据和经验。德国保障多利益相关方参与的机制则更为系统，一则采用多层次的谈判模式，不仅关注全国层面的统一谈判，也赋予地方和个体层面的利益相关方一定的谈判空间；二则建立联邦共同委员会作为联合自治的最高决策机构，其成员包含了医保基金、医疗服务提供者、患者代表各 5 名，再加上 1 名主席和 2 名无党派专业人士，使得各方利益诉求都能在最高层面得到倾听，最终指导医保谈判的进行。而荷兰医保谈判则采用倾听与反馈机制，保障各利益相关方的参与。各医保公司内部有专门的患者组织参与机制和需求与满意度调查，使得参保者（及患者）能够间接参与到医保谈判中来。此外，医疗服务提供方和医保公司也可通过各自的协会向主管谈判的医疗保健局反馈谈判中遇到的问题和提出相应的建议，让其对整个医保谈判进行调节和优化。

6.5.3　谈判主体之间平等的法律地位

关于医疗保险谈判中谈判主体之间的关系一直存在着较多的争议，

因为这不仅会影响各方在谈判中的行为，也直接决定了谈判结果的性质，还关系谈判出现纠纷时的处理方式。对法德荷三国的医保谈判研究发现，虽然三国的谈判主体构成形式有所不同，谈判势力也有强弱之别，但在法律地位上始终强调和确保相互之间的平等性。

法律地位是对一个主体的公私法性质、权利与义务的内容、行为与责任能力以及与其他相关主体的关系的综合性法律判断。① 首先，三国参与医保谈判的主体都是具有独立法人资格的组织。也就是说，其组织本身具有独立的意志和自主的行为能力，并且能够承担谈判结果的法律责任和财务后果。例如，法国的医保基金联盟通过与主管部门签订合同形成特约关系而非行政隶属关系，而德国医保基金联合会是建立在法定会员和民主选举基础上的公共机构，荷兰则更为明确的是私人保险公司。其次，依据其参照的规范基础为公法或私法，法人又可分为公法人和私法人。公法人是直接依据公法创设的以实现公共目的为核心的行政组织，而私法人则主要是根据民法相关规定经登记后取得法人资格的组织。而在法德荷三国医保谈判中，谈判主体的创设均参照相同性质的法律。具体来说，在法国和德国医保谈判中，各方主体均是依照法律直接创设的公法人，如公法社团（医生工会）或公法财团（医保方）等。② 双方在谈判中均须将实现各自的公共目的放在首位，而当谈判发生纠纷或签署的协议出现争议时，须依照行政法规定，通过行政法院（法国）或社会法院（德国）进行裁决。而在荷兰，谈判双方主体均为私法规范下的民事主体，双方的谈判和合同签订是自由意识的表达，若谈判发生纠纷或签署的协议出现争议，则须通过民法或商法调节，主要调整的是双方之间的商品经济关系。因此，无论法德荷三国中的谈判主体自身的法律性质如何，其谈判双方

① 姚金菊．宜确立学校的“公法法人”法律地位［J］．首都师范大学学报（社会科学版），2010（6）：43－46.

② 周友军．德国民法上的公法人制度研究［J］．法学家，2007（4）：140－147.

之间都具有相同的法律性质，也就避免了双方法律地位上的不平等和适用法律的模糊不清。

6.5.4　从分配性谈判走向综合性谈判

法德荷三国的医疗保险谈判机制在建立之初无一例外，都是针对医疗服务的支付标准或预算分配进行的谈判。在这样的谈判中，一方获得的利益是对方所付出的代价，属于所谓的分配性谈判或零和博弈。这时候，谈判各方容易产生不可调和的冲突，进而引发罢工或者拒不签约，使得整个医疗保险谈判在无政府强力的干预下没有办法正常进行。为解决这一问题，各国都尝试过各种措施。例如，法国通过分裂各医生工会和医生工会与个体医生之间的关系，以削弱医生工会的谈判势力；而德国则通过建立长期信任关系来取得谈判中的暂时缓和；荷兰则更多采用竞争和威胁的方式，引入选择性合约和医保自建医疗服务中心等方式，逼迫医疗服务提供方降低谈判条件，以达成一致。但上述手段并未将分配性谈判带来的冲突实质化解，反而只是使其累积等待爆发。

经过多年的发展与磨合，法德荷三国的医保谈判逐渐从分配性谈判走向综合性谈判，即参与者致力于把各自的利益尽可能有效地融入最终协议的谈判过程，各方竭力创造更多的价值，以实现双赢的分配结果。具体来说，首先，医保谈判中的各方应逐步建立起合作性倾向，而非单纯的利己倾向或个人主义。随着社会医保覆盖面在各国的不断扩大，医保基金已经成为医疗服务提供方不可忽视的最大购买者，而后者也更加倾向于与医保基金建立起长期的合作关系，以换取稳定的患者资源和资金保障。其次，在医保谈判机制建设中，三国都十分注重信息系统的建设，这一方面有助于医保搜集更多准确的信息而作出科学的决策，另一方面也促进了信息分享机制的完善。在谈判前，双方进行有效的信息分享，有助于对同一问题达成基本的共识，进而在较大程度上避免了因数据差异导致的分配性谈判中的矛盾。最后，随着医保谈判的不断发展，三国都在其中引入了更多的内容，建立起多元化目标的综合性谈判。这一方面是希望通过医保谈判实现提高医疗服务的质量与效率的多重目标，另一方面目标的多元性也可使得谈判双方有更大的回旋余地及更多的选择空间。例如，法国在医保谈判中引入实现公共卫生目标的绩效合同，德国也增加了整合医疗与示范项目谈判，还有德国和荷兰在医院服务支付中引入的 DRG 谈判等。综合性的谈判使得双方的共同利益得到保障，可以在多个目标中进行权衡，减少直接冲突的产生。

6.5.5 市场竞争与政府干预在医保谈判中共同加强

回顾和梳理法德荷三国医保谈判机制的发展现状，可以发现一个十分有趣的现象，就是在近十几年的改革中，市场和政府的作用在医保谈判中得到了双重的强化。

一方面，在新公共管理浪潮席卷全球的背景下，法德荷三国在公共管理领域都不可避免地、或多或少地引入了竞争机制或绩效管理手段，对政府官僚制组织及其管理方式进行改造。医保管理作为公共管理领域的一部分，同样也经历了此番变革，并且影响着医保谈判机制的运行。在法国，在医疗领域平等获得理念已深入人心，竞争是一个分裂的念头，政府对煽动竞争没有兴趣，而民众也对在医疗领域引入竞争机制存在普遍的和历史上的不信任。① 1996 年，主管部门与医保基金之间达成了目标与管理协议，对医保基金实行绩效管理，促使医保基金在医保谈判中始终谨记预算目标，保证不作与规定预算总额相

① Simonet D，Alkafaji Y. Critical evaluations of the French health care accounting indicators：the use of DRGs [J]. Public administration quarterly，2017，41 (3)：569 - 609.

矛盾的价格、标准或物资与服务总目录的决定。而德国、荷兰则赋予参保者自由选择医保机构的权利。一是增强医保机构之间的相互竞争。竞争关系的形成增进了医保机构在谈判中的主动性和积极性，以期通过谈判获得质优价廉的医疗服务来吸引参保者。二是选择性合约的引入，医保方可以自由选择与某一些医疗服务提供方签约而拒绝另一些，成为其强有力的谈判工具。

另一方面，也可观察到法德荷三国政府对医保谈判的干预仍在不断加强。在法国，由政府任命UNCAM理事会的总干事，而且总干事具有在国家公约中独立签约的权力，进一步削弱了雇主和雇员组织在医保基金联盟中的影响力。而德国的医保谈判不断趋于集中化，谈判层次也随之提高。例如，在联邦层面设立了唯一的医保谈判代表机构，取代了之前按行业划分的情形；此外在关于医院服务的G-DRG谈判中，谈判层次从个体医院提高到州级协会，最终进行联邦层面的谈判，以制定联邦统一的支付标准。荷兰更是在最近的改革中恢复了2006年改革前传统的预算管理制度，让整个医保谈判机制回归到了预算管理设定的框架之中。

市场竞争与政府干预在三国医保谈判中共同加强的趋势，在一定程度上说明政府与市场并不是相互替代的关系，而更多的时候是相互补充的关系。“更多的市场与更多的规则相结合”具有潜在的合理性。在医疗保险领域，政府的主要职责不再是提供服务，而是转变为通过颁布法律保护参保者并确保医疗保险的最低可接受水平，出台规则为医保谈判提供基本框架以及制定预算总额为医保谈判设定天花板，而市场竞争机制则使得医保谈判各方在框架内更加积极主动地寻求谈判和合作，最终实现共赢的目标。

第 7 章　我国构建社会医疗保险谈判机制的现实基础分析与经验借鉴

相较于法德荷三国拥有漫长的发展历程和丰富的实践经验，医疗保险谈判机制在我国的医保管理中还是一个新事物。2009 年《中共中央　国务院关于深化医药卫生体制改革的意见》首次提出探索建立医保谈判机制。医保谈判机制是完善医保制度、规范医保管理、加强与医疗服务提供者的对话与合作、完善医疗服务价格形成，最终实现维护参保者利益最大化的机制，其建立经多年研讨逐步成为各方的共识。在此背景下，对构建我国社会医疗保险谈判机制的现实环境、优势与困境进行深入分析，对比欧洲国家的实践与经验，有选择性地借鉴和学习，具有十分重要的现实意义。

7.1　我国构建社会医疗保险谈判机制的现状

7.1.1　我国医保医疗服务管理模式发展历程

1. 定点管理模式

在我国，自 1998 年城镇职工基本医疗保险制度建立以来，各地医疗保险经办机构按照国家政策规定，对医药服务机构普遍实施了“基本医疗保险定点医疗机构资格审查”和“基本医疗保险定点零售药店资格审查”，即所谓的“定点管理”模式。定点资格的审核办法由医疗保险主管部门会同其他相关部门联合制定。在此基础上，医保经办机构可根据“中西医并举，基层、专科和综合医疗机构兼顾，方便职工就医的原则”与通过审查的医疗机构和零售药店签订合同。此后建立的城镇居民基本医疗保险制度基本沿用了这一管理方式。在“定点管理”模式中，医保机构往往是先确定医疗机构的定点资格再与之签订合同，形成管理中“强行政、弱合同”① 的局面，造成医保机构表面强势实则缺乏与医疗机构沟通、合作和监督的有效机制。

2010 年出台的《社会保险法》，在关于基本医疗保险的章节中指出：“社会保险经办机构根据管理服务的需要，可以与医疗机构、药品经营单位签订服务协议，规范医疗服务行为。”随后，人力资源社会保障部颁布了相关行政规章及协议文本的指导文件以加强对协议行为的管理。此阶段可被视为“定点协议管理”模式，在强调准入资格的同时，加强与医疗机构关于服务协议的沟通，构建了与定点医疗机构的协议框架、内容形式与程序性规则。但协议文本由医保机构单方面制

---

① 杨燕绥．从定点管理到协议管理［J］．中国医疗保险，2014（8）：13－15.

定，定点医疗机构对协议文本内容存在很多异议。针对异议，很多情况下定点医院无法与医保机构协商，或者协商后医疗机构对结果仍不满意，但为获得定点资格只能签订协议（协议的订立带有“霸王条款”色彩）。执行过程中，医保机构通常能按约支付医疗费用，但对医院提出的建议和变更协议的要求一般不予理睬。

到2015年，为实现简政放权目标，国务院颁布《关于第一批取消62项中央指定地方实施行政审批事项的决定》，要求全面取消社会保险行政部门实施的两定资格审查项目。人力资源社会保障部为落实这一要求，随即发布了《关于完善基本医疗保险定点医药机构协议管理的指导意见》，明确取消基本医保两定资格审查项目，并提出改革目标为：“各统筹地区要在认真总结经验的基础上，完善经办机构与医药机构的协议管理，提高管理服务水平和基金使用效率，更好地满足参保人员的基本医疗需求。”① 这标志着我国医疗保险管理模式的重大转变，正式从“定点管理”走向“协议管理”，但在实施过程中仍存在法律与现实的困境，亟待进一步完善。

综上可见，2015年以前，我国医保机构与医疗机构之间其实是行政管理关系，医保机构是不折不扣的管理方，对医疗机构及其服务的管理更多采用强制性的行政手段，重视资格的审批和准入，以实现国家医保政策和维持医保基金平衡为核心目标，比较忽视医疗机构及医务人员的意思表达，尚未建立起有效的沟通、合作和监督机制，也引发了医疗机构的消极抵抗。而医保谈判机制在促进各方主体及时沟通协商以协调和平衡利益关系上有突出的作用，是我国医保管理下一步探索的方向。

2. 协议管理模式

自2015年以来，我国相继出台了一系列推动协议管理的政策，在

① 余军华．从行政契约角度谈医疗保险社会治理问题：以定点医药机构协议管理为例［J］．中国医疗保险，2018（8）：10－14.

医保管理中更加强调公平竞争、多方参与、平等协商、强化监管，并最终促进医药机构为患者提供良好服务。2016 年，人力资源社会保障部办公厅发布了《关于印发基本医疗保险定点医药机构协议管理经办规程的通知》（人社厅发〔2016〕139 号），进一步明确了医保经办机构的协议主体资格和协议的缔结、履行及管理规范。2018 年，国家医疗保障局成立，将“制定定点医药机构协议和支付管理办法并组织实施”作为其主要职责之一，并出台了《关于当前加强医保协议管理确保基金安全有关工作的通知》等文件，进一步完善了协议管理的监管考核与退出机制。而随着党的十九大胜利召开，为深入贯彻党的十九大关于全面建立中国特色医疗保障制度的决策部署，2020 年 2 月出台了《中共中央　国务院关于深化医疗保障制度改革的意见》（中发〔2020〕5 号，简称“中发 5 号文”），其中对我国医疗服务的协议管理提出了新目标：“创新医保协议管理。完善基本医疗保险协议管理，简化优化医药机构定点申请、专业评估、协商谈判程序。将符合条件的医药机构纳入医保协议管理范围，支持‘互联网＋医疗’等新服务模式发展。建立健全跨区域就医协议管理机制。制定定点医药机构履行协议考核办法，突出行为规范、服务质量和费用控制考核评价，完善定点医药机构退出机制。”

7.1.2　各地构建医保谈判机制的实践探索

协议管理最突出的特点是建立医保经办机构与医药机构之间平等的协商谈判机制。在我国，医保谈判首次于 2009 年在《中共中央　国务院关于深化医药卫生体制改革的意见》（中发〔2009〕6 号）中被明确提出，文件要求：“积极探索建立医疗保险经办机构与医疗机构、药品供应商的谈判机制，发挥医疗保障对医疗服务和药品费用的制约作用。”随后，各地陆续开始探索在协议管理中引入协商谈判，谈判内容包括服务范围、服务标准、服务价格、服务数量、支付方式和支付标准等，例如，镇江市开展的基金预决算指标谈判、医疗服务质量谈判和基层医疗服务谈判；成都市进行的基本医疗保险药品和医疗服务费用谈判；各地对公立医院进行的单病种支付谈判，上海、珠海和北京医保与医疗服务方进行的总额预付制、按人头付费和按病种付费的有关支付制度的谈判。协商谈判既能使医药机构明晰医保协议管理的要求，又能充分听取医药机构的诉求和建议，在各方达成共识的基础之上签订医保协议，能够在最大程度上保证协议的有效履行。

以上海市总额预算谈判为例，2002 年起，上海开始实施职工医保基金总额预算管理，经过多年探索，形成了“医保统筹协调、医院自主协商”的工作机制，并推行“四项公开、三轮协商”的办法。首先，医保机构通过公开年度基金收支预算和医院预算、公开总体计划、公开全市医院预算指标核定及实际执行情况、公开全市医院预算分配全过程和公开年终清算全过程，为协商谈判提供信息基础。其次，医保机构组织召开医院院长代表协商协调会议，赋予各医疗机构在总额预算管理过程中的发言权，并通过协商确定预算总额的划分比例和各家医院的预算额度。具体来说，协商通常会经过三轮，首轮协商由全体医院代表协商，确定三级医院和一、二级医院预算控制总额划分比例；二轮协商由三级医院和一、二级医院代表分别协商，确定各三级医院分配和区县指标；三轮协商由区县内一、二级医院协商分配，确定各一、二级医院的预算总额控制指标。根据三轮协商后提出的再调整意见（如各家医院学科发展、床位数增加、特殊政策导致医院费用增长等因素）进行微调测算，并按照会议要求，组织会议审阅或由医院协调小组组长统一审阅。再次，按照分级管理原则，组织召开区县医保办主任会议，下达三级医院及一、二级医院区县总额预算。辖区一、二级医院预算由各区县按照公开协商的原则统筹调整分配后上报市医保部门汇总。最后，医保部门与各医疗机构签订预算管理协议。公开协商机制，提高了医疗机构预算分配的自主性和公平性，使得预算指标分配过程透明化、分配原则公开化，预算分配结果的公平性、合理性得到提高，医疗机构对医保部门的信任度得到加强，在保障医保总额预算的执行更加有效的同时，也奠定了风险分担机制的基础。

7.2　我国构建社会医疗保险谈判机制的困境与优势分析

7.2.1　我国构建医保谈判机制面临的困境

通过上述回顾可以看到，在我国社会医疗保险制度建立之初，医保从方便医疗服务管理的需求出发，开展了一系列与医疗服务提供方的合作与协商，并在 2009 年后进入了机制建设与创新的阶段。但直到目前为止，社会医疗保险谈判机制的建立仍停留在政策和试点层面，并未全面推行，主要面临许多理论和现实困境。

1. 缺乏立法保障和顶层设计政策的引导

回顾法德荷三国医保制度及其谈判机制的建立，其突出特点之一就是通过立法规范调整医保方与医疗服务提供方之间的关系，明确规定医保谈判的主体及其法律地位、谈判内容、谈判流程及最终的责任归属与纠纷处理等。而在我国，目前还未制定专门的医疗保障制度立法，仅在 2010 年出台的《社会保险法》第三章中对基本医疗保险作了简单规定，主要以“原则性、方向性、授权性规范”为主，缺乏对医疗保障实质内容的具体规定。① 这使得全面推行医保谈判机制出现无法可依的困境，医保经办机构作为谈判主体之一的法律地位和职能界

① 孙淑云．新时代中国基本医疗保险立法的机遇与发展［J］．南京社会科学，2018(6)：89－96.

定不清[①]，与医疗服务提供者之间的关系不明，更没有关于谈判机制的具体目标、框架、内容和程序上的规范指导。

另外，在国家医疗保障局成立之前，与建立医保谈判机制相关的职责和权力分散在不同的行政部门之中。各部门根据自身职能的需求从多个角度颁布了建立医保谈判机制的政策，例如卫生部门将医保谈判机制视为推动公立医院补偿机制改革的方式之一，人力资源社会保障部希望通过医保谈判机制加强医保对医疗服务的管理从而实现控制医疗费用的目标，国务院和国家发展改革委则希望通过建立医保谈判机制促进建立合理的医药服务价格形成机制。由此可见，各方对医保谈判机制的认识大有不同，政出多门，缺乏共识和相应的系统性的顶层设计，使得医保谈判机制的建设只能在地区层面零散试点，无法形成合力。

2. 医疗服务提供方参与谈判的主体不明，谈判地位和力量差异悬殊

在我国，医疗服务提供方参与谈判的主体不明，且各主体之间的谈判力量差异悬殊。第一，区别于法德荷三国，我国绝大多数医疗卫生专业人员都是医疗机构的受薪者，因此并无自由参与谈判的权利，只能通过所在机构影响谈判，暂不能作为谈判主体。第二，我国各级医疗机构性质不同导致谈判主体的法律地位和性质不明。在我国，医疗服务的供给方仍然以公立医疗机构为主，卫生统计年鉴显示：截至2017年底，我国共有各类医疗卫生机构986 649家，其中登记注册类型为公立的约占54.68%，达539 489家。[②] 而医保谈判中最受关注的医院主体仍是政府办医院（特别是隶属于卫生健康部门管理的医院），它们占据了最多的医疗资源，并拥有最强的医疗服务提供能力。同样在卫生统计年鉴中可以看到：截至2017年底，我国医院床位数共有

① 廖化．医保法治建设的五大问题、后果及建议［J］．中国医疗保险，2017（12）：8.

② 国家卫生健康委员会．中国卫生健康统计年鉴［M］．北京：中国协和医科大学出版社，2018：6.

6 120 484 张，其中政府办医院拥有 6 002 020 张，隶属于卫生健康部门管理的医院有 5 809 124 张，约占到医院总床位数的 95%。① 这些政府办医院属于事业单位，仍然采用行政化的管理模式，其运营决策和行为受到多方行政力量的干预，使得其谈判自主性较弱，也缺乏谈判的动力。而非公立医疗机构由于长期受到医保机构强制性行政管理理念的影响，目前在与医保机构互动时常处于弱势地位，无法获得平等的谈判主体待遇。第三，如果继续沿用目前以医疗机构为主体的个体谈判模式，那么各级医疗机构的谈判力量差异悬殊的问题将难以避免。大型公立医院在医疗服务市场上具有垄断地位，谈判时十分强势，医保方很难通过谈判取得优势，但为满足参保者的就医需求，又不得不与各地的大型公立医院签约。另外，许多规模小的医院却可能在医保谈判中处于弱势地位，合理的诉求可能无法被重视或满足。因此，参考法德荷三国的经验，在建立医保谈判机制时，我国可能更需要各类医院协会或联盟共同代表各级医疗机构参与医保谈判，这样也可减少个体谈判产生的高额交易成本。

3. 医保管理中缺乏平等协商的文化氛围，难以摆脱行政管理惯性

除了在法律和组织上的缺陷之外，我国建立医保谈判机制还面临着普遍缺乏平等协商的文化氛围。我国自古以来就有重农抑商的传统，认为商人谈判就是唯利是图，与儒家重道德的传统价值观相悖。直到现在，在很多管理者或民众心中，谈判仍是商场中的一种小伎俩，为术而非道，不受重视。②

我国从基本医保制度建立以来，始终强调政府在医保政策制定和管理中的主导作用，将自上而下的行政管理视为实现医疗资源优化配置和医疗服务行动协调的主导型机制，具体表现为命令、控制、督导、

① 国家卫生健康委员会．中国卫生健康统计年鉴［M］．北京：中国协和医科大学出版社，2018：76－77.

② 陈仰东．谈判机制建立迟缓的原因解析［J］．中国医疗保险，2011（9）：12－14.

规划和干预等行政行为。[①] 这样的行政文化也被运用到了医保经办机构与医疗机构的互动之中。医保经办机构通常通过行政手段来确定定点医疗机构，对医疗机构的管理往往基于行政权力的单方面决策和审查，医疗机构未被视为平等协商的主体，表达诉求的渠道不畅通，意见也很难被重视。此外，医疗机构在与医保方沟通时也缺乏积极主动协商的动力。面对不合理的协议条款，医疗机构往往采取消极抵抗的做法，如推诿病人、开大处方或与患者合谋。这实际上加大了医保的监管难度，将利益博弈从谈判阶段推迟到了执行阶段中。

4. 缺乏利益相关方多方参与的机制和监督组织

目前，我国医保管理或谈判的主体往往只包含医保机构和医疗机构，而并没有涉及参保者、患者、各类医疗卫生专业人员以及其他利益相关方（如缴费企业）。而如何构建多方参与的机制，或者建立一种有效的委托-代理形式，是影响医保谈判机制有效性的重要因素。医保机构目前仍秉持“家长式”思维，缺乏意愿和渠道去深入了解参保者和患者的真实需求。同时，各类医疗卫生专业人员可能与医疗机构也存在内部的利益分歧，但目前也没有渠道或代表组织使医疗卫生专业人员参与到医保谈判中来。此外，如何对医保谈判的过程、结果和执行进行监督也是需要思考的问题。目前，我国相对于法德荷三国还缺乏第三方监督组织，例如法国设有行政法院，对国家公约执行中的争议作出裁决；德国单设了社会法院，负责处理谈判纠纷以及谈判结果或执行中的异议；荷兰也有同样的诉讼机制，法院可以裁决疾病基金和医疗服务提供方之间签订的合同（如限制医疗服务购买数量的条款）是否妨碍被保险人实现法定权利。

5. 已有谈判实践中仍以行政力量主导

如上文所述，我国在医保谈判方面已经具有一定的实践经验基础，

① 顾昕．新时代新医改公共治理的范式转型：从政府与市场的二元对立到政府-市场-社会的互动协同［J］．武汉科技大学学报（社会科学版），2018，20（6）：589－600.

但纵观各省市的医保谈判实践，仍可看到强烈的行政主导色彩，谈判各方的主体地位并不是真正的平等。这首先体现在，是否开展医保谈判取决于当地医保主管部门主观上是否有试点的愿望和客观上是否存在控费的压力，而较少反映医疗服务提供方和其他利益相关方的意愿。其次，在推行总额预付谈判的各试点地区，总额确定方法、预付比例、超额分担比例等政策仍主要由医保方单方面制定。医院仅能参与定额分配的谈判，且话语权较小，更多扮演执行者的角色。最后，近几年如火如荼的医保药品谈判，之前由人力资源社会保障部社保中心负责，而现在由国家医疗保障局与药品企业进行谈判。就谈判结果来看，药品价格往往只降不升，这虽然有利于药品费用的控制，但也从另一个侧面反映了现行的谈判更多还是依赖于强势的行政力量。

7.2.2　我国构建医保谈判机制的优势分析

虽然医保谈判机制在我国还是一个新事物，但我国医疗保险制度的不断发展和完善，以及相应配套改革措施的逐步实施，已经为谈判机制的引入创造了良好的契机和制度环境。

1. 拥有良好的制度基础

经过 20 多年的探索与建设，我国已经建立起以职工基本医疗保险、城乡居民医疗保险和新型农村合作医疗为主体的覆盖全民的基本医疗保障制度。据统计到 2018 年底，我国参加基本医疗保险的人数接近 13.45 亿，参保率常年维持在 95%以上。① 由此可见，“全民医保”的制度目标已初步实现。在此背景下，作为参保人代表的医疗保险机构，不再是零星医疗费用的支付者，而已成为医疗服务市场上当仁不

① 国家医疗保障局 . 2018 年医疗保障事业发展统计快报［EB/OL］. 国家医疗保障局网，2019 - 02 - 28.

让的主要“购买者”。这一方面增强了医保机构在医疗服务市场上的话语权，任何一个医疗服务提供方都不可忽视医保方巨大的购买力；另一方面也对医保机构今后的工作提出了新的要求，即利用“团购”优势为参保者购买质优价廉的医疗服务，并促进医疗效率的提高，实现医疗费用的有效控制。因此，“全民医保”目标的初步实现为构建医保谈判机制奠定了良好的制度基础，并成为推动医保谈判机制建立的内在要求。

2. 获得强有力的组织保障和经济支撑

2018 年 3 月，国家医疗保障局正式成立，这可谓为构建我国医保谈判机制打了一剂强心针，既形成了强有力的组织保障，又提供了强大的经济支撑。

长期以来，医保谈判机制在我国难以推行，其重要原因之一就是部门权力的钳制与利益的冲突。[①] 例如新农合和医疗服务提供方均由卫生部门管理，行政主导的思想阻碍着双方的正常协商谈判；又如国家发展改革委与物价部门负责医疗服务的定价，若引入医保谈判定价势必会削弱前者的权力。国家医疗保障局的成立，首先将以前分散在四大部委的医保职责集中统一，职责范围不仅覆盖了原由人力资源社会保障部管理的城镇职工和城镇居民基本医疗保险、生育保险，原卫计委负责的新农合以及民政部负责的医疗救助，还将国家发展改革委对药品和医疗服务价格的管理职责纳入其中。管理权限的整合，为医保谈判机制的建立扫平了体制上的障碍，也使得国家医疗保障局以及相应设立的省市级医保局成为医保谈判中医保方明确的谈判主体，是医保参保者唯一的代理人，为医保谈判机制的建立提供了强有力的组织保障。

此外，国家医疗保障局的成立实现了医保基金的高度统合，2018

① 申曙光，魏珍．论医疗保险对医疗服务的制衡与监管［J］．湖南师范大学社会科学学报，2014，43（4）：78－83.

年全年基本医疗保险基金总支出达 17 607.65 亿元，占总医疗费用支出的 60%以上，截至 2018 年末，基本医疗保险累计结存更是高达 23 233.74 亿元。[①] 雄厚的基金势力为建立由买方主导的医保谈判机制奠定了“资本”及话语权优势，形成了强大的经济支撑。

同时，国家医疗保障局的众多职能就包含了组织制定关于医疗服务项目的医保目录以及准入谈判规则、医疗服务项目的支付标准和动态调整机制。这标志着建立由国家医疗保障局主导的医疗保险谈判机制将成为下一阶段我国医疗保险制度建设的核心目标。

3. 具有一定的实践经验和基础

自我国建立社会医疗保险制度以来，在过去多年的医疗保险服务管理过程中，无论是“定点管理”还是“协议管理”，协商谈判的手段都得到了不同程度的运用。在制定协议文本、确定费用支付和费用控制指标、制定考核奖励办法等时，医保经办机构也或多或少会征求医疗机构的意见，与医疗机构进行协商，只是没能形成制度化、规范化的谈判机制，但在此过程中，医保机构积累了宝贵的与医疗机构打交道的丰富经验。此外，医保机构在多年的经办业务中积累了大量的参保者信息和医疗费用支付信息，有助于在医保谈判时对医疗服务成本进行核算及制定预算，使其在谈判中具备一定的信息优势。再者，自 2009 年医保谈判首次正式在中央文件中提出以来，各地已陆续开展了一些探索和试点。例如，前述镇江市、成都市、上海市等等。同时，医保主管部门积极推动，在各省市普遍开展了医保药品谈判。各地的试点与实践同样为医保谈判机制在全国的建立和推行积累了经验，也提供了信心。

4. 大量政策支持与配套改革措施的落实

首先，自 2009 年起，全国及各地都陆续出台了支持建立社会医疗

① 国家医疗保障局 . 2018 年医疗保障事业发展统计快报［EB/OL］. 国家医疗保障局网，2019 - 02 - 28.

保险谈判机制的政策文件，强调了建立医保谈判机制的必要性和重要性。2009年3月17日，《中共中央　国务院关于深化医药卫生体制改革的意见》明确提出，要积极探索建立医保经办机构与医疗机构的谈判机制，推进付费方式改革，发挥医保对医疗费用的制约作用。2010年，江苏省镇江市和四川省成都市先后颁布了《关于进一步完善医疗保险谈判机制的通知》和《关于建立基本医疗保险药品和医疗服务费用谈判机制的通知》，开始了地方试点。同年，人力资源社会保障部发布的《关于做好人社系统承担的2010年度医疗卫生体制改革工作的通知》（已失效）再次强调探索建立谈判机制，明确提出："探索建立经办机构与医疗机构和药品供应商的谈判机制，通过协商谈判，选择质量好、价格合理的产品或服务，有效控制医疗服务成本。医疗保险经办机构要积极参与基本医疗服务价格制定，通过与定点医疗机构协商谈判，合理确定费用标准、服务内容、考核指标等各项标准。"2012年3月14日，国务院发布的《"十二五"期间深化医药卫生体制改革规划暨实施方案》指出："积极推动建立医保经办机构与医疗机构、药品供应商的谈判机制和购买服务的付费机制。"之后每年颁布的《深化医药卫生体制改革主要工作安排》都将建立社会医疗保险谈判机制作为医改工作的重要内容之一。

其次，由于医保谈判机制涉及内容广泛，中央政府和各主管部委还从推动公立医院改革、医保付费方式改革、加强医疗服务管理和医保基金管理等方面出台政策文件，大力推动建立社会医疗保险谈判机制。2009年国务院政府工作报告提出，要通过鼓励各地探索建立利益相关方参与协商的医疗服务定价机制，改革公立医院的运行机制。随后几年的政府工作报告依然从公立医院改革的视角出发，鼓励各地在医院管理体制、医疗服务价格形成机制等方面大胆探索，并充分调动医务人员积极性，提高服务质量，控制医疗费用，改善医患关系。2010年，卫生部联合五部委印发的《关于公立医院改革试点的指导意见》提出："在加强政府指导，合理确定医疗服务指导价格，合理控制医院医药总费用、次均费用的前提下，探索由医院（医院代表）和医疗保险经办机构谈判确定服务范围、支付方式、支付标准和服务质量要求。"人力资源社会保障部在2011年印发的《关于进一步推进医疗保险付费方式改革的意见》中六次提到"谈判"一词，强调通过建立谈判机制推进付费方式改革，结合谈判机制科学合理地确定付费标准，并对各统筹地区提出明确要求："要遵循公开透明的原则，制定医保经办机构与定点医疗机构进行谈判的程序和办法，在实践中对谈判的组织、管理、方式、纠纷处理办法等方面进行积极探索。"人力资源社会保障部还在2015年的《关于完善基本医疗保险定点医药机构协议管理的指导意见》和2016年的《关于积极推动医疗、医保、医药联动改革的指导意见》中提出，医保管理要适应社会治理方式改革，转变理念，创新管理方式，建立健全医保与医疗机构、医药机构的谈判协商和风险共担机制，并引入参保人和社会多方参与。2017年《国务院办公厅关于进一步深化基本医疗保险支付方式改革的指导意见》依然将建立健全医保经办机构与医疗机构间公开平等的谈判协商机制作为深化医改建立机制的重要一环，并通过建立谈判机制推动按病种付费的实施。2018年，人力资源社会保障部为贯彻落实上述支付方式改革指导意见发布《医疗保险按病种付费病种推荐目录》，再次强调通过与医疗机构协商谈判合理确定医保付费病种支付标准。

最后，国家发展改革委对医疗服务政府定价的放权，为通过医保谈判机制形成医疗服务价格提供了可能的空间。在我国基本医保制度建立之初，医疗服务价格一直由国家发展改革委及相关物价部门采用"统一政策、分级管理"的方法制定，医保主管部门在定价中一直没有发言权。直到2009年11月9日国家发展改革委等部门印发《关于印发改革药品和医疗服务价格形成机制的意见的通知》，开启了我国医疗服务价格管理方式的改革，采用按照医疗机构和医疗服务类型实行政府指导价和市场调节价相结合的管理方式，并明确提出，“在政府制定药品和医疗服务价格的基础上，改革医疗保险支付方式”，“积极探索医疗保险经办机构与医疗机构（医院协会）、药品供应商通过协商谈判，合理确定医药费用及付费方式”。2015 年 10 月，中共中央、国务院发布的《关于推进价格机制改革的若干意见》强调，推进医疗服务价格改革，合理调整医疗服务价格，医保基金支付的服务项目由医保经办机构与医疗机构谈判合理确定支付标准。2016 年 7 月，国家发展改革委等部门发布《关于印发推进医疗服务价格改革意见的通知》的主要目标就是积极探索建立通过制定医保支付标准引导价格合理形成的机制。其中，公立医疗机构综合改革试点地区可探索由政府主导、利益相关方谈判形成价格的机制；非公立医疗机构提供的医疗服务，落实市场调节价政策，由医保经办机构综合考虑医疗服务成本以及社会各方面承受能力等因素，与医疗机构谈判合理确定医保支付标准，引导价格合理形成。

以上一系列指导意见和改革措施，既体现了我国建立社会医疗保险谈判机制的迫切现实需要，也表明了中央政府及医保主管部门对建立谈判机制的支持态度，为把谈判理念、谈判方式正式引入医疗保险经办机构管理之中提供了政策导向和发展契机。①

7.3　我国构建社会医疗保险谈判机制的经验借鉴

通过对我国构建社会医疗保险谈判机制的现状、优势和困境的回顾与分析，结合我国国情特点及医保制度发展与医疗改革的阶段性情况，在借鉴法国、德国和荷兰三国构建社会医疗保险谈判机制的发展

① 仇雨临. 医保与“三医”联动：纽带、杠杆和调控阀 [J]. 探索，2017 (5)：67-71，2.

路径和经验的基础上，本节尝试对我国构建社会医疗保险谈判机制所需的基础条件和可能的路径进行探索性的思考。根据对法德荷三国的研究，医疗保险谈判机制的构建实际上需要政府、市场和社会的共同参与，并且依照本国政治、经济、社会和文化环境，综合运用行政机制、市场机制和社团机制，使三者既能有一定的运行自主性，又具有互补嵌入性。因此，本节将从如何发挥行政机制、市场机制和社团机制的作用出发，提出相应的思考和建议。

7.3.1　构建医保谈判机制需发挥行政机制的引领性作用

在我国构建社会医疗保险谈判机制，首先要认识到这并不是完全排斥行政机制在医保治理中的作用，但也不能一味依赖强大的行政权力，而是应该更好地发挥行政机制的引领性作用，促进和规范市场机制，激活和培养社团机制，最终推动医保谈判机制的建立与良好运行。具体来说，行政机制在医保谈判机制构建中的作用集中表现在：明确谈判性质与定位、赋权谈判主体、制定指导性的谈判框架规则、依法监督谈判结果、弥补或矫正谈判中的协调失灵（发挥兜底作用），以及维护医保谈判公平性的其他措施。

1. 制定《医疗保障法》为医保谈判提供法律保障，明确谈判主体

总结法德荷三国社会医疗保险谈判机制建立和完善的经验，其首要条件是完备的立法，以明确医保谈判性质与定位、主体之间的关系，规范谈判内容和程序，并保障谈判结果的执行。立法可以将各方的冲突前置，各方在进行医保谈判之前就能达成一些基本共识，有利于正式谈判的顺利开展。而且立法也是医保谈判机制走向稳定和规范化的保障，使其不再局限于随意的试点或者根据需要随机展开的临时性讨论。

目前，我国关于医疗保险的立法还十分欠缺，亟须制定《医疗保障法》，建立一套全国统一、覆盖全民的医保制度。此时，可抓住《医

疗保障法》的立法契机，将医保谈判机制作为医疗保险制度运行机制的重要组成部分写入法律，为全面建立医保谈判机制提供法律保障。此外，还应通过制定《医疗保障法》明确医保谈判的定位和性质、谈判主体的法律地位，赋予其权利并明确义务和法律责任，确保医保谈判能够真正有法可依。

具体来说，目前我国医疗保险经办机构代表参保者进行医保谈判的身份是明确的，但其在谈判中的法律地位、授权、具体职责以及与国家和地方医保局的关系还需要通过法律进一步明确。此外，我国医疗服务提供方的谈判主体仍不明确，现有试点地区一般以单个医疗机构或统筹范围内的几个医疗机构联合作为谈判主体，存在随意性较大、职责不清的问题，导致个体谈判的交易成本较高。因此，立法时可以考虑将现有的全国医院医疗保险管理专业委员会、各省市医院医疗保险管理专业委员会及医院医保办作为医疗服务提供者的谈判主体。中国医院协会医院医疗保险管理专业委员会于2009年由民政部审核批准登记，是一个由全国各级各类医疗机构主管医疗保险工作的负责人、医保办（处）负责人、各级医保经办人员及相关专家学者等组成的全国性行业管理组织。该组织既熟悉医保政策，又承担维护医院利益的角色。可通过立法赋予其准公共机构的身份，代表各级医疗机构与医保局进行集体谈判，平衡公立医疗机构和非公立医疗机构以及各级医疗机构之间的利益，尽可能在内部形成共识。此外，随着医生多点执业改革的推进，我国还需要建立医保医生制度和协会，让医生群体直接参与医保谈判，凸显医生的主体地位。①

2. 出台医保谈判指导意见和实施细则为医保谈判提供政策支持

虽然法德荷三国在建立医保谈判机制时都采用立法先行的原则，但我国《医疗保障法》尚处于倡议立法阶段，距离最终颁布实施仍有

① 王震．新形势下我国医保治理模式的选择［J］．中国医疗保险，2018（11）：26－30.

很长的路要走。然而，这不应成为耽搁医保谈判机制建设的理由。目前，根据 2018 年《国务院机构改革方案》，新成立的国家医疗保障局的职责包含建立医保支付医药服务价格合理确定和动态调整机制和推动建立市场主导的社会医药服务价格形成机制。因此，可先由国家医疗保障局主导，联合其他相关部委，出台全国层面关于医保谈判的指导意见和实施细则，特别是在谈判目标、医保经办机构在谈判中的地位、谈判层次、谈判规则、争议处理以及基础建设方向与适用性上，能够有一套系统性的顶层设计。①如此一来，一方面能为各地推动医保谈判机制建设提供政策支持和基本规范，另一方面也可为未来医保立法中关于谈判机制的内容提供参考。

3. 发挥医疗保障局在医保谈判中的监督功能

虽然医疗保险谈判强调的是谈判主体之间的平等对话，但由于其事关全体参保者的公共利益，再加上我国医保方谈判主体仍是事业单位，因此在机制建立初期，仍然需要医保主管部门发挥监督功能，确保医保谈判中的医保方能够代表参保者的最大利益，满足参保者的基本就医需求。具体来说，一是建立医保谈判监督和考核办法，由医疗保障局作为医保主管部门对医保经办部门进行监督和考核，促使医保经办机构能够较好地履行医疗服务主动购买者的角色，积极与医疗方开展医保谈判；二是要监督谈判结果是否能够满足各地医保政策的规定，避免医保经办机构在谈判过程中只考虑基金平衡而忽视参保者的需求；三是当关于医保谈判机制的立法颁布后，医保局还需就各地谈判是否依法开展进行监督管理。

4. 明确医疗保障局在医保谈判中的兜底作用

在医疗保险谈判中，谈判主体各方并不一定总是能够签订合同，当各方通过多轮谈判仍未达成一致或只对部分内容达成一致时，就需

① 周尚成．中国医疗保险谈判机制研究：理论基础与框架设计［M］．北京：科学出版社，2013：107.

要医保主管部门发挥其兜底的作用。要么通过行政手段单方面制定相应的标准，让谈判各方强制性实施；要么采用其他方式承担为参保者提供医疗服务的责任。当然，这只是一个最终保留手段，并非常规措施，在通常情况下仍应鼓励谈判各方通过交换与妥协，尽可能自主地达成一致并签订医疗服务合同，因为行政手段会破坏医保谈判机制的建立并且影响其执行。此外，医保局在医保谈判中的兜底作用还应体现在确定服务量小、技术复杂、难以通过谈判定价的医疗服务的政府指导价，并监督其服务提供，以弥补市场和社团机制在服务定价上的不足。

5. 政府相关部门应促进信息系统的建立、联动和信息公开

医疗保险谈判不是一个简单的多方讨价还价的过程，而是一个应基于真实实践数据和科学预测的高技术含量的博弈过程。在医疗保险谈判中，双方需要收集和预测数据，包含各项医疗服务的真实成本、使用情况、人口增长率、人口老龄化程度、地区发病率、通货膨胀率等，需要一个运行良好并协作有效的信息系统才能实现。这样的系统需要政府、医保机构与医疗服务提供方三方共同合作建立，实现医保、医疗、医药三方数据的互联互通。① 一般来说，政府主管部门一是通过立法规定获得医保机构的支付信息和医疗服务方的处方信息等；二是制定统一的数据标准，建成互联互通的大数据库；三是设立专业的研究机构，从多个渠道收集数据，并定期发布；四是对医疗服务内容的划分和价值的评估给出科学的依据。例如在采用了 DRG 支付的国家，清晰明确的组合定义和成本测算是医保谈判成功的基础。此外，政府其他部门，如统计局、物价局等，也需要定期对医疗服务价格相关因素和信息进行官方披露。

---

① 申曙光，曾望峰．互联网时代的大数据与医疗保险治理［J］．社会科学战线，2018（7）：224－232.

7.3.2　构建医保谈判机制需明确市场机制的决定性作用

医疗保险谈判机制，虽由于其谈判主体和内容的特殊性，不同于一般市场机制，但其结果是通过签订合同形成契约关系，体现了市场机制在医疗资源配置中的运用。因此，要建立医疗保险谈判机制就必须发挥市场机制的决定性作用，具体来说，需要构建平等的谈判主体、公平竞争的谈判环境、充分的谈判空间，并保障消费者的经济权益。

1. 医保谈判主体去行政化，构建平等独立的谈判主体

要发挥市场机制在医保谈判中的决定性作用，首先谈判主体须具备独立的法人资格或个体自然人身份，这是法德荷三国医疗保险谈判中形成的共识。这样的谈判主体具有谈判的权利能力和行为能力，依法独立享有谈判权利（享有剩余索取权和控制权）和承担义务。只有在权利、义务和责任上形成了合理的对应关系，谈判主体在谈判中才不会缺乏主动性或者偏离谈判目标。如果谈判主体不承担或只是部分承担谈判结果，就容易引发严重的代理问题。此外，除了强调谈判主体本身的独立性之外，各谈判主体之间还需要具有平等的法律地位，能够以一个平等的身份参与到医疗保险谈判中来，而不存在隶属关系或上下级关系。当然，平等的法律地位还指适用相同的法律和规则，在发生纠纷和冲突时有明确的法律依据。

在我国，基本医疗保险经办机构主要属于政府行政部门下属的事业单位，负责办理参保者与基本医疗保险相关的具体业务。其行政经费由各级政府专门拨付，更多定位为政府医保政策的执行者，习惯于对医疗机构采取行政化管理方式。再加上，我国医保采用属地管理，医保经办机构虽数量众多，但在各自管辖地域内具有垄断性，没有竞争压力。因此，医保机构既没有积极开展谈判的动力，也缺乏相应的权利能力和行为能力。要想推动医保谈判机制的构建，首先需要推进

医保经办机构体制改革，进一步剥离医保经办机构的行政色彩，落实“管办分离”，赋予医保经办机构独立法人资格①，赋予其对基本医疗服务的预算权、定价权、签约权和购买权②，使其真正从政府医保执行者转变为代表参保者利益的医疗服务购买者，增强其在谈判中的自主性和主动性。在尚未建立起竞争机制之前，政府主管部门可以通过与具有独立法人资格的医保方签订行政合约，激励其积极参与医保谈判，并对谈判结果进行考核。

同样的，作为我国医疗服务的主要提供者，传统的公立医疗机构是政府预算单位，定性为事业单位，隶属于卫生行政部门，其发展战略、管理层任免、员工录用、服务供给及价格制定等决策均由卫生行政部门控制。③ 这使得公立医疗机构缺乏独立性，事实上并不满足医保谈判对独立市场主体资格的要求，同时在与医保经办机构的互动中仍保留行政化思维，认为不管谈判如何进行，医保都应该按照计划价格补偿医疗机构的成本消耗，很难通过谈判制定的硬性指标进行考核，甚至会引发双方行政主管部门的冲突。因此，要构建平等独立的医保谈判主体，同样需要推动公立医疗机构的去行政化改革，实现政事分开、管办分离，建立健全法人治理机构，并推进医院医疗服务价格体系及医生人事薪酬制度改革，使医疗机构成为独立市场主体，拥有用人自主权和剩余索取权，才能发挥医保谈判对医疗机构的激励作用，使其重视和参与到谈判中来。

通过医保谈判主体双方去行政化，构建独立的谈判主体并形成平等的关系，才能真正发挥市场机制在医保谈判中的决定性作用，激发双方的谈判动力，建立真正的契约关系，避免将医保谈判引向行政部

---

① 胡晓毅，詹开明，何文炯．基本医疗保险治理机制及其完善［J］．学术研究，2018 (1)：99－106，178.

② 杨燕绥．医保经办机构该是谁家的孩子？［J］．中国医疗保险，2012 (11)：28.

③ 朱恒鹏，昝馨，向辉．财政补偿体制演变与公立医院去行政化改革［J］．经济学动态，2014 (12)：61－71.

门的权力角力。

2. 引入市场竞争机制，增强谈判的动力机制

在法德荷三国医疗保险谈判机制不断完善的过程中，近些年的一大改革措施就是在医保市场和医疗服务市场引入或加强市场竞争，迫使双方为获得更多的参保者或患者增强进行谈判的动力，从而提高效率。具体来说，就是赋予参保者自由选择医保方的权利、患者自由选择医疗机构或医生的权利，以及医保方在谈判中可采用选择性合约的权利。当然，由于制度发展阶段和市场机构有所不同，这些措施在构建我国医保谈判机制时不一定马上适用，但也是需要逐步发展的方向。

针对医保经办机构，由于现阶段医保制度统筹层次较低、基金风险池小，若在此时通过赋予参保者自由选择医保方的权利促使医保经办机构加强谈判，可能会适得其反，造成基金风险，影响经办服务。因此，在现阶段，暂可通过参保者“发声”机制和医保方问责制等替代竞争机制，督促医保经办方进行谈判。具体来说，可由医保局制定颁布医保谈判监督和考核办法，并将参保者满意度评价纳入考核之中，促使其履行好购买者角色，积极开展医保谈判。同时，随着医保统筹层次的不断提高及医保基金风险调节金制度的建立，逐步放开参保者自由参保的权利，最终通过竞争优化医保方的谈判行为。

针对医疗机构，我国现阶段需要做的是打破公立医院垄断格局，引入社会资本办医，形成多元供给、供方竞争的局面，促使医疗机构重视成本控制，提高医疗服务的成本效益，并为争取医保购买医疗服务而积极加入医保谈判中来。此外，引入竞争机制，还意味着赋予医生自由执行的权利，无论是独立开设诊所或在医疗机构之间自由流动，都有利于打破医疗机构在医保谈判中的垄断权利，使得医生能够真正参与谈判并通过谈判提出自身诉求和利益，改善医疗服务价格扭曲的现状。

此外，在实现供方多元供给和充分竞争的基础之上，医保经办机

构也可在医保谈判中逐步引入选择性合约工具，并不一定与所有医疗机构签约或者也不一定要购买同家医疗机构的所有服务，而是根据参保者医疗服务需求和医疗机构服务性价比，在谈判中有针对性和选择性地签约，真正实现对资源的有效配置。

3. 放开医疗服务价格管制，提供充足的谈判空间

医疗保险谈判的主要内容之一是医疗服务价格谈判，在德国和荷兰，几乎所有的医疗服务都通过医保谈判定价，而法国是将所有的私人执业医生提供的医疗服务定价交由医保谈判确定，可见医保谈判已成为三国医疗服务价格的主要形成机制。而在我国，目前医疗服务定价主要采用政府指导价和市场调节价相结合的方式，允许进行医保谈判定价的服务仅包含非公立医疗机构提供的医疗服务、公立医疗机构中特需医疗服务以及公立医疗机构中进行支付改革的医疗服务，而绝大部分按项目服务的医疗服务仍采用政府指导价和行政调整手段，这严重限制了医保谈判的空间和对医疗服务提供机构的影响力。因此，应该进一步放开对医疗服务价格的管制，全面开展医疗保险谈判，这样既有利于医保进行全局规划和预算，也更能发挥团购优势。

7.3.3 构建医保谈判机制需激发社团机制的协调性作用

由于我国在公共治理理论范式上长期停留于政府与市场之争，而忽视社会力量，因此在医保治理中社会力量与社团机制始终处在缺位的状态。[①] 但纵观法德荷三国医保治理，特别是构建医保谈判机制的历程，各方社会行动者发挥了巨大的影响力，可以说是共同塑造了现行的医保谈判机制，并在后续的运行中始终发挥着重要的协调性作用。因此，要想进一步构建和完善我国医保谈判机制，就必须从理念上重

① 顾昕．新时代新医改公共治理的范式转型：从政府与市场的二元对立到政府-市场-社会的互动协同［J］．武汉科技大学学报（社会科学版），2018，20（6）：589－600.

新认识社团机制，培养合格的社会行动者，塑造适合的社会环境，激发社团机制的协调性作用。

1. 培养医疗服务提供方的社会行动者

在法德荷三国的医保谈判中，由利益相关方基于对某些共同价值、诉求和规范的认同与遵守而建立的社会自治组织，即各类医生协会、医院协会及跨专业联盟等，是主要的谈判主体，发挥着至关重要的作用。建立协会参与医保谈判，一方面，能够较好地收集和归纳个体谈判者（医生、医院）的诉求，并在内部进行权衡筛选；另一方面，协会的自律机制有利于确保谈判合同的有效执行。此外，协会的参与还能保持医保谈判的稳定性，尽可能避免个体谈判带来的偶然性。

因此，我国需培养医疗服务提供方的社会行动者，即建立医院协会和医生协会，让其替代个体医院或医生参与到医保谈判中来，发挥社团机制的协调性作用。一方面，建立独立自治的医院协会，能够平衡公立医疗机构与私立医疗机构、大规模医疗机构与小型医疗机构在谈判中的诉求和地位，协调相互之间的利益关系；另一方面，也有利于与目前具有独家垄断权的医保经办机构形成对等的市场地位，并且使得目前个体层面的医保谈判逐步走向协会层面的集体谈判，提高医保谈判的效率。当然，2005年，我国已经成立中国医院协会并下设了中国医院协会医院医疗保险专业委员会，但仍需要法律的赋权以及在医疗服务提供方中达成共识。此外，还需重新认识和重视医疗卫生专业人员在谈判中的主体地位，鼓励现有的中国医师协会、中华护理协会、中国药师协会等社会组织积极参与医保谈判机制的建设，完善内部治理机构，研究其代表会员利益的方法和渠道。同时，继续推动代表各类医疗服务提供方的社会组织的设立，促进多方参与、协作，激发社会组织活力。

2. 加强医保经办机构的专业化建设

医疗保险谈判是一个专业要求很高的工作，医疗保险经办机构要想在医保谈判中发挥社团机制的优势，就必须加强专业化建设，提高谈判技术和能力。一是要重视信息系统的建设和规范使用，在一定程度上弥补人力的欠缺。二是设立或委托专业研究机构，对医保数据和信息进行分析处理，挖掘其背后的价值。在此基础之上，运用医保专业知识和实践经验，制定科学合理的谈判方案。三是注重对医保专业人才以及谈判人才的培养和吸纳，在医保经办机构中定期开展专题研讨和谈判技巧培训活动，并在实践中总结谈判经验。①

3. 畅通参保者与参保企业的参与渠道

社团机制在医保谈判机制构建中发挥作用的另一方面就是要鼓励多方参与，特别是建立参保者和参保企业参与医保谈判的渠道。医保谈判的特征之一是代理谈判，由医保方代表参保者与医疗服务提供方进行谈判，因此容易出现委托代理的问题。在构建医保谈判机制时，应该畅通参保者与参保企业的参与渠道。一是在谈判前，医保经办机构应尽可能地从多个渠道收集参保者的需求和意见，做好谈判准备；二是在谈判中，可邀请参保者代表参与和旁听，保证过程的公平、公正；三是在谈判结束后，公开结果，并建立意见反馈渠道。而参保者和参保企业一方也可按需筹建相关参保者协会、患者协会或企业参保工会等，发挥社团机制的协调性作用，向医保方合理有序表达医保诉求。

① 晓前．谈判：一靠实力二靠能力［J］．中国医疗保险，2010（8）：5.

参考文献

1. Akerlof G A. The market for lemons：quality uncertainty and the market mechanism [J] . The quarterly journal of economics，1970，84 (3)：488 - 500.

2. Arrow K J. Uncertainty and the welfare economics of medical care [J] . Journal of health politics，policy and law，2001，26 (5)：851 - 883.

3. Barros P P，Martinez-Giralt X. Incentives in the diagnosis treatment combination payment system for specialist medical care [J] . International journal of health care finance and economics，2005，5 (2)：191 - 204.

4. Bartholomeée Y，Maarse H. Health insurance reform in the Netherlands [J] . Eurohealth，2006，12 (2)：7 - 9.

5. Becker E R，Sloan F A. Utilization of hospital services：the roles of teaching，case mix，and reimbursement [J] . Inquiry：a jour-

nal of medical care organization, provision and financing, 1983, 20 (3): 248-257.

6. Bouget D. The Juppé Plan and the future of the French social welfare system [J] . Journal of European social policy, 1998, 8 (2): 155-172.

7. Busse R, Bluümel M. Germany: health system review [R] . Health systems in transition, 2014, 16 (2).

8. Busse R, Riesberg A. Germany: health system review [R]. Health care systems in transition, 2004, 6 (9).

9. Casalino L P, Pham H, Bazzoli G. Growth of single-specialty medical groups [J] . Health affairs, 2004, 23 (2): 82-90.

10. Chalkley M, Malcomson J M. Government purchasing of health service [J] . Handbook of health economics. 2000, 1 (PARTA): 847-890.

11. Chevreul K, Brigham K B, Durand-Zaleski I, et al. France: health system review [R] . Health systems in transition, 2015, 17 (3).

12. Chevreul K, Durand-Zaleski I, Bahrami S, et al. France: health system review [R] . Health systems in transition, 2010, 12 (6).

13. Choné P. Competition policy for health care provision in France [J] . Health policy, 2017, 121 (2): 111-118.

14. Choné P, Evain F, Wilner L, et al. Introducing activity-based payment in the hospital industry: evidence from French data [J] . Cesifo working paper, 2013.

15. Coppini M A, Illuminati F. Relations between social security institution and the medical profession [J] . International social security review, 1968, 21 (2): 198-287.

16. De Jaegher K, Jegers M. The physician-patient relationship as

a game of strategic information transmission [J] . Health economics, 2001, 10 (7): 651 - 668.

17. De Jong P R, Mosca I. Changes and challenges of the new health care reform in the Netherlands: what should the Dutch be aware of? SSRN electronic journal, 2006 (26): 1 - 19.

18. Devers K J, Casalino L P, Rudell L S, et al. Hospitals negotiating leverage with health plans: how and why has it changed? [J]. Health services research, 2003, 38: 1: 419 - 446.

19. Dranovc D, Satterthwaite M, Sindelar J. The effect of injecting price competition into the hospital market: the case of preferred provider organizations [J] . Inquiry: a journal of medical care organization, provision and financing, 1986, 23 (4): 419 - 431.

20. Emerson R M. Power dependence relations [J] . American sociological review, 1962, 27 (1): 31 - 41.

21. Ettelt S, Mays N B, Chevreul K, et al. Involvement of ministries of health in health service coverage decisions: is England an aberrant case? [J] . Social policy and administration, 2010, 44 (3): 225 - 243.

22. Evans R G. Supplier-induced demand: some empirical evidence and implications [J] . The economics of health and medical care, 1974: 162 - 173.

23. Fitzpatrick S, Stephens M. Welfare regimes, social values and homelessness: comparing responses to marginalised groups in six European countries [J] . Housing studies, 2014, 29 (2): 215 - 234.

24. Franc C, Polton D. New governance arrangements for French health insurance [J] . Eurohealth, 2006 (12): 27 - 29.

25. Gaynor M. Competition within the firm: theory plus some evi-

dence from medical group practice [J]. The RAND journal of economics, 1989, 20 (1): 59-76.

26. Gaynor M, Mark T. Physician contracting with health plans: a survey of the literature [J]. 1999: 13.

27. Gaynor M, Pauly M V. Compensation and productive efficiency in partnerships: evidence from medical groups practice [J]. Journal of political economy, 1990, 98 (3): 544-573.

28. Genieys W, Hassenteufel P. The shaping of new state elites: healthcare policymaking in France since 1981 [J]. Comparative Politics, 2015, 47 (3): 280-295.

29. GKV-Spitzenverband. Self-government for the future: annual report 2017 [R]. Berlin: GKV-Spitzenverband Körperschaft des öffentlichen Rechts Reinhardtstraße 28, D-10117.

30. Godt P J. Doctors and deficits: regulating the medical profession in France [J]. Public administration, 1985, 63 (2): 151-169.

31. Gourault J. Relations between the free medical profession and the social security system in France [J]. International social security review, 2010, 30 (2): 156-169.

32. Gowrisankaran G, Nevo A, Town R. Mergers when prices are negotiated: evidence from the hospital industry [J]. The American economic review, 2015, 105 (1): 172-203.

33. Granovetter M. Economic action and social structure: the problem of embeddedness [J]. American journal of sociology, 1985, 91 (3): 481-510.

34. Greaney T L, Sindelar J L. An assessment of the anticompetitive effects of preferred provider organizations [J]. Inquiry: a journal of medical care organization, provision and financing, 1987, 24 (4):

384 - 391.

35. Greß S, Groenewegen P, Kerssens J, et al. Free choice of sickness funds in regulated competition: evidence from Germany and the Netherlands [J] . Health policy, 2002, 60 (3): 235 - 254.

36. Grol R. Quality development in health care in the Netherlands [R] . Washington, D. C. : The Commonwealth Fund/Alliance for Health Reform, 2006.

37. Hasaart F. Incentives in the diagnosis treatment combination payment system for specialist medical care: a study about behavioral responses of medical specialists and hospitals in the Netherlands [D]. Maastricht University, 2011.

38. Hassenteufel P, Palier B. Towards neo-bismarckian health care states?: comparing health insurance reforms in Bismarckian welfare systems [J] . Social policy and administration, 2007, 41 (6): 574 - 596.

39. Helderman J, Stiller S. The importance of order and complements: a new way to understand the Dutch and German health insurance reforms [J] . Journal of health politics, policy and law, 2014, 39 (4): 811 - 840.

40. Holmstrom B, Milgrom P. Multitask principal-agent analyses: incentive contracts, asset ownership, and job design [J] . Journal of law, economics and organization, 1991, 7 (Special): 24 - 52.

41. Hsiao W C, Braun P, Dunn D, et al. Results and policy implications of the resource-based relative-value study [J] . New England journal of medicine, 1988, 319 (13): 881 - 888.

42. Hurst J W. Reforming health care in seven European nations [J] . Health affairs, 1991, 10 (3): 7 - 21.

43. Jacobs R, Goddard M. Social health insurance systems in European countries: the role of the insurer in the health care system: a comparative study of four European countries [J] . Industrial instrumentation and automation, 2000.

44. Janssen R T J M, Leers T, Meijdam L C, et al. Bureaucracy versus markets in hospital care: the Dutch case [J] . Public choice, 2003, 114 (3): 477 - 498.

45. Jehn K A, Mannix E A. The dynamic nature of conflict: a longitudinal study of intragroup conflict and group performance [J] . The Academy of Management Journal, 2001, 44 (2): 238 - 251.

46. Kessel R A. Price discrimination in medicine [J] . The journal of law and economics, 1958, 1 (1): 20 - 53.

47. Klein-Hitpaß U, Scheller-Kreinsen D. Policy trends and reforms in the German DRG-based hospital payment system [J] . Health policy, 2015, 119 (3): 252 - 257.

48. Knottnerus J A, ten Velden G H. Dutch doctors and their patients: effects of health care reform in the Netherlands [J] . The New England journal of medicine, 2007, 357 (24): 2424 - 2426.

49. Kok L, Boyle S, Lammers M, et al. Remuneration of medical specialists: drivers of the differences between six European countries [J] . Health policy, 2015, 119 (9): 1188 - 1196.

50. Krabbe-Alkemade Y J F M, Groot T L C M, Lindeboom M. Competition in the Dutch hospital sector: an analysis of health care volume and cost [J] . The European journal of health economics, 2017, 18 (2): 139 - 153.

51. Kroneman M, Boerma W, Van Den Berg M, et al. Netherlands: health system review [R] . Health systems in transition, 2016, 18 (2) .

52. Lamping A J，Raab J，Kenis P. Participation and coordination in Dutch health care policy-making：a network analysis of the system of intermediate organizations in Dutch health care [J]. Health promotion international，2013，28 (2)：211-222.

53. Landes W M，Posner R A. Market power in antitrust cases [J]. Harvard law review，1981，94 (5)：937-996.

54. Laxalt J. The Unocam and the negotiation with the health professionals [J]. Tribunes of health，2011，31 (2)，55-61.

55. Leffler K B. Arizona v. Maricopa county medical society：maximum-price agreements in markets with insured buyers [J]. Supreme court economic review，1983，2：187-211.

56. Leiber S，Greß S，Heinemann S. Explaining different paths in social health insurance countries-health system change and cross-border lesson-drawing between Germany，Austria and the Netherlands [J]. Social policy and administration，2015，49 (1)：88-108.

57. Lieverdink H，Maarse H. Negotiating fees for medical specialists in the Netherlands [J]. Health policy，1995，31 (2)：81-101.

58. Lomas J，Charles C Greb J. The price of peace：the structure and process of physician fee negotiation in Canada [R]. Canada，1992.

59. Maarse H，Paulus A T G. The politics of health-care reform in the Netherlands since 2006 [J]. Health economics policy and law，2011，6 (1)：125-134.

60. McGuire T G，Pauly M V. Physician response to fee changes with multiple payers [J]. Journal of health economics，1991，10 (4)：385-410.

61. Muiser J. The new Dutch health insurance scheme：challenges and

opportunities for better performance in health financing [J] . WHO discussion paper, 2007 (3): 11.

62. Mur-Veeman I, Hardy B, Steenbergen M, et al. Development of integrated care in England and the Netherlands: managing across public-private boundaries [J] . Health policy, 2003, 65 (3): 227 - 241.

63. Nay O, Béjean S, Benamouzig D, et al. Achieving universal health coverage in France: policy reforms and the challenge of inequalities [J] . The lancet, 2016, 387 (10034): 2236 - 2249.

64. Okma K G H. Learning and mislearning across borders: what can we (not) learn from the 2006 health care reform in the Netherlands? : commentary on Rosenau and Lako. [J] . Journal of health politics policy and law, 2008, 33 (6): 1057 - 1071.

65. Oostenbrink J B, Rutten F F H. Cost assessment and price setting in the Dutch healthcare system: a contribution to work package 6 of the EU funded research project HealthBASKET: approaches for cost/price assessment in practice [R] . Berlin: Technische Universität Berlin, 2017.

66. Oostenbrink J B, Rutten F F H. Cost assessment and price setting of inpatient care in the Netherlands: the DBC case-mix system [J] . Health care management science, 2006, 9 (3): 287 - 294.

67. Or Z, Gandré C, Seppänen A, et al. France: health system review [R]. Health systems in transition, 2023, 25 (3).

68. Palier B. Gouverner la sécurité sociale [M] . 2nd ed. Paris: Presses Universitaires de France, 2005.

69. Pauly M V. Managed care, market power, and monopsony [J] . Health services research, 1998, 33 (5): 1439 - 1460.

70. Pollitt C, Van Thiel S, Homburg V. New public management in Europe: adaptation and alternatives [M] . Hampshire: Palgrave Macmillan London, 2007.

71. Polton D. Strategies to control health care expenditure and increase efficiency: recent developments in the French health care system [R] . National Health Insurance Fund, 2011.

72. Porras-Gallo M. Between the German model and liberal medicine: the negotiating process of the state health care system in France and Spain (1919-1944) [J] . Hygica internationalis an interdisciplinary journal for the history of public health, 2007, 6 (2): 135-149.

73. Powell F D. Government participation in physician negotiations in German economic policy as applied to universal health care coverage in the United States [J]. Social science and medicine, 1994, 38 (1): 35-43.

74. Preker A S, Liu X, Velenyi E V, et al. Public ends, private means: strategic purchasing of health services [M] . Washington, DC. : The World Bank, 2007.

75. Quentin W, Geissler A, Scheller-Kreinsen D, et al. DRG-type hospital payment in Germany: the G-DRG system [J] . Euro Observer, 2011, 12 (3): 4-6.

76. Raiffa H. The art and science of negotiation [M] . Cambridge: Harvard University Press, 1982.

77. Reinhardt U E, Cheng T. The world health report 2000: health systems: improving performance [J] . Bulletin of the World Health Organization, 2000, 78 (8): 1064-1065.

78. Rochaix L, Wilsford D. State autonomy, policy paralysis: paradoxes of institutions and culture in the French health care system

[J]. Journal of health politics policy and law, 2005, 30 (1-2): 97-119.

79. Rodwins V G, Grable H, Thiel G. Updating the fee schedule for physician reimbursement: a comparative analysis of France, Germany, Canada and the United States [J]. American journal of medical quality, 1990, 5 (1): 16-24.

80. Rodwin V G, Sandier S. Health care under French national health insurance [J]. Health affairs, 1993, 12 (3): 111-131.

81. Romeyke T, Stummer H. Interdisciplinary complex therapies in inpatient hospital treatment in Germany: evidence from Germany [J]. Journal of management and marketing in healthcare, 2011, 4 (4): 208-216.

82. Ross S A. The economic theory of agency: the principal's problem [J]. American economic review, 1973, 63 (2): 134-139.

83. Salop S, Stiglitz J E. The theory of sales: a simple model of equilibrium price dispersion with identical agents [J]. The American economic review, 2001, 72 (72): 1121-1130.

84. Sandier S, Paris V, Polton D. France: health system review [R]. Health care systems in transition, 2004, 6 (2).

85. Schäfer W, Kroneman M, Boerma W, et al. Netherlands: health system review [R]. Health systems in transition, 2010, 12 (1).

86. Schreyögg J, Stargardt T, Tiemann O, et al. Methods to determine reimbursement rates for diagnosis related groups (DRG): a comparison of nine European countries [J]. Health care management science, 2006, 9 (3): 215-223.

87. Schut F T, Hassink W H J. Managed competition and con-

sumer price sensitivity in social health insurance [J] . Journal of health economics, 2002, 21 (6): 1009-1029.

88. Scott W R. Organizations: rational, natural, and open systems [M] . 2nd ed. Englewood Cliffs: Prentice Hall, 1987.

89. Simonet D, Alkafaji Y. Critical evaluations of the French health care accounting indicators: the use of DRGs [J] . Public administration quarterly, 2017, 41 (3): 569-609.

90. Simonet D. Assessment of new public management in health care: the French case [J] . Health research policy and systems, 2014, 12 (1): 57.

91. Steffen M. The medical profession and the state in France [J] . Journal of public policy, 1987, 7 (2) .

92. Stiglitz J E. Economics of the public sector [M] . 2nd ed. New York: W. W. Norton & Company, 2000.

93. Tan S S, Van Ineveld B M, Redekop K, et al. Structural reforms and hospital payment in the Netherlands [J]. Euro Observer, 2011, 12 (3): 7-9.

94. Thompson L. Negotiation behavior and outcomes: empirical evidence and theoretical issues [J] . Psychological bulletin, 1990, 108 (3): 515-532.

95. Thompson L. The mind and heart of the negotiator [M] . 2nd ed. Upper Saddle River: Prentice Hall Press, 2000.

96. Thomson S, Busse R, Crivelli L, et al. Statutory health insurance competition in Europe: a four-country comparison [J] . Health policy, 2013, 109 (3): 209-225.

97. Toebes B, Giorgi M S. Dutch Realities: evaluating health care reform in the Netherlands from a human rights perspective

[M] //The right to health: a multi-country study of law, policy and practice. The Hague: T. M. C. Asser Press, 2014: 403 - 436.

98. Van De Ven W P M M, Beck K, Buchner F, et al. Risk adjustment and risk selection on the sickness fund insurance market in five European countries [J] . Health policy, 2003, 65 (1): 75 - 98.

99. Van Montfort C J, Sun L. Stability and change: the public-private mix in social welfare provision in The Netherlands and its implication for China [J] . Social security studies, 2014 (20): 152 - 160.

100. Wammes J, Jeurissen P, Westert G, et al. International profiles of health care systems: the Dutch health care system [R] . New York: Commonwealth Fund, 2017.

101. Waters H R, Hussey P. Pricing health services for purchasers: a review of methods and experiences [J] . Health policy, 2004, 70 (2): 175 - 184.

102. Wilsford D. Doctors and the state: the politics of health care in France and the United States [M] . Durham: Duke University Press, 1991.

103. Wörz M, Busse R. Analysing the impact of health-care system change in the EU member states: Germany [J] . Health economics, 2005, 14 (Suppl 1): 133 - 149.

104. 安德森．福利资本主义的三个世界 [M] ．郑秉文，译．北京：法律出版社，2003.

105. 白澎，叶正欣，王硕．法国社会保障制度 [M] ．上海：上海人民出版社，2012.

106. 白裕彬．疾病保险体系对医师与医病关系的影响：德国的战前经验 [J] ．医学教育，2006，4 (2)：214 - 222.

107. 陈天昊．在公共服务与市场竞争之间法国行政合同制度的起源与流变［J］．中外法学，2015，27（6）：1641－1676.

108. 陈仰东．谈判机制建立迟缓的原因解析［J］．中国医疗保险，2011（9）：12－14.

109. 程迈．在社会分裂中求得政治稳定：李帕特协商联合民主理论评述［J］．环球法律评论，2011，33（2）：110－128.

110. 仇雨临，王昭茜．全民医保与健康中国：基础、纽带和导向［J］．西北大学学报（哲学社会科学版），2018，48（3）：40－47.

111. 仇雨临，王昭茜．以医保为杠杆协同推进“三医联动”改革［J］．中国医疗保险，2018（11）：9－12.

112. 仇雨临．医保与“三医”联动：纽带、杠杆和调控阀［J］．探索，2017（5）：67－71，2.

113. 仇雨临．医疗保险［M］．北京：中国劳动社会保障出版社，2008.

114. 褚福灵．德国法定健康保险制度框架与借鉴［J］．中国医疗保险，2017（8）：69－72.

115. 德雷福斯，李晓姣，张丽．1789 年至 1945 年法国的社会保护史［J］．世界历史，2011（5）：115－125.

116. 邓乔健．保险公司与医院的博弈规则［J］．中国卫生产业，2006（3）：78－79.

117. 杜创，蔡洪滨．寡头市场、递归信念与声誉［J］．世界经济，2009（8）：38－50.

118. 法兰西宪法典全译［M］．周威，译．北京：法律出版社，2016.

119. 方燕．医疗市场、医疗组织与激励动机研究［M］．北京：经济管理出版社，2018.

120. 费尔德斯坦．卫生保健经济学［M］．4 版．费朝辉，李卫平，王梅，等译．北京：经济科学出版社，1998.

121. 佛克马，格里曾豪特．欧洲视野中的荷兰文化：1650—2000年：阐释历史［M］．王浩，张晓红，谢永祥，译．桂林：广西师范大学出版社，2007.

122. 富兰德，古德曼，斯坦诺．卫生经济学［M］. 6版．北京：中国人民大学出版社，2011.

123. 顾昕．全球性医疗体制改革的大趋势［J］．中国社会科学，2005（6）：121－128.

124. 顾昕，王旭．从国家主义到法团主义：中国市场转型过程中国家与专业团体关系的演变［J］．社会学研究，2005（2）：155－175，245.

125. 顾昕．新时代新医改公共治理的范式转型：从政府与市场的二元对立到政府-市场-社会的互动协同［J］．武汉科技大学学报（社会科学版），2018，20（6）：589－600.

126. 顾昕．治理嵌入性与创新政策的多样性：国家-市场-社会关系的再认识［J］．公共行政评论，2017，10（6）：6－32，209.

127. 顾昕．中国新医改的新时代与国家医疗保障局面临的新挑战［J］．学海，2019（1）：106－115.

128. 顾昕．走向有管理的竞争：医保经办服务全球性改革对中国的启示［J］．学习与探索，2010（1）：163－166.

129. 郭有德．医疗保险中道德风险的经济学分析［J］．复旦学报（社会科学版），2011（1）：116－123.

130. 国家卫生健康委员会．中国卫生健康统计年鉴［M］．北京：中国协和医科大学出版社，2018.

131. 国务院办公厅．关于印发“十四五”全民医疗保障规划的通知［EB/OL］．中国政府网，2021－09－23.

132. 国务院深化医药卫生体制改革领导小组．德国医疗卫生体制考察报告［R］，2017（73）.

133. 海韵．从治理现代化视角推进医院医保管理："完善医院医保管理研讨会"观点综述［J］．中国医疗保险，2018（7）：29－33.

134. 韩盼，叶先宝．我国社会医疗保险谈判：机制与改进［J］．发展研究，2015（2）：87－90.

135. 何平．积极探索建立医保谈判机制［J］．中国医疗保险，2009（12）：5.

136. 洪铮．医院和医疗保险的经济分析［J］．国外医学（卫生经济分册），2005，22（3）：117－122.

137. 胡牧，叶雪梅，崔涛．对我国医疗价格形成机制的分析与建议［J］．国外医学（医院管理论坛），2002（1）：10－14.

138. 胡晓毅，詹开明，何文炯．基本医疗保险治理机制及其完善［J］．学术研究，2018（1）：99－106，178.

139. 华颖．德国法定医疗保险谈判机制的特征［J］．中国医疗保险，2013（8）：67－70.

140. 黄德斌，李刚．从社会治理视角看医保协议管理［J］．中国社会保障，2017（12）：73－75.

141. 黄二丹．法国医疗服务筹资与支付机制对我国的借鉴［J］．中国卫生经济，2008，27（5）：77－81.

142. 黄凤．我国社会医疗保险与医疗服务提供方互动的研究［D］．武汉：华中科技大学，2013.

143. 卡雷尔，希弗林．谈判基础：理论、技巧和实践［M］．焦邻颖，译．上海：格致出版社，2010.

144. 凯斯勒．法国社会保障制度［M］．于秀丽，李之群，译．北京：中国劳动社会保障出版社，2016.

145. 科尔奈，翁笙和．转轨中的福利、选择和一致性：东欧国家卫生部门改革［M］．罗淑锦，李绍光，译．北京：中信出版社，2003.

146. 劳动和社会保障部，德国技术合作公司．德国医疗保险概况［M］．北京：中国劳动社会保障出版社，2000.

147. 李蕾，李靖宇，刘兵，等．医疗卫生服务模式与资源配置的国际比较［J］．管理评论，2017，29（3）：186－196.

148. 李丽．我国医疗服务价格规制的理论与实证分析［M］．北京：经济科学出版社，2008.

149. 李玲，徐扬，陈秋霖．整合医疗：中国医改的战略选择［J］．中国卫生政策研究，2012，5（9）：10－16.

150. 李昕．作为组织手段的公法人制度研究［M］．北京：中国政法大学出版社，2009.

151. 李玉君．德国健康保险组织体制之探讨［J］．欧美研究，2000，30（3）：41－88.

152. 李则．顾昕：医保付费大业未竟［J］．中国医院院长，2013（23）：60.

153. 李珍，赵青．德国社会医疗保险治理体制机制的经验与启示［J］．德国研究，2015，30（2）：86－99，143.

154. 廖化．医保法治建设的五大问题、后果及建议［J］．中国医疗保险，2017（12）：8.

155. 林嘉，曹克奇．我国基本医保经办机构的法律地位与制度完善［J］．中国医疗保险，2017（8）：12－15.

156. 刘德浩．荷兰“有管理的竞争”医疗保险制度改革及启示［J］．理论月刊，2016（1）：180－188.

157. 刘芳，赵斌．德国医保点数法的运行机制及启示［J］．德国研究，2016，31（4）：48－63，145－146.

158. 刘凯，和经纬．激励机制、资源约束与监管成本：医保经办机构组织能力影响医疗费用增长的实证研究［J］．公共行政评论，2018，11（2）：114－136，192.

159. 吕克．谈判［M］．冯华，译．北京：机械工业出版社，2005.

160. 聂春雷，姚建红，冯光，等．法国的卫生服务和医疗保险体系［J］．中国卫生经济，2005，24（5）：67－68.

161. 彭萍萍．欧盟利益集团与政策制定［M］．北京：中央编译出版社，2012.

162. 平狄克，鲁宾费尔德．微观经济学［M］．8版．李彬，高远，等译．北京：中国人民大学出版社，2013.

163. 朴炳铉．社会福利与文化：用文化解析社会福利的发展［M］．高春兰，金炳彻，译．北京：商务印书馆，2012.

164. 钱端升．法国的政府［M］．北京：北京大学出版社，2009.

165. 青木昌彦．比较制度分析［M］．上海：上海远东出版社，2001.

166. 社会保障与卫生公共利益集团．法国医疗卫生体系报告［R］. 2010.

167. 申曙光，魏珍．论医疗保险对医疗服务的制衡与监管［J］．湖南师范大学社会科学学报，2014，43（4）：78－83.

168. 申曙光，曾望峰．互联网时代的大数据与医疗保险治理［J］．社会科学战线，2018（7）：224－232.

169. 隋学礼．互助原则还是竞争机制?：艰难的德国医疗制度改革［J］．经济社会体制比较，2012（4）：56－66.

170. 孙淑云．新时代中国基本医疗保险立法的机遇与发展［J］．南京社会科学，2018（6）：89－96.

171. 索特曼，布赛，菲盖拉斯．社会医疗保险体制国际比较［M］．张晓，译．北京：中国劳动社会保障出版社，2009.

172. 唐芸霞，王玲燕，鲁先宏．博弈论视角下的医疗保险谈判机制研究［J］．安徽行政学院学报，2012（3）：24－29.

173. 田珊珊．社会文化视角下法国社会保障制度“碎片化”特征解析［J］．社会保障评论，2017（2）：151－159.

174. 王阿娜．医疗费用的控制与医疗保险支付方式的改革［J］．宏观经济研究，2012（5）：76－79.

175. 王东进．概论医保的战略购买与购买战略［J］．中国医疗保险，2018（9）：1－4.

176. 王东进．深刻认识深入研究深度解决主要矛盾：全面建成新时代中国特色医疗保障体系：上［J］．中国医疗保险，2018（1）：1－4.

177. 王东进．深刻认识深入研究深度解决主要矛盾：全面建成新时代中国特色医疗保障体系：下［J］．中国医疗保险，2018（2）：1－3.

178. 王虎峰，赵斌．购买机制如何影响医疗服务价格：以美国医疗保险为例［J］．北京航空航天大学学报（社会科学版），2016，29（2）：1－7.

179. 王明慧，陆广春，曹志辉．医疗费用支付制度理论与实证研究［M］．北京：经济日报出版社，2017.

180. 王琬．德国社会医疗保险组织体制：发展、变革与绩效［J］．社会保障研究（北京），2011（2）：134－157.

181. 王琬．试论医疗保险谈判机制的建立［J］．中国卫生事业管理，2010，27（6）：380－382.

182. 王琬．医疗保险谈判机制探析［J］．保险研究，2010（1）：99－103.

183. 王震．新形势下我国医保治理模式的选择［J］．中国医疗保险，2018（11）：26－30.

184. 王志刚．多中心治理理论的起源、发展与演变［J］．东南大学学报（哲学社会科学版），2009，11（S2）：35－37.

185. 王宗凡．完善医疗保障制度与管理［M］．北京：中国言实出版社，2016.

186. 王宗凡．医保谈判机制的制约因素及政策建议：医疗保险谈判机制探析之四［J］．中国社会保障，2011（7）：72－74.

187. 王宗凡．医保谈判机制基本框架构建：医疗保险谈判机制探析之三［J］．中国社会保障，2011（6）：76－77.

188. 王宗凡．医疗保险谈判机制“释义”［J］．中国社会保障，2011（4）：80－82.

189. 王宗凡．医疗保障的功能定位与治理机制：关于成立国家医疗保障局的思考［J］．中国医疗保险，2018（4）：13－17.

190. 魏建．谈判理论：法经济学的核心理论［J］．兰州大学学报（社会科学版），1999（4）：42－49.

191. 吴嘉怡，余伯阳．医疗保险谈判关系承诺影响因素的实证研究［J］．学海，2013（6）：67－73.

192. 晓前．谈判：一靠实力二靠能力［J］．中国医疗保险，2010（8）：5.

193. 许东黎．国外医疗保险与医疗机构谈判机制述评［J］．中国医疗保险，2009（12）：62－64.

194. 杨燕绥．从定点管理到协议管理［J］．中国医疗保险，2014（8）：13－15.

195. 杨燕绥．国家医保局并非复制“三明模式”［EB/OL］．清华大学公共管理学院网，2018－04－03.

196. 杨燕绥，邱晶青．医疗定价机制的医保综合治理研究［J］．中国医疗保险，2018（7）：13－15.

197. 杨燕绥．医保经办机构该是谁家的孩子？［J］．中国医疗保险，2012（11）：28.

198. 杨燕绥，朱诚锐，廖藏宜．金华“病组点数法”付费效果评估［J］．中国社会保障，2018（5）：70－72.

199. 姚金菊．宜确立学校的“公法法人”法律地位［J］．首都师范大学学报（社会科学版），2010（6）：43－46.

200. 尹田．法国现代合同法［M］．北京：法律出版社，1995.

201. 于蓓．法国是个什么样的福利国家？［J］．法国研究，2013（4）：1－6，47.

202. 余军华．从行政契约角度谈医疗保险社会治理问题：以定点医药机构协议管理为例［J］．中国医疗保险，2018（8）：10－14.

203. 岳公正，杨燕绥．中国医疗服务治理机制与政府干预分析［J］．中国医学伦理学，2006，19（3）：7－10.

204. 岳颂东．法国医疗保险制度及其启示［J］．管理世界，2000（4）：44－48.

205. 张道义．德国健康保险法“联邦医疗服务基本协定”的规范分析［J］．台北大学法学论坛，2002（51）：35－70.

206. 张莉．当代法国公法：制度、学说与判例［M］．北京：中国政法大学出版社，2013.

207. 张倩，陈英耀，应晓华．法国、德国、荷兰卫生技术评估发展历程及思考［J］．中国卫生质量管理，2011，18（1）：4－7.

208. 张晓红．荷兰：圩田上的后现代乐园［J］．深圳大学学报（人文社会科学版），2009，26（3）：5－10.

209. 张晓，胡大洋，罗兴洪．医疗保险谈判理论与实践［M］．北京：中国劳动社会保障出版社，2011.

210. 张晓，胡汉辉，刘蓉，等．谈判机制的建立与实践路径［J］．中国医疗保险，2010（8）：19－21.

211. 赵斌．国际社会医疗保障制度发展趋势：走向“战略性购买”［J］．中国医疗保险，2016（12）：17－21.

212. 赵斌．住院费用按病种付费：DRGs与点数法：上［EB/OL］．中国医疗保险网，2017－11－23.

213. 赵立新．德国日本社会保障法研究［M］．北京：知识产权出版社，2008.

214. 赵云，黄亮，张引. 医疗保险"有管理的代理谈判机制"研究：基于委托代理和激励相容的视角［J］. 卫生经济研究，2013（11）：25－27.

215. 郑秉文. "碎片化"社保制度的起源与危害：文化传统·民族特性·路径依赖：从2007年11月法国大罢工谈起［J］. 学术动态（北京），2008（19）：2－41.

216. 周弘. 50国（地区）社会保障机构图解［M］. 北京：中国劳动社会保障出版社，2011.

217. 周弘. 30国（地区）社会保障制度报告［M］. 北京：中国劳动社会保障出版社，2011.

218. 周尚成，方鹏骞. 谈判理论在医疗保险领域的应用价值［J］. 中国卫生政策研究，2010，3（9）：31－34.

219. 周尚成. 医疗保险谈判机制构建的现状分析及路径探索［J］. 社会保障研究，2010（2）：49－58.

220. 周尚成. 中国医疗保险谈判机制研究：理论基础与框架设计［M］. 北京：科学出版社，2013.

221. 周小梅. 提升医疗服务业绩效的制度经济学分析［M］. 北京：中国社会科学出版社，2009.

222. 周学荣. 中国医疗价格的政府管制研究［M］. 北京：中国社会科学出版社，2008.

223. 周友军. 德国民法上的公法人制度研究［J］. 法学家，2007（4）：140－147.

224. 朱恒鹏，彭晓博. 医疗价格形成机制和医疗保险支付方式的历史演变：国际比较及对中国的启示［J］. 国际经济评论，2018（1）：24－38.

225. 朱恒鹏，昝馨，向辉. 财政补偿体制演变与公立医院去行政化改革［J］．经济学动态，2014（12）：61－71.

226. 朱明君．德国法定医疗保险的筹资［J］．中国医疗保险，2012（3）：75－77.

227. 朱明君．德国法定医疗保险费用支付制度［J］．中国医疗保险，2012（4）：68－70.